DUMONT'S GROSSER GARTEN RATGEBER

für das ganze Jahr

DUMONT'S GROSSER GARTEN RATGEBER

für das ganze Jahr

Peter McHoy

monte von DUMONT

Die Deutsche Bibliothek - CIP-Einheitsaufnahme

DuMont's grosser Gartenratgeber für das ganze Jahr / Peter McHoy. [Aus dem Engl. von Dieter Burmann und Christian Koziol]. - Köln : DuMont, 2000
(Monte von DuMont)
Einheitssacht.: The ultimate practical gardener <dt.>
ISBN 3-7701-8552-8

Titel der englischen Ausgabe: *The Ultimate Practical Gardener*

Aus dem Englischen von Dieter Burmann und Christian Koziol
Redaktion der deutschsprachigen Ausgabe: Gaile & Partner, Wiesbaden
Satz: Das DTP-studio Moeres und Karg, Wiesbaden
Printed and bound in Hong Kong

ISBN 3-7701-8552-8

Inhalt

Einführung 6

Elemente der Gestaltung 8

So planen Sie Ihren Garten 10

Schwierige Standorte 20

Der Garten im Detail 36

Der Boden im Garten 38

Den Garten einfrieden 52

Die persönliche Note 64

Pflanzgefäße aussuchen 72

Stein- und Wassergärten 78

Die Auswahl der Pflanzen 86

Beete und Rabatten 88

Frühjahr 128

Zeitiges Frühjahr 130

Mitte Frühjahr 146

Spätes Frühjahr 158

Sommer 166

Früher Sommer 168

Mitte Sommer 178

Später Sommer 184

Herbst 192

Früher Herbst 194

Mitte Herbst 204

Später Herbst 220

Winter 230

Früher Winter 232

Mitte Winter 240

Später Winter 246

Index 253

Danksagungen 256

EINFÜHRUNG

OBEN: *Im Frühjahr können Sie sommerblühende Stauden pflanzen.*

Das Gärtnern ist vor allem ein ungemein praktisches Hobby. Natürlich können Sie von anderen Gärten stark beeindruckt sein, doch möchte sich jeder auch selbst der Herausforderung stellen, eigene Pflanzen zu kultivieren. Stets sind dabei gute Kenntnisse nötig. Dem Anfänger ist zu empfehlen, den Ratschlägen, die er hört und liest, zu folgen bzw. sich damit auseinanderzusetzen. Das vorliegende Buch möchte ein Leitfaden sein, möchte Hilfe geben für alle sich stellenden Fragen.

OBEN: *Bei Kübelpflanzen ist ein angemessenes Düngen der Schlüssel zum Erfolg.*

Vieles läßt sich erklären, aber für das, was ich konkret sehe, gibt es keinen Ersatz. Bilder sind nicht nur deutlicher als jedes geschriebene Wort, sie legen auch Zeugnis ab dafür, daß Ratschläge auf echter, dokumentierbarer Erfahrung beruhen. Mit über 600 Illustrationen, die die einzelnen Arbeitsschritte sichtbar machen, und vielen weiteren Bildern ist diese Veröffentlichung ein ebenso zuverlässiger wie unentbehrlicher Gartenbegleiter; das Buch will Ihr Experte sein, der aufzeigt, wie etwas gemacht wird.

OBEN: *Nach der Sommerblüte sollten Sie Ihre Terrassenkübel für den Herbst neu bepflanzen.*

DuMont's Gartenratgeber wird Ihnen aber nicht nur wegen der praktischen Schritt-für-Schritt-Anleitungen für Planung, Bepflanzung und Pflege von unschätzbarem Wert sein, sondern auch, weil diese nach den einzelnen Jahreszeiten geordnet sind. Wenn Sie nicht sicher sind, was zu diesem oder jenem Zeitpunkt zu tun ist, wird Ihnen dieses Buch Auskunft geben.

OBEN: *Eine Abdeckung schützt diese Christrosen vor Wind und Wetter.*

Die Gartensaison

Alle Arbeiten im Garten lassen sich dem Rhythmus der Jahreszeiten zuordnen, doch nicht genau nach der Abfolge der Wochen im Jahreslauf. Präzise Zeitangaben dieser Art würden das in unserer Klimazone stets launische Wetter nicht einkalkulieren und uns folglich zu falschen Maßnahmen verleiten.

Ohne Rücksicht auf die Unwägbarkeiten des Wetters läßt sich kaum erfolgreich gärtnern. Es kann schon im Frühherbst oder noch im Frühsommer unerwartete Fröste geben. Werten Sie alle Ratschläge dieses Buches darum als allgemeine Richtschnur und seien Sie bereit, die Tätigkeiten im eigenen Garten jeweils entsprechend den klimatischen Besonderheiten Ihrer Region anzupassen. So mag es sein, daß sich Ihre Termine deutlich verschieben.

Die meisten variablen Termine für die Gartenarbeit gibt es im Frühjahr und im Herbst, wenn die empfindlichen Pflanzen ins Freie bzw. ins Haus gebracht werden. Sollten Sie über den richtigen Zeitpunkt im Unklaren sein, fragen Sie einen ortsansässigen Fachmann.

Gartenarbeiten im Winter sind dagegen weniger »zeitkritisch«; es macht vielfach keinen Unterschied, ob Sie dieses oder jenes einen Monat früher oder später erledigen. Also verschieben Sie eine Arbeit bei schlechtem Wetter und holen Sie Versäumtes nach, wenn die Sonne lacht.

LINKS: *Azaleen sind beliebte Sträucher, benötigen aber saure Böden. Den Säuregehalt Ihres Bodens können Sie auf einfache Weise prüfen.*

RECHTS: *Die modernen Hybriden der Goldrute* (Solidago) *sind schöne Beetpflanzen für den Spätsommer.*

LINKS: *Sorten der Herbstanemone* (Anemone × hybrida) *und von* Anemone hupehensis *stehen dann in Blüte, wenn die meisten Beetblumen schon verwelkt sind.*

RECHTS: *Der Vogelbeerbaum* (Sorbus aucuparia) *behält seine Beeren gelegentlich bis in den Winter hinein – wenn sie nicht vorher von den Vögeln geholt werden.*

Elemente der Gestaltung

Die Schönheit eines kleinen Gartens ergibt sich nicht von selbst, sie ist erst das Ergebnis planvoller Gestaltung. Auch wenn es zunächst wie ein Widerspruch klingen mag, es gilt die Regel: je kleiner der Garten, desto wichtiger ist die wohlüberlegte Planung. Denn einem kleinen Garten sieht man es sofort an, ob er liebevoll oder nachlässig gestaltet wurde. Der Unterschied zwischen Aufmerksamkeit und mangelnder Sorgfalt für die kleinen Details fällt sofort ins Auge. Im übrigen besteht besonders bei kleinen Gärten stets die Versuchung, ihn mit mehr Eigenheiten auszustaffieren, als tatsächlich Platz dafür vorhanden ist. Folgen Sie bei der Gestaltung des Gartens daher einem einfachen Grundmuster und bleiben Sie diesem dann auch treu.

OBEN: *Manchmal kann es schwer fallen, häßliche Aufbauten, wie z.B. diesen Geräteschuppen, in einer reizvollen Umgebung einzupassen. Verbirgt man sie hinter einem Sichtschutz, hebt dieses sofort den Gesamteindruck.*

VORSEITE: *Auch ein kleiner Garten sollte eindrucksvoll gestaltet sein. Wenn die Anpflanzung gut überlegt ist und Blickfänge vorhanden sind, kann die räumliche Enge des Gartens schnell vergessen sein.*

So planen Sie Ihren Garten

Es gibt wunderschön gestaltete Gärten, die von ihren Besitzern im Kopf entworfen wurden – sei es, daß sie den Entwurf bereits während eines Spaziergangs im Garten vor Augen hatten, oder sie ihre Eingebungen während der Arbeiten erhielten. Dieses Vorgehen empfiehlt sich jedoch nur bei besonderer Erfahrung. Man sollte seine Fehler erst auf dem Papier begehen.

Eine umfangreiche Neugestaltung des Gartens kostet nicht nur viel Zeit, sonders auch Geld, erst recht wenn größere Eingriffe geplant sind. Es reicht nicht, nur einige Pflanzen zu versetzen, um aus einem Garten etwas Besonderes zu machen. Man sollte ein bestimmtes Ziel vor Augen haben und danach vorgehen, selbst wenn man im Lauf der Zeit bei dem einen oder anderen Vorhaben zurückstecken muß. Denken Sie auch daran, daß Sie ggf. den Arbeitsaufwand und die Kosten auf mehrere Jahre verteilen müssen.

Prüfen Sie anhand der Liste (*siehe* nächste Seite) Ihre »Bedürfnisse« und entscheiden Sie dann, wie Sie Ihren Garten anlegen wollen. Machen Sie sich Notizen über die alltäglichen Dinge, zum Beispiel wo Sie die Wäsche aufhängen wollen oder wie Sie Ihren Komposthaufen besser verbergen können.

Häßliche Aufbauten wie ein Geräteschuppen stellen für kleine Gärten ein Problem dar, weil sie kaum zu übersehen sind. Ein oder zwei kleine Bäume und ein paar geschickt angeordnete Sträucher können hierbei aber wahre Wunder bewirken.

OBEN: *Hier lenkt das Vogelhäuschen den Blick von der Nutzecke des Gartens ab.*

LINKS: *Ihr kleiner Garten wird größer aussehen als er tatsächlich ist, wenn Sie seine Umrandung mit Sorgfalt bepflanzen und gleichzeitig für einen besonderen Blickfang sorgen.*

FOLGESEITE: *Form und Gestalt können bei der Anlage des Gartens so wichtig sein wie Farben.*

SO SPAREN SIE ARBEIT

- Um Kosten und Mühen zu sparen, sollte man nur diejenigen Fußwege und gepflasterten Teile des Gartens entfernen, die sich mit dem Entwurf überhaupt nicht mehr vereinbaren lassen.
- Wenn der gepflasterte Teil des Gartens vergrößert oder sein Erscheinungsbild gehoben werden soll, ziehen Sie auch die Überpflasterung des alten Belags in Erwägung. So spart man sich die Mühe, das alte Pflaster zu entfernen.
- Statt den alten Rasen ganz umzugraben und einen neuen anzulegen, ist es weniger aufwendig, ihn nur in Teilen neu aufzubereiten. Anders gesagt: Es ist einfacher, den alten Rasen auszubessern, wenn er denn an der gleichen Stelle bleiben soll. Selbst wenn man die Rasenfläche anders haben will, wird man den größten Teil unberührt lassen können.

LINKS: *Klare Linien und eine Abstufung im Bodenniveau machen diesen kleinen Garten interessant. Bei dieser Art der Anlage sind die architektonischen Details wichtiger als die Formgebung durch die Bepflanzung es ist.*

CHECKLISTE

Bevor Sie Ihren Entwurf zu Papier bringen, machen Sie sich eine Bedarfsliste. Sie muß alle Komponenten Ihrer Neugestaltung enthalten. Einige Vorhaben werden Sie aufgeben müssen, aber so schaffen Sie sich Klarheit darüber, was Ihnen besonders wichtig ist.

Prüfen Sie diese Liste, solange Sie sich noch im Stadium der Planung befinden (und Sie Ihre Meinung noch leicht ändern können).

Die Komponenten

- Beete ☐
- Gemischte Rabatten ☐
- Gemüsebeet ☐
- Gewächshaus/Wintergarten ☐
- Grillplatz ☐
- Hochbeete ☐
- Kiesflächen ☐
- Kräutergarten ☐
- Obstgarten ☐
- Pergola ☐
- Rabatten mit Stauden ☐
- Rabatten mit Sträuchern ☐
- Rasen (als Erholungsfläche) ☐
- Rasen (als Zierrasen) ☐
- Sommerhäuschen/Laube ☐
- Sonnenuhr ☐
- Teich ☐
- Veranda/Terrasse ☐
- Vogeltränke ☐
- Wechselndes Bodenniveau ☐
- Zierelemente ☐
- Weiteres .... ☐

Praktisches

- Garage ☐
- Geräteschuppen ☐
- Komposthaufen ☐
- Mülltonnen ☐
- Wäscheleine ☐
- Weiteres .... ☐

Für die Kinder

- Spielplatz ☐
  - Klettergerüst ☐
  - Sandkasten ☐
  - Wippe ☐
- Weiteres .... ☐

Stilfragen

Bevor Sie nun zu Bleistift und Papier greifen, um an die Planung zu gehen, sollten Sie überlegen, in welchem Stil Sie ihren Garten anlegen wollen. Oft haben die Pflanzen und anderen Komponenten nur den einen Daseinszweck, nämlich einfach hübsch auszusehen. Dieser Zweck mag ausreichen, zeigt aber noch nicht den Weg zu einem Gesamtentwurf an, mit dem Sie etwas Besonderes schaffen werden.

Unsere Aufzählung der Stilformen ist nicht erschöpfend, und vermutlich wird kein Vorschlag genau zu Ihrem Garten passen. Aber lassen Sie sich anregen, um Ihre Gedanken zu ordnen. Denn Sie sollten sich bereits über die Grundzüge Ihres Gartens im klaren sein, bevor Sie beginnen, ihn zu entwerfen.

STRENGE GESTALTUNG

Formale Gärten sprechen den Liebhaber klarer Linien und sauberer Kanten an. Rechteckige Rasenflächen werden hier von gerade gezogenen Blumenrabatten gesäumt, und inmitten befinden sich oft quadratische oder runde Blumenbeete.

Obwohl die hier vorgestellten Gärten sich in vielem unterscheiden, haben sie doch eines gemeinsam: Die klare Gliederung ist stets ebenso wichtig wie die Auswahl der Pflanzen. Der Grundriß ist meist symmetrisch, und es besteht nicht die Absicht, die Pflanzen in einem naturbelassenen Ambiente zur Geltung zu bringen.

Größe und Zuschnitt vieler Gärten beschränken die Möglichkeiten zur freien Gestaltung zumeist. So ist es verständlich, daß viele sich für eine streng formale Gartengestaltung entscheiden.

Parterres und Flechtgärten

Parterres und Flechtgärten können einen großen Reiz ausüben. Vielleicht schwingt dabei der Sinn für die Geschichte des Gartenbaus mit, auch wenn in einem kleinen Garten die Wirkung nur einen Abglanz der großen Entwürfe sein kann, die im 16. Jahrhundert aufkamen.

Parterres sind Flächen, die aus mehreren streng geformten Beeten bestehen, die sich am Boden zu einem meist ziemlich verschlungenen Muster zusammenfügen. Früher wurden sie angelegt, um aus den oberen Etagen der großen Herrenhäuser bewundert werden zu können.

Flechtgärten folgen dem gleichen Gestaltungsprinzip. Doch handelt es sich hierbei um sehr niedrig wachsende Hekken, die zu geometrischen Formen gestutzt worden sind und als Ensemble ein Ornament ergeben. Der Raum zwischen den Hecken wird beim Flechtgarten mit Blumen, farbigem Sand oder Kies und in einigen Fällen auch mit anderen fein gemahlenen Baustoffen gefüllt.

OBEN: *Ein Flechtgarten ist zwar nicht sonderlich farbenfroh, aber seine strengen Formen können in einem passenden Ambiente beruhigend wirken.*

LINKS: *Hier herrscht zwischen dem Blickfang im Zentrum und der Einfriedung mit ihrem Spitzbogen eine geglückte Balance.*

Das Anlegen solcher Gärten ist zwar sehr kostspielig und arbeitsintensiv (auch deren spätere Pflege), aber das Ergebnis kann Erstaunliches bewirken.

Formale Kräutergärten
Kräutergärten sind beliebt und lassen sich leichter gestalten als Flechtgärten. Lassen Sie sich dabei von den Abbildungen alter und moderner Kräutergärten in einschlägigen Büchern inspirieren.

Rosengärten
Ein Vorteil des formalen Rosengartens ist, daß er schon im ersten Jahr gut aussieht. Zur Ergänzung kann man die Beete mit Blumen bepflanzen, die zu verschiedenen Zeiten blühen. Pflanzen Sie die Rosen beispielsweise mit im Frühjahr blühenden Zwiebelgewächsen unter oder mit niedrigen Sommerblühern.

Pflaster
Besonders der kleine Garten lädt zu einer Bepflasterung ein. Wenn die Pflanzen in Hochbeeten oder Containern wachsen, muß man sich nicht so tief bücken, und kleinere Pflanzen werden so besser wahrgenommen. Mit Kletterpflanzen läßt sich die Senkrechte betonen; hält man im Pflaster kleine, bepflanzbare Flächen frei, können auch in der Waagerechten noch zusätzliche Akzente gesetzt werden.

Gärten in Innenhöfen
In der Innenstadt läßt sich schon aus einem bescheidenen Innenhof eine grüne Oase schaffen. Wenn Sie den Boden fliesen, die Mauern weiß tünchen und sich zum saftigen Grün eines Baumes (oder großen Strauches) noch das Plätschern des Wassers gesellt, haben Sie den Raum optimal genutzt. Man sieht: Auch mit einer zurückhaltenden Bepflanzung läßt sich noch eine große Wirkung erzielen.

Traditionelles Design
Ein kleiner formaler Garten, beispielsweise mit einem rechteckigen Rasenstück sowie Kräuterrabatten und Blumenbeeten, erfreut sich im allgemeinen großer Beliebtheit. Denn ein solcher Entwurf läßt den Anbau vieler Pflanzen zu – hier können sich Blumen großer Vielfalt ein gelungenes Stelldichein geben.

LINKS: *Weiße Tünche vermag einen lichtlosen Garten im Tiefgeschoß oder einen Garten, der von besonders hohen Mauern umgeben ist, ganz erstaunlich aufzuhellen.*

UNTEN: *Dieses schmale, langgestreckte Gartenstück erfährt durch klare Linien seine Struktur. Ein solcher Aufbau kann sich bisweilen als äußerst nützlich erweisen.*

Erfolg mit naturnahen Gärten

Der zwanglos gestaltete Bauerngarten oder der naturnahe Garten, der wildromantisch anmuten mag – so etwas läßt sich auf kleinstem Raum kaum bewerkstelligen. Immerhin kann man den Anblick von Nachbargebäuden ausschließen, wenn Sie einen Zaun errichten und ihn dicht überwachsen lassen.

Bauerngärten
Wichtig für die Gestaltung eines Bauerngartens ist neben der Auswahl der Pflanzen auch die Verwendung geeigneter Baumaterialien (z.B. für die Fußwege Ziegel- oder Kopfsteine statt Betonplatten).

Die baulichen Eingriffe für einen Bauerngarten können sich durchweg in Grenzen halten. Meist reicht schon die Verwendung von Ziegeln für die Fußwege und einiger Trittsteine zwischen den Beeten. Was die besondere Attraktion des Bauerngartens ausmacht, ist sein Pflanzschema aus vielerart Gemüsen neben eher »altmodisch« anmutenden Pflanzen. Alles sollte ungezwungen aussehen und dennoch farblich von hohem Reiz sein.

Mischen Sie einjährige Pflanzen mit Stauden und verwenden Sie dafür besonders solche, die sich leicht selbst aussäen, zum Beispiel Ringelblumen (*Calendula*) und Sumpfblumen (*Limnanthes*), die sich in alle Himmelsrichtungen ausbreiten und so für ein farbenfrohes Chaos sorgen. Wenn sie sich zwischen anderen Pflanzen angesiedelt haben, müssen Sie nur wenig eingreifen.

Naturnahe Gärten
Naturnähe und Gestaltung durch Menschenhand scheinen sich zu widersprechen. Doch selbst die kleinste Parzelle läßt sich mit etwas Geschick in ein Paradies für die Kleintierwelt verwandeln.

Der größte Fehler, den der Liebhaber des naturnahen Gartens begehen kann, ist, diesen überwuchern zu lassen. Das sollte nicht sein. Auch dieser Garten muß gepflegt werden und soll ordentlich

RECHTS: *Ein Haus wird in einem kleinen Garten unausweichlich den Blick auf sich lenken. Läßt man seine Mauern jedoch mit Kletterpflanzen überwachsen, verschmelzen die Komponenten zu einer wildromantischen Einheit.*

aussehen. Dennoch können Tiere und Insekten unter langlebigen Pflanzen Zuflucht und Nahrung finden. Mit einem Teich schaffen Sie Lebensraum für die Tier- und Pflanzenwelt, die vom Wasser abhängig ist, und mit Blumen oder Sträuchern ziehen Sie Schmetterlinge an.

Waldgärten

Einem kleinen Garten fehlen die Ausmaße für den Waldgarten. Sollten Sie aber einen langen Hinterhofgarten besitzen, kann man mit Bäumen und Sträuchern diesem Effekt schon nahekommen. Wählen Sie dazu schnellwachsende sommergrüne Bäume mit einem lichten Blätterdach aus. Vermeiden Sie aber immergrüne Bäume, weil Sie mit ihnen nicht die Frühlingsblumen und Farnpflanzen zur Geltung bringen können, die nun mal zum Waldgarten gehören.

Für eine farbenfrohe Unterpflanzung der Bäume entscheiden Sie sich für niedrige Rhododendren sowie Azaleen und füllen Sie die Lücken mit bodendeckenden Pflanzen. Denken Sie auch an die typischen Waldpflanzen wie Farnkraut und Primeln.

Hinter der Waldkulisse können Sie unansehnliche Gegenstände und Aufbauten gut verstecken. Ein Waldgarten benötigt im übrigen nur wenig Pflege.

RECHTS: *Im Schatten eines Waldgartens zu sitzen, kann an einem warmen Frühlings- oder Sommertag sehr erholsam sein. Allerdings sollten die Baumkronen so hoch sein, daß genügend Licht hindurchfällt. Ein Teich fügt sich in diese Umgebung gut ein; doch entfernen Sie im Herbst das Laub aus dem Wasser.*

UNTEN: *Mit einem Teich ziehen Sie im naturnahen Garten viele Kleinlebewesen an. Er sollte sich gut in die Gestaltung des Gartens einfügen.*

Steine und Gewässer

Steine oder Gewässer allein machen noch keine gelungene Gestaltung aus. In einem umfassenderen Konzept können diese Komponenten in naturnahen Gärten aber eine wichtige Rolle spielen.

Geschwungene Linien

Zwar meint man häufig, in einem kleinen Garten könne die Grenze zwischen Rabatten und Rasen nur gerade und rechtwinklig sein, doch lassen sich auch mit einer sanft geschwungenen Linienführung fließende Übergänge herstellen, wenn das Auge durch einen dahinter befindlichen Blickfang gefesselt wird. Selbst wenn der Blick in die Ferne eher reizlos ist, mag dieses Stilelement hilfreich sein: Eine Rabatte als sich schlängelndes Zierband zieht den dahinter befindlichen Rasen gewissermaßen heran, so daß unser Blick sich in der Ferne verlieren kann. Lassen Sie sich dabei von einer Randbepflanzung leiten, wie Sie sie auch am Waldrand antreffen könnten.

Heitere Stimmungen

Auch wenn Sie bei der Gestaltung mehr Wert auf die Pflanzen legen möchten als auf die Linienführung, weil Sie für eine heitere Stimmung sorgen wollen, können Sie Ihre Beete mit Kurven und Rundungen versehen. Verwenden Sie dabei reichlich Sträucher und Kräuter. Greifen Sie aber nicht korrigierend ein, wenn die Pflanzen über die Kanten hängen oder sich den Pflastersteinen zuneigen.

Anregungen von weit her

Berufsmäßige Gartengestalter lassen sich gern durch klassische Stilformen aus fremden Ländern anregen, besonders durch japanische. Der Amateur neigt dabei allerdings eher zur Zurückhaltung. Wenn Sie sich aber zu dem Grundsatz durchgerungen haben, daß alles erlaubt ist, was gefällt, kann die Übernahme fremder Stilelemente viel Freude bereiten. Allerdings werden Ihnen die klimatischen Verhältnisse, der Charakter der Landschaft und die Verfügbarkeit geeigneter Pflanzen Einschränkungen auferlegen.

Der japanische Garten

Ein traditioneller japanischer Garten erschließt sich vollständig nur dem Kenner. Er muß philosophische Bezüge zu denken verstehen, die zum Beispiel einer geharkten Sandflächen oder besonderen Steinformationen innewohnen. Dem ungeschulten Betrachter wird diese Symbolik gewöhnlich verborgen bleiben.

Aber auch ohne die jeweilige Bedeutung im einzelnen zu kennen, lassen sich viele Stilelemente des japanischen Gartens dem abendländischen Geschmack anpassen. Gartenliebhaber haben besonders schätzen gelernt, daß sich der japanische Stil auf kleinstem Raum verwirklichen läßt und eine Fläche größer erscheinen lassen kann als sie tatsächlich ist.

Stein- und Felsengärten

Mit Steinen und kleinen Felsformationen lassen sich Gärten gestalten, die das Ambiente einer Trockenregion mit ausgetrocknetem Flußbett heraufbeschwören sollen. Diese Art von Gärten paßt zu mitteltrockenen Gegenden, wirkt aber in einer wasserreichen Landschaft eher deplaziert. Ein Steingarten braucht nur wenig Pflege; wenn Sie sich dabei für Pflanzen entscheiden, die längere Trockenzeiten aushalten, wird er auch in einem regenarmen Sommer noch gut aussehen.

Der Felsengarten dürfte eher dem Freund großer Gestaltungsfreiheit zusagen als dem passionierten Pflanzenliebhaber. Denn obwohl Pflanzen in dieser Szenerie eine wichtige Rolle spielen, ist deren Zahl naturgemäß begrenzt.

Doch auch ein mit Kies ausgelegter Steingarten mag eine passende Empfehlung sein, wo mit dem Platz gegeizt werden muß. Stellt man größere Felsbrocken zu einem Ensemble zusammen, ist man bei der Auswahl der Pflanzen viel weniger an einen engen Rahmen gebunden.

Links: *Für einen Garten im japanischen Stil benötigen Sie nicht allzu viele Pflanzen. Typisch ist vielmehr ihr sparsamer Einsatz und eine Landschaftsarchitektur mit markanten Kontrasten.*

Folgeseite oben: *Das Bassin, die hell gestrichenen Wände und die Überdachung erzeugen hier ein mediterranes Flair.*

Folgeseite unten: *In diesem Garten vermitteln der mit Kies bedeckte Abhang und die gezielte Auswahl an Pflanzen wie diese Palmlilien* (Yucca) *den Eindruck, als befinde man sich in einer heißen Trockenzone.*

Im Stil der Mittelmeerländer
Wer sich die Illusion von südländischer Pracht schaffen möchte, benötigt einen Garten, der hinter dem Haus liegt und ggf. auch von einer Mauer umgeben ist. Denn wenn der Blick auf die Häuser der Umgebung fällt oder ein Zaun Einblicke in den Nachbargarten gewährt, kann die Illusion verloren gehen.

Streichen Sie die Mauern in hellen Farben; durch das reflektierende Licht wirkt alles frisch und luftig. Bei ausreichendem Platz für eine Laube lassen sich dort noch mehr Pflanzen unterbringen und auf einem Sims dürften sich passende Töpfe gut machen. Pflastern Sie den Boden vorzugsweise mit Ziegelsteinen.

Die Illusion eines mediterranen Gartens wäre unvollkommen, würden die Pflanzen dieser Region fehlen. Dazu gehören (u.a.) Pelargonien, Oleander, Bougainvillea und Stechäpfel (*Datura*). Sie sollten auch Töpfe mit großen Kakteen und Sukkulenten aufstellen.

Die perfekte Illusion eines südländischen Gartens entsteht weniger durch die Mühen einer strukturierenden Gestaltung, viel eher durch den Einsatz südländisch »besetzter« Pflanzen, der Zierelemente und anderer Ausstattungsstücke dieses Kulturraumes.

Exotische Wirkungen
Ausgefallen wirkt Ihr Garten natürlich ganz besonders, wenn Sie darin viele Exoten kultivieren. Viele vertragen durchaus ziemlich rauhe Klimabedingungen. Stellen Sie diese Pflanzen in Töpfen auf (das erleichtert ihre Unterbringung im Gewächshaus). Es mag auch angezeigt sein, sie in einem Steingarten unterzubringen.

Zu den unempfindlicheren Pflanzen dieser Herkunft gehören Palmlilien (*Yucca*) und der Neuseeländer Flachs (*Phormium*). Wenn Sie in einer milden Gegend wohnen, können Sie auch Agaven wie die Hundertjährige Aloe (*Agave americana*) einsetzen. Auch wenn Palmen im allgemeinen mit warmen Klimaten in Verbindung gebracht werden, können einige gemäßigt strenge Winter überdauern; die Hanfpalme (*Trachycarpus fortunei*) ist dabei besonders zuverlässig.

Grundmuster

Wenn Sie sich über den *Stil* Ihres Gartens im klaren sind und auch schon wissen, wie Sie ihn ausstatten wollen, ist es an der Zeit, Ihre Vorstellungen konkret umzusetzen. Als besonders ungünstige Faktoren dieser Umsetzung können sich dabei die Form des Gartens, sein Zuschnitt oder seine Lage erweisen. In diesen Fällen werden Sie einige Abstriche machen müssen. Aber schütten Sie dabei nicht das Kind mit dem Bade aus und verlieren Sie nicht gänzlich aus dem Blick, was Sie eigentlich vorhatten.

Wenn Sie nicht den ganzen Garten, sagen wir, im japanischen Stil oder als Steingarten anlegen wollen, ist es immer noch möglich, einzelnen dieser Stilelemente Geltung zu verschaffen.

Der Ausgangspunkt
Will man hinter das Geheimnis einer erfolgreichen Gartengestaltung kommen, stellt man fest, daß die meisten Gärten einem der drei Grundmuster folgen – dem Kreis, der Diagonalen oder dem Rechteck. Ein individuelles, Ihren »persönlichen Stil« ausdrückendes Gepräge erhält Ihr Garten dann aber erst durch Ihre kreative Interpretation des jeweiligen Grundmusters.

Der Kreis
Mit runden Rasenstücken, Beeten oder Terrassen läßt sich die Einförmigkeit eines rechteckig geschnittenen Gartens leicht durchbrechen. Man mag die Kreise sich überlappen lassen oder miteinander verflechten und kann die Lücken zwischen den Flächen und den geraden Kanten dann entsprechend bepflanzen. Nehmen Sie einen Zirkel und probieren Sie aus, welche Muster Ihnen zusagen würden. Versuchen Sie dabei mit verschiedenen Radien zu arbeiten.

Die Diagonale
Sie ist ein bewährter Kunstgriff, um das Auge auf mehrere Punkte gleichzeitig zu lenken. So schaffen Sie den Eindruck von Weite. Ziehen Sie die Linien des Gitters im Winkel von 45° zur Hausfront oder zum Begrenzungszaun.

Das Rechteck
Beliebt ist das Rechteck als Grundmuster. Es empfiehlt sich für einen geometrisch angelegten Garten und tut gute Dienste, um einen schmalen Garten in mehrere Abschnitte zu gliedern.

Der Kreis

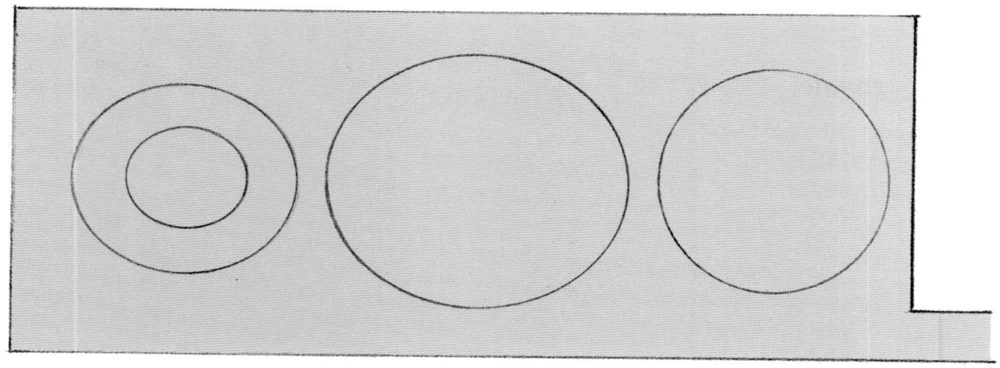

Die Diagonale

Das Rechteck

Der Kreis

Die Diagonale

Das Rechteck

Schwierige Standorte

Wenn Sie mit Phantasie ans Werk gehen und Entschlossenheit zeigen, brauchen Sie sich von einem schwierigen Standort oder ungünstigen Zuschnitt Ihres Gartens nicht entmutigen lassen. Die folgenden Vorschläge sollen Ihnen typische Problemfälle nahebringen, um eigene Lösungen zu finden.

Wenn Ihr Garten kaum größer als ein Balkon oder Dachgarten ist oder wenn er aussieht wie ein »L«, auch wenn er einen dreieckigen Grundriß hat, kann es sich als schwierig erweisen, mit den herkömmlichen Grundmustern zu arbeiten.

Doch auch in diesem Fall lassen sich viele der auf den vorigen Seiten vorgestellten Stilelemente umsetzen, nur müssen Sie für solche »Problemzonen« eine neue Strategie entwickeln.

Terrassen sind zwar in der Regel Bestandteil eines größeren Gesamtkonzepts, können aber auch für

Oben: *Machen Sie das Beste aus einem Vorgarten ohne Entfaltungsspielraum, indem Sie mit Kletterpflanzen und Blumenkästen den Platz in der Senkrechten optimal ausnutzen.*

Links: *Die hohen Mauern in diesem Garten würden das Gesamtbild beherrschen, wenn die kräftigen waagerechten Linien nicht für den Ausgleich sorgten. Selbst die Mauerkrone ist hierbei in die Gestaltung einbezogen worden.*

sich allein gestaltet werden. Schwierige Standorte fordern unseren Einfallsreichtum heraus. Das bezieht sich auch auf die Auswahl der Pflanzen.

Kopfzerbrechen bereiten vor allem die Vorgärten, dies übrigens meist weniger wegen ihres besonderen Zuschnitts, sondern weil sie meist durch das Auto (als Zufahrt zur Garage) oder als Abstellplatz für andere Zwecke in Anspruch genommen werden. Zudem können Ihnen gesetzliche Bestimmungen, Auflagen der Behörden oder der Grundstückseigentümer weitere Steine in den Weg legen.

Sollten die Bedingungen für eine ständige Bepflanzung zu widrig oder der zur Verfügung stehende Platz für einen Garten, der »nach etwas aussieht«, zu klein sein, ist die Pflanzenkultur in Containern ein sinnvoller Ausweg. Gefordert sind dabei Kreativität und die Bereitschaft, sich einiger Mühen zu unterziehen. Denn Container müssen häufig neu bepflanzt und die Pflanzen entsprechend der Jahreszeit ausgewechselt werden.

Auch einen Hinterhof können Sie verschönern – investieren Sie in frische Farbe, in ein paar erlesene Pflanzen und elegante Gartenmöbel. Schon das bewirkt manchmal wahre Wunder. Sie können sich natürlich auch die Mühe einer zeitraubenden (und noch kostspieligeren) Renovierung machen. Vertrauen Sie Ihrer Phantasie, dann werden Sie auch eine angemessene Entscheidung treffen können.

OBEN: *Dieses lange und schmale Grundstück wurde in mehrere Abschnitte aufgeteilt. Der in einem Winkel zum Vordergrundpflaster angelegte Fußweg sorgt dafür, daß die geraden Linien nicht dominieren.*

LINKS: *In Dachgärten ist eigentlich immer viel zu wenig Platz. Hier schafft die Aufstellung der Pflanzgefäße entlang der Seiten etwas Bewegungsfreiheit in der Mitte.*

Ausgefallene Grundrisse

Ein Grundriß erweist sich als Ihr besonderer Vorteil, wenn er eine ausgefallene Form aufweist und Sie diese kreativ auzunutzen verstehen. Wer weiß, vielleicht wird Sie Ihr Nachbar anschließend sogar um Ihren Garten beneiden!

Lange und schmale Gärten

Diese Skizze zeigt eine Lösung mit runden Mustern. Die gepflasterte Fläche am Haus läßt sich als Terrasse ausbauen, von wo die andere außer Sichtweite liegt und dazu dienen mag, dort die Wäsche aufzuhängen. Falls dieser Teil des Gartens mehr Sonne abbekommt, läßt sich diese »Rollenverteilung« auch vertauschen.

Der im Winkel angelegte Verbindungsweg durch den Garten und einige kleine Bäume oder größere Sträucher verhindern, daß das Auge bis zum Ende des Gartens reicht, und machen neugierig darauf, was sich dort noch alles entdecken läßt.

Die Lösung mit diagonalen Mustern

In diesem Entwurf dienen die Diagonalen dazu, den Garten in mehrere Abschnitte aufzuteilen. Das Ziel ist das gleiche wie bei der Lösung mit runden Mustern. Ein gerade durchgehender Weg ist hier bewußt vermieden worden; mehrere Beete in der Mitte laden zum Betrachten ein.

Die Lösung bei einem Winkelgrundstück

In dieser Skizze dient die spitz zulaufende Gartenfläche als Obstgarten, denkbar wäre aber auch ein Gemüsegarten.

Die gepflasterten Bereiche haben jeweils ein anderes Bodenniveau. Das macht den Garten interessant und abwechslungsreich. Der unverstellte Blick sorgt für das Gefühl von Weite.

Grundsätzlich gilt: Das spitz zulaufende Endstück eines Gartens gibt seinen spezifischen Charakter durch geschickte Bepflanzung nicht zu erkennen, aber ein dorthin führender Weg macht neugierig darauf, was sich »dahinter« verbirgt.

Eckrandlage
Die Grundstücke am Ende der Straße sind häufig größer als die übrigen Parzellen. Hier wurde der zusätzliche Platz vor dem Haus gut genutzt und hat eine beherrschende Stellung eingenommen. Solche Möglichkeiten bietet der Zuschnitt eines typischen Vor- oder Hinterhofgartens nur selten.

Rechteckig und gedrängt
Eine kleine rechteckige Fläche bietet kaum Platz für eigenwillige Gestaltungen. Um den Garten größer erscheinen zu lassen, ist der Blick hier auf die Diagonale konzentriert. Durch die erhöhte Holzbalkenplattform der Terrasse wurde ein zusätzlicher Blickfang geschaffen. Manchmal ist es mühsam, in einem derart kleinen Garten den Rasen zu mähen. Ziehen Sie als Alternative zu Gras Kamille in Betracht; denn sie muß nur selten geschnitten werden.

Um ein Gegenwicht zum rechteckigen Grundriß des Gartens zu schaffen, wurden hier mehrere Muster mit diagonal verlaufenden Linien sowie Kreise entworfen.

Abgerundete Randlage
Eckgärten mit abgerundeter Einfassung an einer Seite sind besonders schwierig zu gestalten. In dieser Skizze ist das Haus links von einer Terrasse umgeben, die durch eine kleine Mauer vom Garten abgeteilt worden ist. Das gibt den Eindruck größerer Intimität. Darüber hinaus ist die Garagenauffahrt durch einen Fußweg vom gekiesten Garten abgetrennt. Der Kies- und Kopfsteinbelag, durch Palmlilien (*Yucca*) und Neuseeländer Flachs (*Phormium*) aufgelockert, vermittelt zwischen den harten Ecken und der Kurve, die sich durch die Randlage ergibt.

L-förmiger Grundriß
Dieses Grundstück bietet viel Platz für eigene Ideen. Selbst in einem kleinen Garten ist der Bereich, der sich den Blikken entzieht, ein beständiger Anreiz für Erkundungen. Diese Skizze lehrt, was erfindungsreich gesetzte Blickpunkte ermöglichen – man kann unter dem Baum sitzen oder am anderen Ende des Gartens verweilen. Die Terrasse ist hier zu einem Teil von den Balken einer Pergola überdacht und vom übrigen Teil des Gartens durch Hochbeete abgetrennt worden.

Eine Terrasse anlegen

Es ist schade, daß viele Terrassen langweilig wirken. Sie sind dann nichts weiter als eine phantasielos zugepflasterte Fläche hinter dem Haus. Statt dessen sollten Sie Ihre Terrasse zu einem Blickfang machen, den es das ganze Jahr über anzuschauen lohnt. Auch wenn sich eine Terrasse in das Gesamtkonzept des Gartens einfügen muß, kann sie zu einem eigenständigen Schmuckstück ausgestaltet werden.

Der richtige Standort

Der Gedanke, den Ort, an dem Sie draußen sitzen möchten, nahe ans Haus zu legen, ist einleuchtend. So haben Sie einen schönen Blick auf Ihren Garten; es ist, als ob Sie Ihr Wohnzimmer nach draußen verlegt hätten. Aber wenn auf diesen Fleck zum Beispiel wenig Sonne fällt oder er durch angrenzende Gebäude in einem Windkanal liegt, werden Sie diese Vorteile nicht nutzen können.

Also denken Sie auch über einen Standort nach, der nicht am Haus liegt und der mehr Schatten oder Sonne bieten könnte und in Ihre Planung paßt.

OBEN: *Verwenden Sie anstelle von Steinplatten doch einmal Backsteine, Ton oder Betonziegel.*
UNTEN: *Eine Pergola über der Sitzgruppe macht Ihre Terrasse zu einem weiteren Wohnraum.*

Ein Standort in einem anderen Teil oder gar am Ende des Gartens bietet Ihnen vielleicht mehr Ruhe und Abgeschiedenheit; vielleicht können Sie von dort aus den Garten auch besser überblicken.

Die Wahl des Grundrisses

Die meisten Terrassen haben einen rechteckigen Grundriß, was aus naheliegenden Gründen verständlich ist. Doch haben Sie den Mut, sich ggf. auch für einen anderen Zuschnitt zu entscheiden. Eine kreis- oder halbrunde Terrasse vermag beispielsweise weitere Kreismuster zu ergänzen. In einem kleinen Garten dürfte aber die runde Terrasse, umgeben von eckigen Mustern, eher deplaziert wirken.

Ein rechteckiger Grundriß, der sich vom Haus in einem Winkel entfernt, variiert das Spiel mit den geraden Linien und beweist einen ungewöhnlichen Sinn für Gestaltung.

Die Einfriedung der Terrasse

Die Begrenzung einer Terrasse unterstreicht die Linienführung in einem Design, das auf Rechtecken aufgebaut ist. Dabei wird eine niedrige Mauer, in die Sie eine Bepflanzung integrieren können, den Übergang zum Rasen mildern.

Von hohen Mauern als Umrandung muß man aber abraten. Allerdings können sie an einer oder gar zwei Seiten im Ausnahmefall durchaus von Nutzen sein (z.B. als Sicht- oder Windschutz). Im übrigen wirkt eine durchbrochene Mauer nicht so wuchtig wie eine einteilige aus Beton oder Ziegeln. Pflanzt man davor noch passende Sträucher, wird dieser Effekt noch zusätzlich abgeschwächt.

Verschiedene Bodenniveaus

Wenn Ihr Garten hinter dem Haus ansteigt, kann dies den Wert Ihrer Terrasse

LINKS: *Auch eine behagliche Ecke im Garten kann der ideale Platz für eine Terrasse sein. Denn wer sagt uns, daß diese immer neben dem Haus liegen muß?*

UNTEN: *Auf einer Terrasse, die inmitten der Natur liegt, sitzt man gerne zusammen. Statt großer Steinplatten täuschen die kleingliedrigen Ziegelsteine hier den Eindruck von Weiträumigkeit vor.*

steigern: Bauen Sie Stufen hinein, und die Terrasse wird gleichzeitig zu einem hübschen »Zutritt« in Ihren Garten.

Wenn der Garten hinter dem Haus abfällt, wirkt Ihre Terrasse wie eine Aussichtsplattform auf Ihren Garten. Bei gleichem Niveau reicht es schon, die Terrasse um etwa 15 cm aufzustocken, um sie reizvoll zu exponieren.

Der Boden

Die Materialien, die Sie als Bodenbelag verwenden, werden Ihre Terrasse ganz wesentlich prägen. Solche Materialien können aufdringlich und farbenfroh wirken, auch gedämpft und zurückhaltend. Verwenden Sie ruhig auch eine Kombination aus mehreren Materialien.

Wenn Ihre Terrasse am Haus liegt oder in seiner Nähe, sollten Sie Ziegel oder Platten verwenden, die farblich zum Mauerwerk passen. Die Steine der Hauswand mögen für die Terrasse ungeeignet sein; Sie sollten aber versuchen, eine möglichst große Ähnlichkeit zwischen beiden Baukomponenten zu erreichen.

Der Terrasse den letzten Schliff geben

Es sind die kleinen Extras, die aus einer langweiligen Fläche einen behaglichen Verweilort machen, der zur Entspannung einlädt.

Pergola
Die Querbalken einer Pergola über der Terrasse runden das Erscheinungsbild ab und vermitteln den Eindruck von Geschlossenheit. Auch sind diese Querbalken Haltepunkte für Ihre Kletterpflanzen. Lassen Sie ein Blätterdach aber nicht gänzlich zuwachsen; es würde die Sonne kaum durchlassen, und nach einem Regen dürfte es lange tropfen.

Weinreben eignen sich gut für eine Pergola. Nach dem Blattfall im Herbst können Sie ungestört die Strahlen der Wintersonne genießen. Verwandt mit unseren heimischen Arten ist die Rostrote Weinrebe (*Vitis coignettiae*). Doch zeichnet sie sich durch größere Blätter und phantastische Herbstfarben aus.

Sie können die Querbalken auch an einer Wand befestigen. Entfernen Sie etwas Mörtel, befestigen Sie die Winkeleisen und tragen wieder neuen Mörtel auf. Wenn die Pfeiler auf Sockeln ruhen, verlängern Sie deren Lebensdauer.

RECHTS: *Wenn Sie Ihre Terrasse abseits des Hauses anlegen, müssen für die Überdachung auch Stützpfeiler errichtet werden.*

OBEN: *Eine Pergola kann durch Winkeleisen an der Hauswand befestigt werden.*

Eingemauerte Extras
Ein eingemauerter Grill fügt sich in die Gesamtansicht des Gartens besser ein als ein freistehender und wird wohl auch häufiger in Gebrauch sein. Das gleiche gilt für eine eingemauerte Sitzgruppe. Sie spart Platz und stellt ein weiteres Stilelement Ihrer Terrasse dar. Mit Kissen sorgen Sie dann für den nötigen Komfort.

Pflanzabstände
Viele Hobbygärtner stellen ihre Terrasse voll mit Containern. Dabei kann die Bepflanzung in die Erde das Wässern viel einfacher machen. Vor allem die Pflanzen, an denen Sie einen längeren Zeitraum Ihre Freude haben wollen, sollten möglichst in den Boden gesetzt werden. Einige Hersteller liefern auch Bodenplatten mit vorgefertigten Pflanzlöchern.

DIE RICHTIGE HÖHE

Die Querbalken einer Pergola über Ihrer Terrasse müssen hoch genug angebracht werden, damit darunter auch dann noch Platz ist, wenn sie von Pflanzen überwachsen ist. Auch fachmännisch erzogene und in regelmäßigen Abständen eingebundene Pflanzen bringen neue Seitentriebe hervor, die oftmals herabhängen. Das mag stören und kann bei stachligen oder dornigen Pflanzen, wie etwa Kletterrosen, eine Verletzungsgefahr darstellen. Wenn Sie an den Querbalken auch Hängekörbe befestigen wollen, müssen die Balken so hoch angebracht sein, daß man sich an den Körben nicht den Kopf stößt. Eine lichte Höhe von mindestens 2,4 m dürfte im allgemeinen ein guter Mittelwert sein.

Dachgärten

Trotz aller Mühen legen Pflanzenliebhaber noch auf den Dächern von Hochhäusern ihre Oasen an. In der Tat kann ein Dachgarten seinen besonderen Reiz haben: Gewöhnlich ist man dort nämlich unter sich. Doch beachten Sie die Beschränkungen, denen solche Anlagen unterliegen. Legen Sie vor allem nie einen Dachgarten an, bevor ein Statiker das Dach auf seine Belastungsfähigkeit überprüft hat.

Vielleicht gibt der Statiker Ihnen grünes Licht, vielleicht dürfen Sie auch nur bestimmte Stellen belasten, etwa entlang der Brüstungsmauer. Legen Sie aber niemals einen Dachgarten an, obwohl man Ihnen davon abgeraten hat. Gewiß lassen sich Verstärkungen einbauen, doch dies kann Sie viel Zeit und Geld kosten.

Die Gestaltung des Dachgartens dürfte Ihnen durch den Grundriß des Hauses vorgegeben sein. In der Regel baut man in die Ecken kleine Hochbeete und läßt die Mitte frei. Mit Topfpflanzen können Sie aber gut persönliche Akzente setzen.

Wenn Kunstrasen irgendwo einen Sinn bei der Gartengestaltung macht, dann auf dem Dach. Im Gegensatz zu schweren Platten ist er nicht nur leicht, sondern bringt auf knappem Raum auch einen angenehmen Farbton ein.

Geeignete Pflanzen
Die meisten Pflanzen vertragen starken Wind und tiefe Temperaturen nicht. Schaffen Sie durch die Anpflanzung von wind- und kälteresistenten Sträuchern an den strategischen Stellen für die empfindlicheren Pflanzen einen Schutz.

Windschutz
Auf einem Dach finden sich auch Objekte, die einen weniger erfreulichen Anblick bieten. Mit einem grünen Windschutz, zum Beispiel einem Spalier mit widerstandsfähigem Efeu, schlagen Sie zwei Fliegen mit einer Klappe.

Belastung vermeiden
Tun Sie alles, um das Dach wenig zu belasten. Wenn Sie Bodenplatten anlegen, nehmen Sie das leichteste Material, das Sie bekommen können. Bei der Auswahl der Pflanzgefäße sollten Sie auf leichte Töpfe aus Plastik zurückgreifen.

OBEN: *Wenn das Gebäude die Belastungen trägt, kann ein Dachgarten, wie auf diesem Bild, vielfältig gestaltet werden.*

RECHTS: *Spaliere schirmen vor der Umwelt ab, bieten Schutz vor heftigem Wind und sind zudem auch ziemlich leichte Bauelemente.*

Bewässern
Containerpflanzen müssen bei warmem Wetter regelmäßig gegossen werden. Wasser in Eimern auf das Dach zu tragen, wird bald lästig, auch das Hochziehen eines Gartenschlauchs ist kaum eine Lösung. Die Umstellung auf eine automatische Bewässerungsanlage sollte daher ernsthaft erwogen werden.

Vorgärten

Der Vorgarten ist die Visitenkarte des Hausbesitzers und sollte auch das Auge der Passanten erfreuen. Leider ist die Gestaltung nicht immer einfach, wenn man eine Autozufahrt und auch noch Platz für einen Fußweg zur Vordertür des Hauses benötigt. Selbst die Gärtner, die eine erstaunliche Phantasie bei der Gestaltung des Gartens hinter ihrem Haus an den Tag legen, lassen beim Vorgarten oftmals den Kopf hängen. Hier zeigen wir vier typische Vorgärten und wie man sie schöner gestalten kann.

ERSTES BEISPIEL

Unsere Skizze zeigt das typische Beispiel für einen Vorgarten: Eine rechteckige Rasenfläche wird von einer Hecke eingefaßt und von Rabatten, die je nach Jahreszeit bepflanzt werden. Dieser Garten will den Übergang zwischen der Auffahrt und dem Schmuckteil des Gartens schaffen. Dabei erhalten die Pflanzen mehr Aufmerksamkeit, und alles wirkt ein wenig unvollkommen.

Die Probleme

- Die Auffahrt wird kaum als Teil des Gartens verstanden; die für Pflanzen und Rasen verbleibende Fläche wirkt somit noch kleiner.
- Der Heckenboden ist meist trocken und ausgelaugt. Daher gedeihen die Pflanzen daneben nicht richtig.

Die Lösungen

- Dann wurde der größte Teil der Rasenfläche zugunsten größerer Beete aufgegeben und mit Sträuchern bepflanzt. Durch diese immergrünen Gehölze ist der Garten das ganze Jahr über dekorativ.
- Die Auffahrt ist mit Kies bestreut worden. Diese Fläche verbreitet sich zur Haustür hin mit sanftem Schwung. Nicht jeder findet an einer Kiesunterlage Gefallen. Wer will, mag auch Pflastersteine verlegen. Wichtig ist, daß genügend Pflanzen den Saum der geschwungenen Kurve überwachsen und so den Übergang zwischen beiden Flächen mildern.

ZWEITES BEISPIEL
Hier beherrschen hohe Nadelgehölze entlang der Auffahrt das Bild des Gartens. Auch nach der Neugestaltung erfüllen sie noch ihren Zweck, aber die zu großen Gehölze sollten entfernt werden.

Die Probleme
- Hinter hohen Hecken ist man ungestört, aber hier stimmen die Proportionen nicht. Je nach Sonnenstand können sie auch zuviel Licht absorbieren.
- Ein Beet mit Rosen ist zwar sehr beliebt, doch hier erfüllt das kleine runde Rosenbeet im großen rechteckigen Grundriß keine Funktion. Zudem läßt sich der Rasen dort nur mühsam mähen.
- Die schmalen, im rechten Winkel angelegten Beete am Rand lassen den Rasen noch kleiner erscheinen.

Die Lösungen
- Die betonierte Auffahrt wurde mit Ziegeln oder Verbundsteinen gepflastert.
- Ein begrünter Mittelstreifen nimmt der Fläche den Eindruck von Weite.
- Die hohe, lichtschluckende Hecke wurde durch einen hübschen Ranchzaun ersetzt und die gekieste Fläche daneben ist mit Steingartenpflanzen bestückt.
- Statt der hängenden Rosen in der Mitte können Kletterrosen an der Hausmauer ihren Duft verströmen.
- Die Rabatten bleiben erhalten, um den Aufwand nicht zu übertreiben.
- Die vormals je nach Jahreszeit wachsenden Beetpflanzen werden durch kleine Sträucher wie Strauchveronika (*Hebe*) und Lavendel (*Lavandula*) ersetzt, zusammen mit Stauden wie Wollziest (*Stachys byzantina*) und Herzblattbergenie (*Bergenia cordifolia*).
- In die untere Ecke ist anstelle der Kiefer ein kleiner sommergrüner Baum (hier ein Holzapfelbaum) gesetzt worden. Darunter kommen Frühjahrsblüher wie Krokusse und Schneeglöckchen.
- Das kleine Beet in der Mitte wurde vergrößert und mit Kies aufgefüllt; es ist nun Platz für Kübelpflanzen.
- Die Rabatte an der Frontseite des Hauses und ein Teil des Rasens mußten dem breiteren Pflaster weichen. Die Ziegel (oder Klinkersteine) schaffen nun eine klare Trennlinie zum Rasen.

Vorgärten

DRITTES BEISPIEL

Noch langweiliger kann ein Garten kaum noch aussehen als dieser hier: Eine betonierte Zufahrt, ein kleines Blumenbeet vor dem Fenster sowie an der Straßenseite und in der Mitte ein Kirschbaum.

Die Lösung für diesen Garten war einfach: Ohne größere Eingriffe kann man im Stil eines Bauerngartens Pflanzen aller Art herrlich mischen und durcheinanderwachsen lassen.

Abgesehen davon, daß die Trittsteine eine Abkürzung zur Eingangstür bieten, lädt die Diagonale geradezu dazu ein, den Garten und seine Pflanzen zu erkunden. Es ist wie ein Schreiten mitten durchs Beet, weil sich die Pflanzen ungezwungen neben den Trittsteinen ausbreiten. Die Pflanzen spielen nun die Hauptrolle in diesem Garten, statt lediglich als kümmerliche Randverzierung zu dienen.

Die Probleme

- Ein blühender Kirschbaum bietet zwar einen herrlichen Anblick und sein Herbstlaub ist hübsch anzusehen – doch beides nur für jeweils kurze Zeit im Jahr. Da sein zentraler Standort jede Umgestaltung blockieren würde, wird er am besten entfernt.
- Nackte Holzzäune verstärken das triste Erscheinungsbild noch.
- Die kleinen Blumenbeete sind so angeordnet, daß sie kaum unsere Sinne ansprechen, und es fehlt der Platz für interessante, reizvollere Sträucher und Stauden.

Die Lösungen

- Rasen und Baum wurden entfernt und das ganze Areal mit Zwergsträuchern, Stauden, winterharten einjährigen Pflanzen und vielen im Frühjahr blühenden Zwiebelpflanzen neu bestückt.
- Die Trittsteine sorgen für eine Abkürzung zur Eingangstür und geben Standfestigkeit, zum Beispiel beim Jäten des Unkrauts.
- Die Zäune wurden durch eine niedrige Mauer ersetzt. So wirkt der Garten nicht mehr wie eingesperrt.

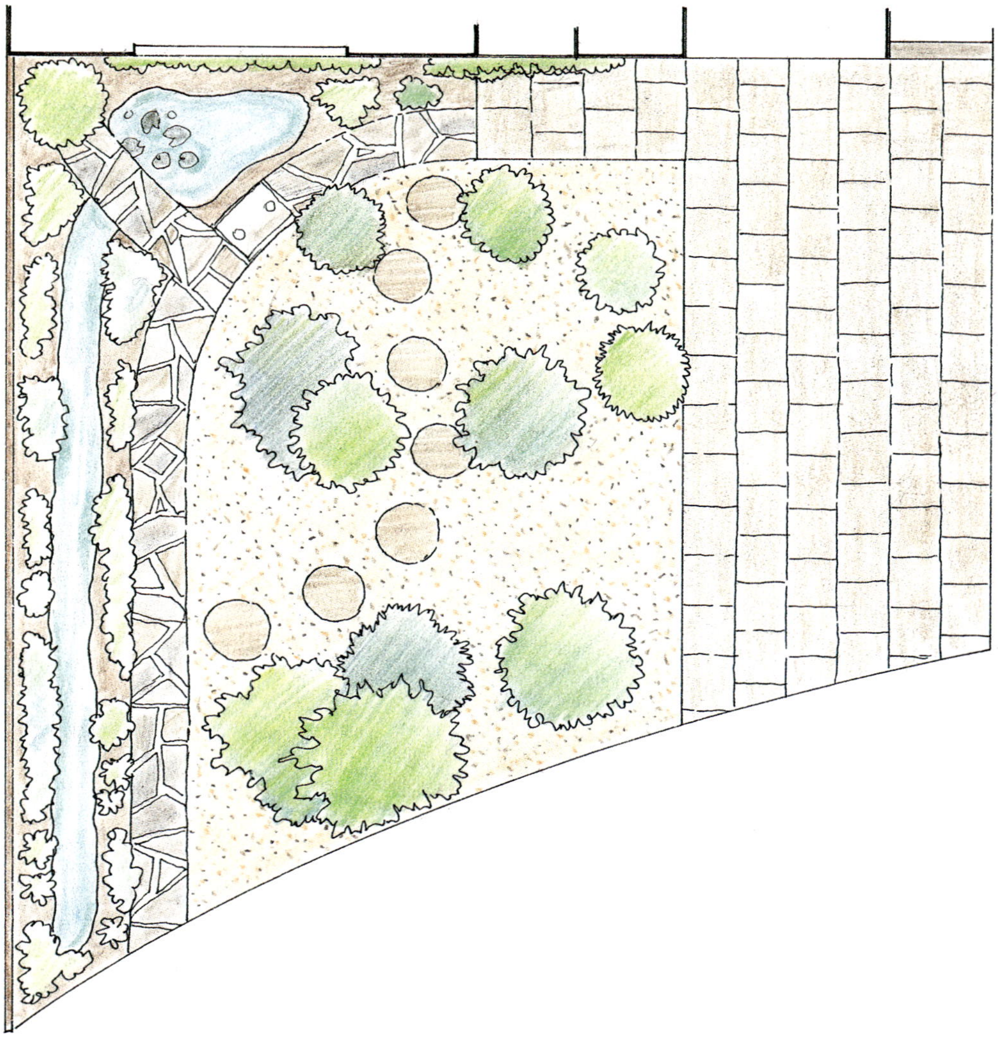

VIERTES BEISPIEL

Dieser Garten sieht auf den ersten Blick wohlangelegt aus, ist in Wahrheit aber ein einziges Durcheinander von Mustern und Formen. Bei der Neugestaltung blieb der alte geschwungene Pfad erhalten, zum einen, weil die Beseitigung des Betonuntergrunds zu aufwendig wäre und sich zum anderen der integrierte Kanalisationsdeckel nicht versetzen läßt.

Die Probleme

- Steinbeete wirken auf planem Untergrund nur selten überzeugend. Obgleich solches durchaus arrangiert werden kann, spricht hier schon der falsche Standort gegen die Illusion von Natürlichkeit.
- Wenn dieser Baum ausgewachsen ist, wird er eine große Fläche beschatten und so den ganzen Garten beherrschen.
- Kleine Beete wie diese, die nur für einige Zeit im Jahr bepflanzt werden, beleben im Sommer das Auge, wirken im Winter aber trist. Wo der Pfad eine Biegung macht, zwängt er das Beet an die Hauswand und wirkt an dieser Stelle viel zu beherrschend.

Die Lösungen

- Die Auffahrt wurde verbreitert. Die begrünten Teile des Gartens sind dadurch nicht mehr auseinandergerissen.
- Der Rasen wurde durch pflegeleichten Kies ersetzt; denn vor dem Kieshintergrund setzen sich die Pflanzen besser ab.
- Nun bereichern kleine und mittelgroße Nadelgehölze den Anblick. Denkt man bei der Auswahl dieser Gehölze an eine fein abgestufte Farbtönung und achtet man auch auf wechselnde Umrisse, wird dieser Teil des Gartens das Auge zu jeder Jahreszeit zufriedenstellen.
- Die Trittsteine bringen eine weitere Stilnote: Weil man nicht erkennen kann, welchen Weg die Steine im hinteren Teil des Gartens nehmen, wächst im Besucher die Neugier, diesem kleinen Geheimnis nachzugehen.
- Der Fußweg blieb erhalten, aber das Mosaikpflaster macht viel mehr her.
- Ein Teich ist immer attraktiv.
- Die vormals eingezwängt wirkende Rabatte links vom Pfad wird nun von einem Wasserlauf beherrscht, der sich zuletzt als Kaskade in den Teich ergießt.

Gärten im Souterrain und Hinterhof

Kleine Gärten haben bisweilen sehr wenig Sonne, weil sie unterhalb des Straßenniveaus liegen oder von Mauern umgeben sind. An solchen Grundtatsachen läßt sich gewöhnlich nichts ändern. Deshalb sollte man versuchen, aus der Situation das beste zu machen. Also richten Sie alle Anstrengungen darauf, das Überleben der Pflanzen zu sichern und Mittel und Wege zu finden, trotz der Hindernisse dort für eine üppige Vegetation zu sorgen. Auch wenn sich nicht alle der nachfolgenden Ratschläge auf Ihren Garten übertragen lassen werden, dürften Sie viele Tips selbst für scheinbar aussichtslose Fälle finden.

Künstliches Licht
Mit künstlichem Licht läßt sich die Zeit ausweiten, die Sie in Ihrem Garten verbringen können. Die Anschaffungskosten dafür sind relativ gering, weil Sie für die kleine Fläche nur wenige Lichter brauchen werden. Wollen Sie im Garten regelmäßig Ihren Feierabend verbringen, sollten Sie möglichst einen Großteil dieses Gartens beleuchten; Sie können aber auch lediglich ein oder zwei besonders schöne Ecken Ihres Gartens durch Punktstrahler hervorheben. Wenn Sie dabei drehbare Leuchten einsetzen, können Sie immer wieder neue Akzente setzen.

Farbe
Wenn ein Garten von Mauern eingeschlossen ist, muß für optimale Helligkeit gesorgt werden. Ein neuer Anstrich mit heller, reflektierender Farbe kann wahre Wunder bewirken.

Gitterwerke
Wollen Sie ein Spalier lediglich als Dekoration verwenden, sollten Sie es weiß anstreichen. Ist es dagegen als Kletterhilfe für Ihre Pflanzen vorgesehen, behandeln Sie es vor der Bepflanzung mit einem ungiftigen Holzschutzmittel. Ein häßliches Fallrohr dürfte sich hinter einem bewachsenen Spalier vorzüglich verbergen lassen.

Wasserspiele
Wenn Sie ein kleines Wasserspiel installieren, können Sie sich an warmen Sommerabenden am Geräusch des plätschernden Wassers erfreuen. Sie brauchen dafür nichts weiter als einen Anschluß an Ihr Wassernetz und einen kleinen Teich oder Springbrunnen mit eigenem Wasserkreislauf.

OBEN: *Farne gedeihen auch an schattigen Stellen. Wenn noch ein kleines Wasserspiel hinzukommt, welches das nötige Naß spendet, bleibt nichts zu wünschen übrig.*
RECHTS: *Noch der kleinste Garten im Hinterhof oder im Souterrain dürfte ausreichend Platz für ein kleines Wasserspiel bieten.*

Glockenspiel
Vom Wind bewegt, mag auch ein Glokkenspiel Sie erfreuen. Es soll gefällig aussehen, aber vor allem gut klingen.

Sträucher an der Wand
Die Mauerkomponenten lassen sich bei fachmännischem Vorgehen gut mit Kletterpflanzen verkleiden. Auch Spaliere und Fächer tun bisweilen gute Dienste.

LINKS: *Eine alles beherrsche Mauer läßt sich in die Gartengestaltung gut einbeziehen, wenn Sie ihr mit Töpfen und Kästen etwas von ihrer Monumentalität nehmen. Vermeiden Sie es dabei, die Gefäße in geraden Linien anzubringen; verteilen Sie sie statt dessen eher unregelmäßig über die Wand.*

LINKS UNTEN: *Weiße Blüten, wie bei dieser Tabakpflanze* (Nicotiana), *kommen am besten in schattigen Ecken zur Geltung.*

Elegante Gartenmöbel
Einen Garten, der von vergleichsweise hohen Mauern umgeben ist, können Sie mit weißen Gartenmöbeln aufhellen. Seien Sie aber zurückhaltend bei der Zahl der Möbel. Zuviel davon wirkt auf einer kleinen Fläche nicht mehr elegant, sondern erinnert an eine Abstellkammer.

Ausgefallene Pflanzgefäße
Auf kleiner Fläche muß jedes Detail stimmen. Statt Töpfe aus Plastik zu verwenden, können Sie mit ausgefallenen Pflanzgefäßen (z.B. ausrangierte Behälter aus Ihrer Küche) manch eindrucksvollen Akzent setzen. Achten Sie aber darauf, daß im Boden dieser Gefäße Löcher vorhanden sind, damit Ihre Pflanzen nicht unter Staunässe leiden.

Blickfänge im Schatten
Hinterhöfe und Souterrains haben bisweilen eine so geringe Lichteinwirkung und liegen zudem durch die hohen Mauern auch noch im Regenschatten, daß eine Pflanzenkultur nahezu unmöglich ist. Wenn obendrein ein schattenwerfender Baum hinzukommt, »geht nichts mehr«. Solche Plätze benötigen ganz besondere Dekorationen.

Farnpflanzen
Farne können auch an kühlen, schattigen Stellen noch gedeihen, wo sich Sommerblumen nicht mehr kultivieren lassen. Pflanzen Sie dabei winterharte Arten an. Durch ein interessantes Muster verbessern Sie die Wirkung dieser Farne noch. In einem solchen Ambiente machen sich auch helle Blumen vor dunklem Hintergrund gut.

Pflanzen mit weißen Blüten
Pflanzen Sie an Stellen, wo die Sonne nicht hinkommt, Blumen mit weißen Blüten. Zum Glück gibt es einige solche Pflanzen, die Schatten vertragen, beispielsweise bestimmte Sorten des Springkrauts (*Impatiens*) und des Tabaks (*Nicotiana*). Weiß kommt im Schatten besser zur Geltung als andere Farben.

Exoten
Kleine, hoch umschlossene Gärten mit viel Sonne haben ein heißes Mikroklima, und es herrscht Windstille. Das ist der ideale Lebensraum für exotische Pflanzen. Hier kommen viele tropische Pflanzen in Frage, die in unseren Breiten sonst nur als Zimmerpflanzen gedeihen.

Treppen integrieren
Ein Treppengeländer kann sich auch als Kletterhilfe für Ihre Pflanzen eignen. Freilich müssen Sie sie regelmäßig stutzen, um nicht auf den Blättern auszurutschen, die auf den Stufen liegen. Auch könnte der Handlauf des Geländers so überwachsen sein, daß er keinen Halt mehr bietet. Sind die Treppenstufen breit genug, lassen sich Ihre Töpfe auch dort aufstellen. Stellen Sie die Stufen aber nicht gänzlich zu.

Blumenkästen und Töpfe an der Wand
Blumenkästen machen sich nicht nur vor Ihrem Fenster gut. Ebenso wie Töpfe und Körbe lassen sie sich auch an Mauern verankern und können diese hinter einer Kaskade von Farben verstecken.

Duftpflanzen
Souterrains und Hinterhöfe sind der ideale Ort für die Kultur von duftenden Pflanzen – hier kann der Wind Gerüche nicht forttragen. Denken Sie in diesem Zusammenhang zum Beispiel an den Stechapfel (*Datura*) oder abends duftenden Tabak (*Nicotiana*), auch an solche, die ihr Aroma nachts verströmen.

Balkon und Veranda

Wer keinen Garten besitzt, hat mit seinem Balkon »ein Zimmer in der Natur«. Selbst bei schlechtem Wetter kann er sein Gärtchen genießen! Mehr noch als für die Terrasse gilt, daß Balkon oder Veranda eine Art gute Stube im Freien sind. Doch weil der zur Verfügung stehende Platz begrenzt ist, sollte man bei der Ausstattung nicht geizen. Investieren Sie deshalb in einen guten Bodenbelag, in stilvolle Möbel und auch in dekorative Gefäße. So schaffen Sie ein gefälliges Ambiente für Ihre Pflanzen.

Die Wahl des Bodenbelags
Der Bodenbelag entscheidet über die Atmosphäre in Ihrem »Gärtchen«. Er trägt mit dazu bei, daß es kostbar aussieht (oder eben nicht).

Von Fußbodenplatten ist abzuraten: Sie wirken meist ziemlich schwer und sehen im Vergleich zu Fliesen zu gewöhnlich aus. Zudem ist ihr grobes Muster für größere Flächen konzipiert.

Verwenden Sie für den Boden Ihres Balkons oder ihrer Veranda darum die gleichen Materialien, die Sie auch im Haus benutzen. Schön sind Ton oder gemusterte Keramikfliesen. Sie schaffen optisch so einen harmonischen Übergang zum Inneren des Hauses. Achten Sie aber darauf, daß Sie Keramikfliesen kaufen, die bei Frost nicht aufplatzen. Der Vorteil solcher Bodenbeläge besteht darin, daß sie in Gewicht und Größe zu den Maßstäben passen, mit denen wir es hier zu tun haben.

Der Stand der Sonne
Besonders wichtig ist es, nach welcher Himmelsrichtung der Balkon blickt. Im Gegensatz zum üblichen Garten oder Dachgarten kann der Balkon mit seinem jeweils eingeschränkten »Lichtfenster« den ganzen Tag über der Sonne ausgesetzt sein oder im Dauerschatten liegen.

Liegt Ihr Balkon in der Sonne, wird der Schatten von oben nicht schaden. Ziehen Sie deshalb ein Rollo in Betracht, das Ihnen an heißen Tagen Schatten spenden wird. Stellen Sie bei intensiver Sonne Gewächse auf, die das Licht lieben

RECHTS: *Holzfußböden und Holzpergolen können den optischen Gesamteindruck entscheidend verbessern.*

und auch Trockenheit aushalten. Dazu eignen sich beispielsweise Ihre Kakteen und Sukkulenten, die Sie im Winter ins Innere stellen.

Wenn Ihr Balkon vorwiegend im Schatten liegt, kommen leider nur wenige blütentragende Pflanzen in Betracht. Konzentrieren Sie sich in diesem Fall mehr auf Pflanzen mit hübschem Laub oder auf weißblühende wie das Springkraut (*Impatiens*) oder den Tabak (*Nicotiana*).

Windschutz

Sollten Sie empfindliche oder exotische Pflanzen halten wollen, müssen Sie für einen Windschutz sorgen. Ideal ist ein Spalier, das mit einer widerstandsfähigen immergrünen Pflanze bewachsen ist. Sie können an der dem Wind zugewandten Seite auch einen Windschutz aus Bambus oder Schilfgras anbringen – das schützt nicht nur vor neugierigen Blikken, sondern gibt auch einen guten Hintergrund für Containerpflanzen ab.

Mit Farben durchs Jahr

Mit widerstandsfähigen immergrünen Pflanzen läßt sich Ihr Balkon das ganze Jahr über farbenfroh halten. Sie dienen gleichzeitig als Hintergrund für die hellen Farbtöne Ihrer Saisonpflanzen.

Die Blumenkästen an der Balkonbrüstung sollten Sie mit Frühlings- und Sommerblühern bepflanzen, oder mit Kletterern, die über die Brüstung fallen.

An schattigeren Stellen können Sie exotisch anmutende Pflanzen unterbringen. Im übrigen sollten Sie keine Bedenken tragen, Ihre Zimmerpflanzen, die die windigere Umgebung aushalten, im Sommer auf den Balkon zu stellen.

Denkbar sind frühlingsblühende Zwiebelpflanzen. Denn diese verlängern die Zeit, in der Sie in leuchtenden Blüten schwelgen können. Achten Sie aber auf kompakte Sorten – beispielsweise können langstielige Narzissen vom Wind nach vorne gerissen werden.

OBEN: *In milden Klimaten oder in einer geschützten Lage können Sie ihrem Balkon eine tropische Note geben.*
RECHTS: *Im Sommer lassen sich viele Ihrer Zimmerpflanzen auch auf dem Balkon aufstellen.*

Der Garten im Detail

Ein gutes Gesamtkonzept wäre nur halb soviel wert, wenn man die Details vernachlässigen würde. Entscheidungen über den Bodenbelag, die Form des Rasens oder womit man den Garten umfrieden soll, legen den Gesamteindruck fest. Darüber dürfen die kleinen Schmuckteile nicht vergessen werden. Auch mit solchem Beiwerk, wie zum Beispiel den Gartenlichtern, hebt man den Garten über den Rahmen des Üblichen hinaus. Für einen kleinen Garten ist die Verwendung erlesener Gefäße von großer Bedeutung – auf einem winzigen Balkon machen sie erst den Gartencharakter aus. Das geschickte Arrangement der Gefäße bildet dann das »Tüpfelchen auf dem I«.

OBEN: *Machen Sie den Besucher neugierig, zu welchen Attraktionen Ihres Gartens diese Steine wohl führen mögen.*

VORSEITE: *Lauschige Ecken, wie dieser Sitz inmitten einer Pflanzenvielfalt, verleihen dem Garten einen ganz eigenen Charakter.*

Der Boden im Garten

Ob Rasen, Pflaster, Wege, gekieste oder mit Bodendeckern bestückte Flächen – der Boden entscheidet über den ersten Eindruck des Gartens. Diese Flächen nehmen meistens auch mehr Platz in Anspruch als alle Beete und Rabatten zusammen. Wenn alles in Blüte steht, treten diese Flächen zwar in den Hintergrund, in der übrigen Zeit melden sie sich dafür aber umso deutlicher zu Wort.

Wer eine Bepflasterung entfernen will, wird mit einigen Schwierigkeiten konfrontiert. Ein Beispiel: Sollte das Fundament aus Beton sein, wird ein Spezialwerkzeug benötigt, um das Pflaster zu entfernen. Wählen Sie in einem solchen Fall lieber das kleinere Übel und versuchen Sie, Wege dieser Beschaffenheit in Ihre Gestaltung einzubeziehen. So dürfte es weitaus weniger Mühe bereiten, die Fläche mit einem ansprechenderen Material zu überziehen.

Rasenflächen können leichter abgeändert werden als Fußwege und gepflasterte Flächen. Rasen läßt sich nämlich einfach umgraben, neu aussäen oder auslegen etc. Wenn Sie nur seine Maße verändern

Oben: *Fußwege sind nicht nur zweckmäßig, sie können auch sehr schmuck aussehen und so zur Gestaltung des Gartens beitragen.*

Folgeseite unten: *In der Gartenarchitektur können bauliche Elemente (wie Ziegelsteine) mit natürlichen Elementen (z.B. Rasenflächen) harmonieren.*

Folgeseite oben: *Hier bilden Ziegelsteine den Übergang zwischen Rasen und Rabatte. Zudem erleichtern sie das Rasenmähen.*

Links: *Solche Stellen sind schnell mit Unkraut übersät, wenn sie nicht sehr dicht bepflanzt werden. Hier werden die Unkräuter von Funkien* (Hosta) *unterdrückt.*

wollen, können Sie den überflüssigen Teil entfernen bzw. ein neues Stück ergänzen.

Holzböden gehören in einigen Ländern zur Standardausstattung eines Gartens, in anderen sind sie aber weniger beliebt. Das ist vielfach von den landesspezifischen Holzpreisen abhängig. In jedem Fall sollte ein Holzboden zu ihren Optionen gehören.

Für die Stellen im Garten, die nur selten betreten werden, bieten sich noch andere Gestaltungen an. Ziehen Sie beispielsweise Bodendecker in Erwägung. Als Unterpflanzung in Blumenbeeten können sie nämlich vorzüglich das Unkraut in Schach halten. Besonders in kleinen Gärten sind sie auch deshalb praktisch, weil ein Rasen dort allemal nur schwer zu mähen sein würde.

Rasenflächen

In kleinen Gärten bildet der Rasen meist das Mittelstück. Nach dieser Gegebenheit wird der übrige Teil des Gartens gestaltet. Für einen schönen Rasen nehmen viele Gartenfreunde all die Mühen des Mähens und Pflegens auf sich. Soll der Rasen auch als Spiel- und Liegefläche dienen, ist man gut beraten, eine widerstandsfähige Grassorte einzusäen. Ein solcher Rasen wirkt zwar nicht besonders edel, erfüllt aber seinen Zweck. Seien Sie nicht allzusehr auf einen Rasen der Extraklasse fixiert. Eine Rasenfläche besticht auch, manchmal sogar in erster Linie, durch ihre Form oder die Linienführung ihres Saumes.

Kreismuster
Kreisrunde Rasenflächen eignen sich vorzüglich zur Ausprägung des Stils eines Gartengrundstücks. Mehrere, durch gepflasterte Verbindungsstellen unterbrochene Kreisflächen eignen sich gut für einen langgezogenen schmalen Garten.

In sehr kleinen Gärten wird lediglich Platz für ein Kreisstück sein. Wenn Sie dieses zum Mittelpunkt Ihres Gartens machen, können Sie es gut mit Beeten umgeben. Der Hintergrund läßt sich in diesem Fall mit kleinen Bäumen und hohen Sträuchern ausfüllen, während kleinere Sträucher und krautige Pflanzen dabei den Vordergrund beherrschen. Ein Fußweg aus Trittsteinen könnte bei dieser Anordnung überdies noch zu einer lauschigen Ecke führen.

Rechteckige Muster
Ein rechteckiger Rasen sieht zumeist einigermaßen langweilig aus. Wenn er jedoch die Flucht eines Beetes oder einer Terrasse aufgreifen soll, kann er sofort »mit anderen Augen« gesehen werden.

Auch eine Vogeltränke oder eine Sonnenuhr vermag ein langweiliges Schema zu durchbrechen. Sie sollten in diesem Zusammenhang auch über einen Springbrunnen nachdenken.

Andere Muster
Sollten Sie sich während Ihrer Planung für ein diagonales Muster entschieden

OBEN RECHTS: *Ein geschwungener Rasen verstärkt den räumlichen Eindruck von Tiefe.*
RECHTS: *Gerade Ecken würden diesen Rasen langweilig erscheinen lassen. Mit diesen Rundschnitten wirkt er beträchtlich eleganter.*

haben, achten Sie besonders darauf, daß der Rasen mit den anderen Komponenten Ihrer Gestaltung gut harmoniert. Das schönste Bild bietet Ihre Rasenfläche, wenn Sie sie im Winkel von 45° zur Hausfront anlegen.

Geschwungene Muster
Eine Rasenfläche mit Einbuchtungen und Kurven, wo sich Blumenbeete anschmiegen, sieht bestechend aus, ist aber in kleinen Gärten häufig nicht möglich. Versuchen Sie Ihr Glück dann mit einer einzigen Einbuchtung. Bei einem rechteckigen Rasen kann dieser Eingriff am einfachsten bewerkstelligt werden.

Das Niveau variieren
Eindrucksvolle Ergebnisse auf kleinstem Raum erzielen Sie auch mit einer angehobenen oder abgesenkten Rasenfläche. Dabei muß der Niveauunterschied keineswegs groß sein; 15-25 cm Differenz reichen meist aus. Ein abgesenkter Rasen sollte einen befestigten Rand aufweisen, damit der Rasenmäher bis zum Ende geführt werden kann.

OBEN: *Ein abgesenkter Rasen.*

PFLEGE SAUBERER KANTEN

Kreisrunde Rasenflächen müssen eine saubere Kante aufweisen. Sonst werden sie ihre optische Wirkung nicht voll entfalten. Dabei dürfte die Rasenpflege diese saubere Kante im Lauf der Zeit »verwischen«. Denken Sie daher von vornherein an eine feste Begrenzung. Am besten lassen Sie bereits bei der Anlage des Rasens einen mit Mörtel fixierten Kreis aus Ziegelsteinen in den Boden ein. Sollte Ihr Rasen gerade Begrenzungslinien haben, kaufen Sie sich vorgefertigte Kunststoffstreifen.

EINE KANTE ANLEGEN

Wenn die Pflanzen einer Rabatte überhängen, erleichtern Sie sich das Mähen, wenn Sie die Kante mit Ziegeln oder Pflasterplatten auslegen.

1 Benutzen Sie die Bodenplatte dabei als Schablone, um die Stelle, wo das Gras ausgehoben werden muß, zu fixieren. Am besten arbeiten Sie dabei mit einem Kantenstecher, wobei Sie den Abstich hart entlang der Schablone ausführen. Dann heben Sie die Grasnarbe mit einem Spaten aus.

2 Anschließend sorgen Sie für ein Fundament, mit einer Lage Kies oder einer Kies/Sand-Mischung, und machen Sie die Stelle mit einer Holzlatte plan, wobei Sie genügend Tiefe für die Bodenplatte und den Mörtel lassen müssen.

3 Da die Platte nicht sonderlich belastet wird, braucht sie nicht im Mörtel eingebettet zu werden. Sie läßt sich auch einfach auf den Mörtel andrücken. Überprüfen Sie Ihre Arbeit abschließend mit einer Wasserwaage.

Mit Bodenbelägen gestalten

Die meisten kleinen Gärten besitzen eine Terrasse oder zumindest eine gepflasterte Fläche am Haus. Häufig richtet sich die Gestaltung der restlichen Abschnitte des Gartens an diesem Grundstücksteil aus. Es stellt die Verbindungsstelle zwischen Haus und Garten dar. Im Idealfall kann der Bodenbelag des Gartens den Gesamteindruck positiv verstärken, schlimmstenfalls aber auch Disharmonien stiften.

Auf den folgenden Seiten stellen wir Ihnen eine Auswahl beliebter Materialien für Bodenbeläge vor. Sie alle haben ihre Vorzüge und Nachteile. Es ist anzuraten, mehrere Geschäfte aufsuchen, denn Preise und Auswahl schwanken enorm.

Aber mit der Vorliebe für diesen oder jenen Bodenbelag ist es nicht getan. Man muß auch entscheiden, ob man ihn mit anderen Materialien kombinieren möchte und ob dies möglich ist. Erst das Ergebnis wird Ihnen zeigen, ob Sie eine glückliche Hand gehabt haben.

Farbkombinationen
Die Verwendung von leuchtenden oder sogar grellen Farben hängt von ihrem persönlichen Geschmack ab und der Wirkung, die Sie damit erzielen möchten. Seien Sie vorsichtig mit dem Einsatz von leuchtenden Farben – sie lenken nämlich von den Pflanzen ab, auch wenn das Material mit der Zeit nachdunkelt.

Gefühl für Proportionen
In einem kleinen Garten können große Bodenplatten die Maßstäbe verzerren. Arbeiten Sie lieber mit kleinen Fliesen (mit denen sich auch leichter hantieren läßt) oder verwenden Sie Ziegelsteine, Kopfsteinpflaster oder Verbundsteine.

Materialien kombinieren
Auch auf kleinstem Raum kann die Zusammenstellung mehrerer Materialien Erfolg haben. Kombinieren Sie Sequenzen aus Ziegelsteinen oder Tonfliesen mit Pflastersteinen, Eisenbahnschwellen mit Ziegelsteinen. Im Prinzip ist jede Kombination möglich, die zur Umgebung paßt und gefällig aussieht. Vermeiden Sie aber, mehr als drei verschiedene Materialien einzusetzen. Besonders auf engem Raum sieht das zu unruhig aus.

LINKS: *Ziegel oder Pflastersteine lassen sich zu schönen Mustern auslegen, hier zu einem Fischgrätenmuster.*

Verschiedene Muster
Sie können sich natürlich auch für ein ganz zufälliges Muster oder für Mosaike entscheiden; meist verwendet man aber Vorlagen, die sich aus den rechteckigen Ziegeln oder Platten nun mal ergeben. Studieren Sie beim Kauf der Platten auch die beiliegenden Anleitungen genau. Vielleicht können Sie sich auch fachmännisch beraten lassen.

Auf einer großen Fläche sehen Bodenplatten derselben Größe ziemlich langweilig aus. Allerdings sollten Sie auf kleinen Flächen komplizierte Muster mit verschiedenen Größen lieber unterlassen. Schlichtheit spricht hierbei besser an.

Ziegel und Tonfliesen sind für eine kleine Fläche zumeist die beste Wahl. Trotzdem kann bei einem Muster, das sich mit ihnen gestalten läßt, noch vieles schiefgehen; viel Umsicht zahlt sich daher meist aus.

Für kleine Flächen legt man die Ziegel am besten im Läuferband aus. Das Fischgrätenmuster eignet sich für große wie für kleine Flächen; hingegen braucht man für das Korbmuster eine große Fläche, damit es zu voller Wirkung gelangt.

Läuferziegel

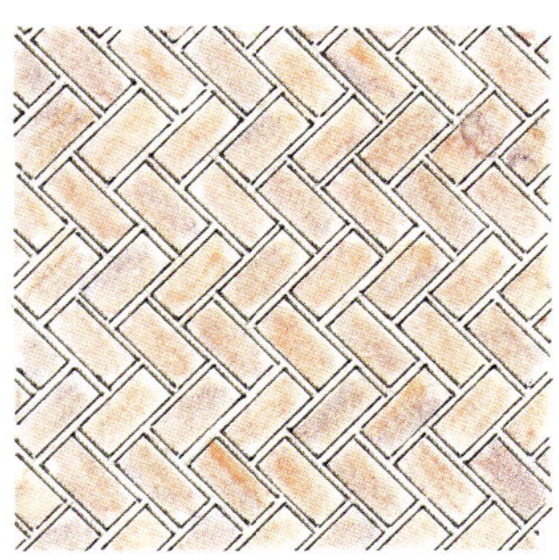

Fischgrätenmuster

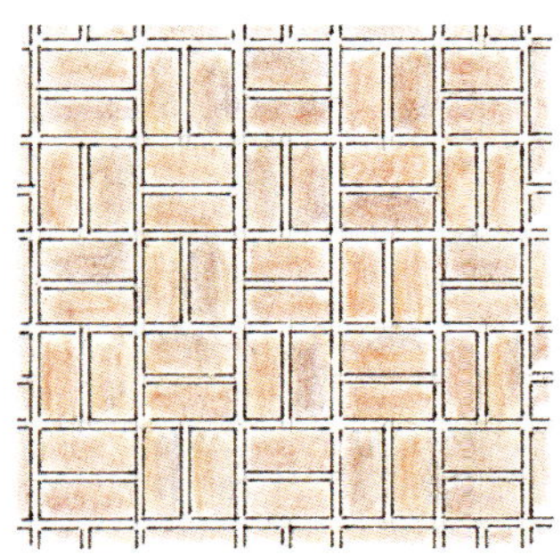

Korbmuster

WIE MAN PFLASTER VERLEGT

1 Tragen Sie den Boden bis zu einer Tiefe ab, so daß etwa 5 cm Schotter, darauf etwa 3-5 cm Bettung und das Volumen der Platte sowie etwas Mörtel Platz finden. Bei steinigem Untergrund können Sie auf den Schotter auch verzichten. Prüfen Sie vor dem Auslegen die Bodentiefe. Wenn Sie die Auspflasterung vor dem Haus vornehmen, achten Sie darauf, daß Sie nicht die Feuchtigkeitsisolierung des Hauses beschädigen.

2 Tragen Sie fünf Kleckse Mörtel auf, in jede Ecke einen, den fünften in die Mitte.

3 Alternativ dazu können Sie auch die ganze Fläche mit Mörtel auslegen und dann gleichmäßig verteilen.

4 Dann legen Sie die Platte sorgfältig auf das Mörtelbett.

5 Prüfen Sie mit einer Wasserwaage, ob die Platte richtig sitzt. Bei größeren Flächen sollten Sie für ein leichtes Gefälle sorgen, damit das Regenwasser abfließen kann. Dazu plazieren Sie unter einem Ende der Platte einen Holzkeil. Korrigieren Sie durch Andrücken oder füllen Sie etwas Mörtel nach. Legen Sie die Wasserwaage zur besseren Kontrolle an mehreren Stellen auf.

6 Verwenden Sie Abstandshalter gleicher Größer, damit die Fugen zwischen den Platten nicht unterschiedlich ausfallen. Diese Abstandshalter entfernen Sie dann, bevor Sie die Lücken zuletzt mit Mörtel auffüllen.

7 Ein oder zwei Tage nach dem Verlegen sollten Sie die Nachbesserungen vornehmen. Verwenden Sie dazu eine Kelle und eine schnell trocknende Mörtelmischung. Dann nehmen Sie etwas Mörtel wieder weg, damit die Ränder der Platten besser zur Geltung kommen. Zuletzt entfernen Sie die Mörtelreste von den Platten.

Die Bodenbeläge

Es gibt viele Bodenbeläge, unter denen Sie auswählen können. Nehmen Sie sich dafür viel Zeit und vergleichen Sie das Angebot verschiedener Hersteller und Geschäfte, bevor Sie eine Entscheidung treffen.

RECHTS: *Ziegelsteine müssen im Gegensatz zu Tonfliesen mit Mörtel verfugt werden. Das strukturiert Ihren Bodenbelag spezifisch und mag Ihrer gestalterischen Absicht entgegenkommen.*

BODENPLATTEN

Am gebräuchlichsten sind einteilige Bodenplatten in den Größen 45 x 45 cm oder 45 x 60 cm. Halb- und viergeteilte Platten sind manchmal etwas kleiner. Die Dicke der Platten hängt von der Fabrikation ab. Aber bei ausgewiesenen Qualitätsprodukten von einem einzigen Hersteller dürften Sie keine Probleme bekommen.

Eine glatte Oberfläche mag leicht etwas eintönig wirken und ist nicht immer rutschfest, doch gibt es auch viele Platten mit einer strukturierten Oberfläche. Diese Struktur kann ganz unterschiedlich sein: Eine gerissene Oberfläche sieht wie Naturstein aus. Platten mit nachbehandelten Oberflächen sind oftmals porös; das macht sie rutschfester und sieht sehr natürlich aus.

Bedruckte Platten, die im Ensemble ein Muster ergeben, sind für eine kleine Fläche zumeist ungeeignet. Wenn nämlich die Fläche nicht ausreicht, um das Muster zu komplettieren, wird die Enge des Raumes nur noch unnötig betont.

Besondere Formate

Verwenden Sie solche Platten mit Vorsicht. Runde Platten sind zwar nützlicher als Schrittsteine, kommen auf kleinen Flächen aber nur schlecht zur Geltung. Auch sechseckige Platten machen nur auf einer größeren Fläche etwas her.

Bedruckte Platten

Es gibt auch Platten mit bedruckten Mustern, die den Eindruck mehrerer Platten oder Ziegel hervorrufen sollen. Auf solchen Platten sind sogar bis zu acht Ziegel »versammelt«. Weil sich mit ihnen die Illusion schaffen läßt, als seien besonders kleine Elemente verlegt worden, sind sie für sehr begrenzte Flächen nahezu ideal.

OBEN LINKS: *Diese feinstrukturierten Platten eignen sich besonders für kleine Flächen, weil sie die Illusion erzeugen, es seien viel kleinere Elemente verwendet worden.*

OBEN RECHTS: *Sog. Rißplatten sehen verwittertem Naturstein täuschend ähnlich.*

MITTE LINKS: *Bodenplatten unterliegen natürlich Witterungseinflüssen. Blasse Farben werden kräftiger, während helle bald etwas von ihrer Leuchtkraft verlieren.*

MITTE RECHTS: *Sechseckige Bodenplatten sollten Sie nicht auf einer kleinen Fläche verwenden.*

UNTEN: *Rechtecke lassen sich mit anderen Formen kombinieren, kommen aber auch für sich gut zur Geltung.*

Pflanzlöcher
Es gibt auch Platten, in denen ein gerundetes Eckteil ausgespart worden ist. Vier dieser Platten bilden dann einen kompletten Kreis, der als Pflanzloch für einen kleinen Baum oder eine Solitärpflanze vorgesehen sein kann.

ZIEGEL UND PFLASTER

Ziegel sind für einen kleinen Garten besonders empfehlenswert. Mit ihnen läßt sich auch auf kleinstem Raum ein hübsches Muster bilden. Sie sind in vielen Farben und mit unterschiedlicher Oberflächenbehandlung erhältlich, so daß Sie eine Wahl passend zum Erscheinungsbild Ihrer Hausfassade treffen können.

Prüfen Sie beim Kauf, ob Ihr Material für das Verlegen im Freien geeignet ist. Viele Beläge, die für den Innenausbau bestimmt sind, halten dem Regen oder der Kälte im Freien nicht stand. Nach einigen Jahren beginnen sie porös zu werden. Tonfliesen hingegen sind speziell gebrannt und eignen sich gut als Bodenbelag. Auch Betonfliesen und Kopfsteine kommen als Bodenbelag in Betracht; ihre ästhetischen Qualitäten legen aber eher die Verwendung für eine Auffahrt nahe als für eine Terrasse.

Rechteckige Fliesen
Tonfliesen sehen ähnlich wie Ziegelsteine aus, sollen aber auch ohne Mörtel zusammenhalten. Zudem sind sie meist dünner als Ziegel, was aber nach dem Verlegen nicht mehr zu erkennen ist. Betonfliesen und Pflastersteine werden auf die gleiche Weise verlegt. Sie sehen als Belag für eine Garagenauffahrt hübscher aus als eine ausgegossene Betonfläche. Sie erinnern ein wenig an unsere früheren Bürgersteige in den Städten.

Verbundfliesen und -steine
Betonfliesen oder -steine sind häufig speziell geformt, so daß sie sich »im Verbund« zu Mustern zusammenlegen lassen. Auch Tonfliesen dieser Art sind erhältlich.

Ziegelsteine
Für Ziegelsteine braucht man Mörtel, um die Fugen aufzufüllen. Ziegel können Sie auch für Hochbeete und kleine Mauern verwenden, was den Eindruck sorgfältiger Planung und von Geschlossenheit erweckt. Um nicht unnötig Geld auszugeben, verlegen Sie die Ziegel längsseits und nicht etwa hochkant. Das schließt natürlich die Verwendung von Hohlraumziegeln aus. Es ist übrigens unerheblich, ob der Ziegel an einer Seite einen Sprung hat, die Hauptsache ist, daß die sichtbare Seite in Ordnung ist.

Gepreßte Würfel und Kopfsteine
Würfel dieser Art sind Imitationen aus aufgearbeiteten Steinen, während Kopfsteine große, abgerundete Natursteine sind. Beide eignen sich für unregelmäßige Flächen.

Fliesen
Ton- und Keramikfliesen passen für kleine Flächen in der Nähe des Hauses oder als Bodenbelag für eine Terrasse, die etwas hermachen soll. Verwenden Sie nur solche Keramikfliesen, von denen Sie wissen, daß sie frostbeständig sind. Fliesen werden auf einer ausgegossenen Betonfläche verlegt. Was den Fliesenkleber anbelangt, so folgen Sie den Anleitungen des Herstellers oder Fachhändlers.

LINKS: *Bodenbeläge gibt es in der verschiedensten Art. Die oberste Reihe zeigt (von links nach rechts) einen Würfel aus Naturstein, eine Tonfliese, einen Tonziegel und einen gepreßten Würfel, die mittlere Reihe einige Pflastersteine aus Beton. Die untere Reihe läßt Farbnuancen von Bodenplatten aus Beton erkennen.*

Materialien für Wege

Wie bei jedem Detail Ihres Gartens sollten auch die Wege so konzipiert werden, daß sie ihrem Zweck gerecht werden. Es gibt viele unterschiedliche Materialien; daher sollten Sie mehrere Geschäfte aufsuchen, bevor Sie eine Entscheidung treffen.

Wege, die tagtäglich betreten werden, sollten in erster Linie funktional sein und erst in zweiter Hinsicht auch ästhetischen Kriterien genügen. Wege zur Haustür (auch Auffahrten) müssen auf einem soliden Fundament verlegt werden. Sparen Sie dabei nicht an der Breite. Ihre Besucher wollen den Weg zur Haustür sicher nicht im Gänsemarsch zurücklegen! Sollte für einen breiten Weg zum Haus kein Platz sein, empfiehlt es sich, diesen lieber »indirekt« anzulegen, vielleicht als Abzweigung von der Auffahrt.

Fußwege, die die einzelnen Abschnitte des Gartens verbinden sollen, können auf lockererem Untergrund angelegt und von Pflanzen gesäumt werden.

Wege, die keine Funktion haben und »nirgendwo« hinführen (z.B. die Trittsteine in einem Beet), lassen sich einfach verlegen und zielen nicht auf eine besondere Wirkung ab.

Ziegel- und Pflastersteine
Solche Steine sind ideal für die Fußwege im Garten. Sie sehen gefällig aus und sind außerdem praktisch. Ein verbindendes Muster ist dabei überflüssig, es sei denn, die Wege sind sehr breit.

Fußplatten
Diese Platten sollen in erster Linie einen praktischen Zweck erfüllen. In Verbindung mit anderen Materialien können sie sehr gewinnen. Ein Streifen Kies zu beiden Seiten, und Ihr Gartenweg sieht um vieles eleganter aus. Auch können Sie die Abstände zwischen den einzelnen Platten größer machen und die Zwischenräume dann mit Kies füllen. Besonders bei einem Weg mit mehreren Krümmungen empfiehlt sich eine Kombination aus Platten und Kies.

RECHTS: *Die Lücken zwischen solchen Platten können mit Kies aufgefüllt werden oder (wie hier zu sehen) mit einem Rindenmulch.*

UNTEN: *Beim Anlegen von Wegen können Sie auch Ihre künstlerischen Neigungen unter Beweis stellen.*

UNTEN RECHTS: *Ein Wegessaum im viktorianischen Stil.*

Mosaikpflaster
Dieses Pflaster kommt nur an wenigen Stellen gut zur Geltung und verträgt sich im übrigen nur dann mit Ihren Pflanzen, wenn Sie Naturstein verwenden. Bunte Pflaster wirken oftmals zu aufdringlich; selbst eine zurückhaltende Farbgebung kann künstlich aussehen und läßt die schöne Maserung von Natursteinen vermissen.

Wegränder
Wege können viel interessanter aussehen, wenn sie von einem hübschen oder extravaganten Rand eingesäumt sind. Lassen Sie beispielsweise grüne Flaschen so in den Boden ein, daß nur noch das Ende zu sehen ist, oder säumen Sie den Weg mit Ziegelsteinen. Ausgesprochen belebend wirken diese Steine, wenn Sie im Winkel von 45° zum Weg verlegt werden.

AUFLOCKERUNG DURCH PFLANZEN

Das monotone oder zu strenge Aussehen eines Weges kann durch die Bepflanzung sich anbietender Freiräume bzw. Lücken etwas gemildert werden. Besonders einfach ist dies bei einem Kiessaum. In manchen Fällen werden Sie allerdings Pflanzlöcher ausheben müssen. Füllen Sie diese dann mit Kompost, bevor Sie die Anpflanzung tatsächlich vornehmen.

Für diese Lückenbepflanzung empfehlen sich Kamille (*Chamomilla*) oder Feldthymian (*Thymus serpyllum*). Für selten begangene Wege ist die Auswahl weitaus größer, man denke zum Beispiel an Kriechenden Günsel (*Ajuga reptans*) oder an die Strandgrasnelken (*Armeria maritima*).

TON- ODER BETONZIEGEL VERLEGEN

Das Vorgehen beim Verlegen von Ton- oder Betonziegeln ist für eine Terrasse, eine Auffahrt oder einen Fußweg gleichermaßen verbindlich.

1 Heben Sie Ihre Bodenfläche aus und legen Sie ein etwa 5 cm dickes Fundament aus verdichtetem Schotter bzw. aus einer Sand- und Kiesmischung. Dann legen Sie für die erste Kante Mörtel aus (in beide Richtungen) und verlegen die ersten Ziegel.

2 Anschließend füllen Sie Ihre Fläche mit einer 5 cm hohen Schicht aus feinem Sand auf und nehmen ein Holz zu Hilfe, mit dem Sie den Sand gleichmäßig verteilen. Schneiden Sie sich das Holz als Meßlatte zu, um die Höhe des Sandbetts einzuhalten.

3 Dann setzen Sie die Ziegel; verlegen Sie in einem Arbeitsgang eine etwa 2 m lange Reihe, wobei Sie sicherstellen müssen, daß die Ziegel dicht an dicht liegen. Tragen Sie anschließend für die weiteren Kanten neuen Mörtel auf.

4 Mit einer Vibrationsramme verdichten Sie anschließend die Sandunterlage. Sie können sich auch mit einem Vorschlaghammer (und einem Brett) behelfen. Führen Sie die Ramme nicht zu nahe an unbefestigte Kanten heran.

5 Nun bürsten Sie weiteren Sand zwischen die Fugen und wiederholen anschließend den Vorgang mit der Ramme bzw. dem Vorschlaghammer. Dieser Arbeitsgang muß manchmal mehrmals wiederholt werden.

Beläge aus Holzlatten

Mit einer Holzabdeckung läßt sich eine sehr stilvolle Wirkung erzielen. Eine Terrasse kann so ausgesprochen edel aussehen. Für dieses Material gilt das gleiche wie für alle anderen Beläge: Es sollte den Ausmaßen des Gartens angemessen sein. Wichtig ist darum die Breite der Hölzer: Breite Planken kommen für einen großen Garten in Betracht, für einen kleinen Garten sind schmalere vorzuziehen.

Mit Latten unterschiedlicher Breite und Ausrichtung auf dem Boden lassen sich überaus dekorative Muster bilden. Grundsätzlich sollten diese aber klar strukturiert sein. Lassen Sie zwischen den Latten Abstand; er darf allerdings nicht so groß sein, daß man mit Pfennigabsätzen darin steckenbleiben kann.

Die Bauweise und die Größe der Holzlatten muß sich in das Gesamtkonzept des Gartens einfügen. Wenn ein solcher Boden ein Gefällestück überbrükken soll, beachten Sie, daß Sie ggf. baurechtliche Vorschriften einhalten müssen. In Zweifelsfällen holen Sie fachmännischen Rat ein, besonders wenn Sie die Arbeiten selbst ausführen möchten.

Bevor das Holz verlegt wird, muß es sorgfältig mit einem Holzschutzmittel behandelt werden. Einige Hersteller bieten Holzschutzmittel und Beizen in verschiedenen Farben an. Das bietet Ihnen Gelegenheit, Ihre Kreativität unter Beweis zu stellen: Dunkelbraun und Schwarz paßt eigentlich immer und hält der Witterung gut stand. Wenn Sie mutiger sein wollen, stehen Ihnen Rot-, Grün- und Grautöne zur Verfügung.

Wenn die Holzplattform lange halten soll, wählen Sie druckimprägniertes Holz. Davon stehen allerdings nicht so viele Farbtöne zur Auswahl.

Parkettböden

Das Verlegen von Parkett ist in vieler Hinsicht die einfachste Methode. Besonders schnell wird Ihnen die Arbeit mit Parkettfliesen auf ebenem Untergrund von der Hand gehen. Betten Sie diese Fliesen in eine ca. 5 cm dicke Sandschicht über einer Lage Kies. So kann das Wasser abfließen. Wenn ein geeignetes Betonfundament vorhanden ist, können Sie auf die Kiesschicht verzichten.

LINKS: *Holzplattformen sind eine willkommene Abwechslung im Vergleich zu Betonplatten oder Ziegeln. Sie stellen einen besonders edlen Bodenbelag dar.*

Muster für Holzbeläge

Bodendeckende Pflanzen

Auf eine Fläche, die nicht betreten wird, möchte der Gartenfreund vielleicht gern einen natürlichen Teppich legen. Dafür bieten sich als Lösung bodendeckende Pflanzen an. In diesem Zusammenhang kommen sie nicht in Betracht, um das Unkraut in einem Blumenbeet zu unterdrücken, sondern um ein natürliches Muster zu bilden. Dafür benötigen Sie kompakte, immergrüne Bodendecker.

BÜSCHELBILDENDE BODENDECKER

1 Entfernen Sie zunächst das Unkraut aus dem Boden und achten Sie dabei besonders auf tief wurzelnde bzw. mehrjährige Unkräuter.

2 Bringen Sie eine Schicht Gartenkompost oder gut verrotteten Stallmist auf und harken Sie Langzeitdünger unter, bevor Sie den Folienmulch auftragen.

3 Bedecken Sie die Fläche mit einem das Unkraut unterdrückenden Folienmulch. Eine Kunststoffolie tut es auch, aber Folienmulch ist besser.

4 Schneiden Sie sich jeweils an den Pflanzstellen Kreuzschlitze (nicht zu groß!).

5 Graben Sie Pflanzlöcher und setzen Sie die Pflanzen hinein. Ggf. müssen Sie die Wurzelfasern auseinanderziehen.

6 Wässern Sie gründlich (und danach regelmäßig). Entfernen Sie die Folie, sobald die Pflanzen angewachsen sind.

BODENDECKENDE PFLANZEN

Eine Auswahl von Pflanzen für diesen Zweck: Strandgrasnelken (*Armeria maritima*), Bergenien (*Bergenia*), *Cotoneaster dammeri*, Sorten von *Euonymus fortunei*, Hartheu (*Hypericum calycinum*) und Ysander (*Pachysandra terminalis*). Wenn Sie auf viele Blüten Wert legen, werden Heidepflanzen dankbar sein.

KRIECHENDE BODENDECKER

Ein Folienmulch kann das Wachstum büschelbildender Pflanzen wie Heidekraut unterstützen. Verwenden Sie ihn aber nicht bei kriechenden und wurzelnden Pflanzen wie Günsel (*Ajuga*) und Hartheu (*Hypericum calycinum*). Pflanzen Sie diese aus und bedecken Sie den Boden mit einem etwa 5 cm dicken Mulch.

Kiesgärten

Kies ist preiswert und eine Alternative zum Rasen und Pflaster. Seine Farbe harmoniert gut mit der der Pflanzen; er benötigt zudem nur wenig Pflege und läßt sich für streng geometrische Formen oder auch anders einsetzen. Kies füllt die Lücken zwischen anderem festen Untergrund und bietet sich besonders dann an, wenn Flächen unregelmäßige Grenzen aufweisen und Rasen schwierig zu mähen sein würde.

LINKS: *Kies ist in verschiedenen Farbstufen erhältlich.*

Kiessorten
Kies ist in vielen Formen, Größen und Farben erhältlich. Einige Sorten sind kantig, andere gerundet. Es gibt weißen Kies und verschiedene Grün- und Rottöne. Sein Aussehen wechselt, je nachdem ob er in der Sonne oder im Schatten liegt, ob er feucht oder trocken ist. Diese Variationsbreite macht ihn so ansprechend. Aber nicht jede Kiessorte ist von Ihrem Wohnort aus gleichermaßen günstig zu beziehen. Erkundigen Sie sich, bevor Sie Ihre Wahl treffen, zunächst in Gartencentern und beim Baufachhandel, welche Sorten Sie kostengünstig bekommen können.

Kieswege
Kies verwendet man häufig für Einfahrten; er eignet sich aber ebensogut für Fußwege im Garten. Da er jede Fläche ausfüllen kann, ist er besonders praktisch für Wege mit vielen Biegungen. Weniger geeignet ist er für Wege, über die Sie Ihren schweren Rasenmäher rollen müssen.

Wie man einen Kiesweg anlegt

1 Schachten Sie die Fläche in einer Tiefe von 15 cm aus und treten Sie anschließend den Boden fest.

2 Bauen Sie eine stabile Seitenbegrenzung als Einfassung. Für einen geraden Weg sind Holzlatten die einfachste und preiswerteste Lösung. Sie werden im Abstand von 1 m verankert.

3 Bringen Sie zuerst eine Schicht verdichteten Schotter aus. Darauf geben Sie eine Mischung aus Sand und grobem Schotter. Dann harken Sie den Belag glatt oder rollen ihn mit einer Walze aus.

4 Schließlich füllen Sie den Weg bis zur gewünschten Höhe mit fein- oder grobkörnigem Kies auf. In kleinen Gärten ist feinkörniger Kies eine gute Wahl. Es läßt sich angenehm darauf gehen, und er paßt zu den Maßstäben der Umgebung. Bei breiten Wegen ist es sinnvoll, die Kiesschicht zur Mitte hin erhöht anzulegen. So können sich nach einem schweren Regenguß keine Pfützen bilden.

Kiesbeete

Kies ist eine Alternative zum Rasen und benötigt wesentlich weniger Pflege. Sie können auch eine bestehende Rasenfläche in eine Kiesfläche verwandeln, indem Sie das Gras chemisch vernichten, die Ränder mit Ecksteinen befestigen und die Fläche anschließend mit Kies auffüllen.

Auch bei einem weniger formstrengen Beet müssen die Ränder befestigt sein, damit der Kies nicht »ausläuft«. Ist das Beet von einem Rasen umgeben, legen Sie es einfach 5 cm tiefer an.

Es gibt noch andere Methoden, um zu verhindern, daß der Kies über den Garten verstreut wird; senken Sie Ihr Beet beispielsweise ab oder versehen Sie die Einfassung eines leicht erhöhten Beetes mit einem entsprechenden Rand.

Besonders die freien Kiesflächen, gedacht ist in diesem Zusammenhang an Beete mit saumlosem Rand, werden Sie durch Pflanzen aufwerten, die durch den Kies hindurchwachsen können. Denken Sie an einen Solitär oder auch an ein Ensemble niedrigwachsender Pflanzen.

WIE MAN EIN KIESBEET ANLEGT

1 Heben Sie die von Ihnen vorgesehene Fläche 5 cm aus. Diese Tiefe ist für eine Schicht Kies meist vollkommen ausreichend.

2 Machen Sie dann den Boden plan und bedecken Sie ihn mit einem Folienmulch oder mit stabilen Kunststoffolien (die sich an ihren Enden überlappen).

3 Tragen Sie anschließend darauf eine Lage Kies auf und verteilen Sie ihn gleichmäßig mit einem Rechen.

4 Dort, wo Sie eine Pflanze hinsetzen möchten, schieben Sie den Kies beiseite und schlitzen die Folie ein. Nach der Anpflanzung geben Sie genau an dieser Stelle evtl. etwas Dünger bei.

5 Bevor Sie die Pflanzstelle wieder mit Kies abdecken, ziehen Sie die Folie ein wenig zurück und befestigen sie in dieser Position.

Den Garten einfrieden

Viele Menschen haben das Verlangen, Ihr »Hoheitsgebiet« mit einer deutlich sichtbaren Grenze zu versehen. Diese Einfriedung vermittelt uns das Gefühl von Geborgenheit und Ungestörtheit. So ist ein Stück Land abgesteckt, auf dem wir uns ein kleines Paradies einrichten.

Bei kleinen Gärten ist die Begrenzung allerdings selbst schon ein wesentlicher Teil des Gartens und meist von überall zu sehen. Während bei einem großen Garten die Begrenzung »irgendwo« im Hintergrund verschwimmt, wird sie in einem kleinen Garten schnell zu einer beherrschenden Komponente.

Hohe Mauern können einen enormen Vorzug haben – in mancher Hinsicht verfügt der Stadtgarten mit hohen Mauern über den gleichen Charme wie ein Garten auf dem Land mit seiner verwitterten Steinmauer. Aber grau gestrichene Holzzäune sehen ziemlich langweilig aus und wuchernde Hecken passen schlecht in ein elegantes Design.

Nehmen Sie die gegebene Abgrenzung Ihres Gartens nicht einfach hin. Alles läßt sich besser machen. Bevor Sie jedoch anfangen, den Zaun auszuwechseln oder eine alte Hecke zu entfernen, überdenken Sie alle Kosten und den Arbeitsaufwand.

Links: *Die Abbildung zeigt ein gelungenes Zusammenwirken mehrerer Komponenten für eine Gartengrenze – auf einem Mauersockel der Lattenzaun; er wird von einer blühenden Escallonienhecke überwachsen, die es auf alle Lücken abgesehen zu haben scheint.*

Folgeseite oben: *Mauern sind stabil und bieten auch Sicherheit. Damit Sie eine solche Mauer nicht erdrückt, lassen Sie an ihr Kletterpflanzen emporwachsen und schaffen Sie sich einen Durchblick wie diese Gartenpforte.*

Folgeseite unten: *Eine Mauer dieser Höhe kann in einem kleinen Garten leicht zum beherrschenden Stilmerkmal werden. Hier ist der Mut zur gestalterischen Auflockerung belohnt worden.*

Sprechen Sie sich u.U. auch mit Ihren Nachbarn ab; immerhin könnte sich die Einfriedung auf deren Grundstück befinden und darf dann nicht ohne Einvernehmen verändert werden. Auch gebietet es die Höflichkeit, sich mit den Nachbarn abzusprechen.

Vielleicht gibt es Richtlinien über die Höhe der Mauer oder des Zaunes, mit denen Sie sich beim Abschluß des Miet- bzw. Kaufvertrages einverstanden erklärt haben. Unter Umständen werden Sie auch das Einverständnis der baurechtlichen Behörde einholen müssen.

Behördliche Auflagen beziehen sich meist auf die Vorgärten. Wo die Gärten ein einheitliches Erscheinungsbild abgeben sollen, könnte es Vorschriften solcher Art geben. Wenn Sie sich Ärger ersparen wollen, sollten Sie sie unbedingt beachten.

Tatsächlich dürfte keine dieser Einschränkungen ein Hindernis darstellen. Die Erfahrung lehrt aber, daß Vorsorge besser ist, denn spätere Korrekturen sind aufwendig. Machen Sie sich sachkundig, bevor Sie die neue Einfriedung Ihres Gartens errichten.

Hecken für kleine Gärten

Klassische Heckenpflanzen wie Buchen (*Fagus*) und Eiben (*Taxus*) sowie hohe Nadelgehölze wie die Leylandzypresse (× *Cupressocyparis leylandii*) und selbst der Heckenliguster (*Ligustrum ovalifolium*) sind in einem kleinem Garten nur von eingeschränktem Nutzwert. Hierhin gehören Pflanzen, die beeindrukken oder zumindest sehr kompakt wachsen können. Die Heckenpflanzen, die hier empfohlen werden, stellen nur eine kleine Auswahl dar. Sie dürfen durchaus auch andere Pflanzen ausprobieren.

Gestutzte Hecken

Der Gewöhnliche Buchsbaum (*Buxus sempervirens*) ist die beste Pflanze für eine formstrenge Gestaltung. Er läßt sich leicht stutzen und kann dadurch sehr dicht wachsen. Wenn Sie eine Zwerghecke anlegen wollen, wählen Sie die Sorte 'Suffruticosa'. Eine schnellwüchsige Alternative stellt die Immergrüne Heckenkirsche (*Lonicera nitida*) dar. Stellen Sie sich aber darauf ein, daß Sie eine solche Hecke regelmäßig stutzen müssen. Einige Zwergformen des Sauerdorns (*Berberis*) lassen sich sehr dicht schneiden. Versuchen Sie Ihr Glück mit der Rotblättrigen Heckenberberitze (*Berberis thunbergii* 'Atropurpurea Nana').

Farbenfrohe natürliche Hecken

Wenn Ihnen das Stutzen zu umständlich ist und die Hecke farbenfroher und heller wirken soll als es die meisten Laubpflanzen vermögen, wenden Sie sich der graublättrigen Sorte 'Sunshine' des Greiskrauts (*Senecio*) zu oder der goldblättrigen Sorte des Gartenjasmin (*Philadelphus coronarius* 'Aureus'); leider wirft diese im Winter ihre Blätter ab. Auch der Zwergschneeball (*Viburnum tinus*) läßt sich in einer guten Höhe halten; wenn Sie die jungen Blüten nicht entfernen, wird er im Winter blühen. Viele der wegen ihres Laubs oder ihrer Blüten kultivierten Berberitzen eignen sich auch für den strauchförmigen Heckenwuchs.

Oben: *Auch wenn die Immergrüne Heckenkirsche (*Lonicera nitida*) häufig geschnitten werden muß – für formstrenge Hecken ist sie eine ideale Pflanze.*

Links: *Viele der im Sommer blühenden Strauchrosen eignen sich gut für den Heckenwuchs. Setzen Sie diese aber nicht zu nahe am Bürgersteig; dann könnte es nämlich wegen ihrer Stacheln Ärger mit den Passanten geben.*

Rosenkultur
Mit Rosen lassen sich wunderschöne duftende Einfriedungen arrangieren, aber sie haben auch Nachteile: Ihrer Schönheit im Sommer können Sie im Winter nichts Vergleichbares entgegenstellen; für eine Begrenzung zum Bürgersteig eignen sie sich nicht, die Passanten könnten sich durch die Stacheln verletzen. Versuchen Sie Ihr Glück mit Floribundarosen.

Die guten alten Lavendel- und Rosmarinhecken
Diese Pflanzen eignen sich für den natürlichen Heckenwuchs und haben den Vorteil, daß sie immergrün sind. Setzen Sie den kürzeren Lavendel vor die höhere Rosmarinhecke. Beide Pflanzen sehen im Alter ungepflegt aus und müssen dann ersetzt werden.

Weitere blühende Hecken
Beliebt für eine blühende Hecke sind Forsythien. Wollen Sie Ihre Hecke kompakt haben, ist allerdings ein vorsichtiger Rückschnitt geboten, um die volle Blüte nicht zu schmälern. Es bieten sich noch viele andere Möglichkeiten an, darunter das Fingerkraut (*Potentilla*), die großblütige Schmalblättrige Berberitze (*Berberis × stenophylla*) und hochwachsende Sorten des Heidekrauts; allerdings taugen letztere eher zur Grenzmarkierung, als daß sie eine echte Barriere darstellen.

OBEN: *Buchsbaum ist ein Klassiker für den formstrengen Heckenwuchs.*

EINE NEUE HECKE PFLANZEN

1 Bereiten Sie den Boden sorgfältig vor. Schachten Sie einen Graben von etwa 60 cm Breite aus und arbeiten Sie mit einer Grabgabel reichlich gut verrotteten Stallmist oder Gartenkompost unter.

2 Dann bringen Sie einen ausgewogenen Dünger aus. Halten Sie sich dabei an die vom Hersteller empfohlene Menge. Wenn Sie im Herbst pflanzen, verwenden Sie einen Langzeitdünger.

3 Als Orientierungshilfe spannen Sie eine Gartenschnur über den Graben. Wenn Sie eine besonders dichte Hecke wünschen, die auch kräftigen Windböen trotzen kann, pflanzen Sie kleine Bäumchen in Doppelreihen. Beachten Sie: wurzelnackte Pflanzen sind preiswerter als die in Containern gezogenen. Legen Sie, was letztere anbelangt, unbedingt deren Wurzeln frei, bevor Sie mit der Anpflanzung beginnen. Leider sind nur die beliebtesten Heckenpflanzen wurzelnackt erhältlich; so sind Sie u.U. auf die in Containern gezogenen angewiesen.

4 Behelfen Sie sich mit einem kleinen Holzstab in passender Länge zum Messen. So ist beim Pflanzen ein gleichmäßiger Abstand gewährleistet. Sorgen Sie beim Auspflanzen auch dafür, daß alle Wurzelfasern gut ausgebreitet sind. Das gilt auch für die Containerpflanzen.

5 Drücken Sie die Pflanzen gut an und wässern Sie gründlich. Stellen Sie sich darauf ein, daß Ihre Hecke bei Trockenheit im ersten Jahr regelmäßig gegossen werden muß. Solange sie anwächst, müssen Sie unbedingt Unkraut jäten. Später wird die Hecke selbst damit fertig.

Gartenmauern

Hohe Mauern wollen zu einem kleinen Garten nicht so recht passen, von Ausnahmefällen einmal abgesehen – bei Kellerwohnungen, bei dringendem Bedürfnis nach Abgeschiedenheit, bei schwierigem Nachbarschaftsverhältnis etc. Wenn Ihnen das regelmäßige Stutzen einer Hecke lästig ist, entscheiden Sie sich für eine Mauer von 1-1,2 m Höhe. Hecken wie Mauern ist gemein, daß sie Schatten werfen und auch einen Regenschatten bilden; aber eine Mauer kann immerhin nicht den Boden auslaugen.

Niedrige Mauern
Eine niedrige Mauer von etwa 30-60 cm Höhe übt ihre Funktion als Trennwand so gut aus wie eine hohe, ist den Ausmaßen eines kleinen Gartens aber angemessener. Da sie weniger Schatten wirft, dürften an ihrer Seite sogar Sträucher gedeihen. Wer handwerklich begabt ist, wird seine niedrige Gartenmauer sogar selbst hochziehen wollen. Hohe Mauern zu errichten, sollte dagegen dem Fachmann vorbehalten bleiben.

Ziegelsteinmauern
Eine nackte Mauer aus Ziegelsteinen mag zwar mit der Fassade des Hauses harmonieren, sieht aber ziemlich öde aus. Doch es läßt sich einiges tun, um die Mauer zu beleben. Steine können zu Mustern zusammengesetzt oder andersfarbige Streifen eingearbeitet werden. Auch das Material läßt sich variieren, und eine gelungene Mauerkrone dürfte einiges zum positiven Erscheinungsbild beitragen – sei sie nun mit Ziegeln belegt oder mit speziellen Kacheln.

Mauern aus Betonziegeln
Viele Hersteller von Fußbodenplatten aus Beton liefern auch Mauersteine aus diesem Material. Sie eignen sich besonders gut für eine kleine Trennwand im Garten oder den Rand eines Hochbeetes. Häufig sind sie eingefärbt und übrigens auch in helleren Farben erhältlich. Bedenken Sie, daß die Steine verwittern und die Farben nach einigen Jahren zwangsläufig stumpfer werden.

OBEN: *Eine hübsche Mauer aus Ziegelsteinen.*
RECHTS: *Diese Mauer ist stabil und bietet Schutz, ohne daß sie den Garten deshalb wie eine Festung aussehen läßt.*

Mauern aus Gitterstein

Für kleine Mauern im Inneren des Gartens werden gern Gittersteine verwendet, um beispielsweise die Terrasse einzurahmen oder um die einzelnen Abschnitte des Gartens zu unterteilen. Nichts spricht jedoch dagegen, sie ggf. auch für die äußere Begrenzung eines Gartens zu verwenden.

Diese Mauern müssen durch spezielle Stützpfeiler verstärkt werden; auch brauchen sie eine besondere Mauerkrone. Sie machen einen frischen, modernen Eindruck und passen zudem gut zu einem Garten im mediterranen Stil.

Materialien kombinieren

Viele extravagante Begrenzungsmauern bestehen aus mehr als einem Material. Gittersteinblöcke können auch in eine Ziegelsteinmauer eingefügt werden und damit als Windfilter dienen (oder um mehr Licht einfallen zu lassen). Auch mehrere Täfelchen aus Feuerstein werten eine ansonsten langweilige Mauer aus Ziegelsteinen beträchtlich auf.

OBEN: *Trockenmauern lassen sich relativ einfach bauen (wenn man nicht zu hoch hinaus will) und, wie hier zu sehen, hübsch bepflanzen.*

UNTEN: *Mauern können sehr farbenfroh wirken, wenn Sie sie geschickt bepflanzen. Diese Sommerblumen werden im Herbst durch Zwiebel- und Frühjahrspflanzen ersetzt, um so den Platz bestmöglich ausnutzen zu können.*

Mauer mit Aussparungen

Diese Mauern sind niedrig und lassen sich mit Pflanzen ausstatten; so entwickelt sich Ihr Gemäuer schnell zu einem Blickfang. Bestücken Sie es mit farbenfrohen Sommerblumen oder mit mehrjährigen Pflanzen, zum Beispiel Zwergnadelgehölzen, die sich dem Blick das ganze Jahr über nicht verschließen (prüfen Sie aber, ob es sich wirklich um echte Zwergsorten handelt). Auch wenn Sie Pflanzen einsetzen, deren Triebe herabhängen wollen, können Sie bemerkenswerte Effekte erzielen. Blaukissen (*Aubrieta*) und gelbblühender Schwefelsteinrich (*Alyssum saxatile*), zusammen mit einigen Zwergsorten der Zwiebelpflanzen, erbringen eine hübsche Frühlingsbepflanzung.

Trockenmauern

Trockenmauern dienen häufig dazu, ein Gefälle abzuschließen, oder auch als Trennwände im Inneren des Gartens. In einem passenden Ambiente kann diese Art von Mauer ungemein dekorativ sein.

Der große Vorteil der Trockenmauern – sie werden ohne Mörtel zusammengefügt – besteht darin, daß sich die Seiten bepflanzen lassen. Hier könnten Sie viele Steingartenpflanzen unterbringen.

Das »gewisse Etwas«

Je größer die Mauer, desto mehr Kreativität sollten Sie beweisen. Bauen Sie zum Beispiel eine Nische ein oder schaffen Sie einen Durchbruch. Dorthin können Sie dann ein schmiedeeisernes Schmuckstück stellen.

Bausteine für Mauern

Die meisten Fachgeschäfte haben eine große Auswahl an Steinen. Für eine Gartenmauer eignen sich die meisten dieser Steine. Sollten Sie aber größere Mengen benötigen, ziehen Sie auch eine Lieferung durch den Hersteller in Erwägung. Schreiben Sie mehrere Firmen an und lassen Sie sich beraten.

Wenn der Kauf von Ziegelsteinen für Sie keine alltägliche Angelegenheit ist, werden Sie für jede Beratung dankbar sein. Nach meiner Erfahrung kann man sich aber auf die Ratschläge der Baumärkte nicht immer verlassen. Hören Sie sich daher in mehreren Geschäften um, bis Sie auf einen Mitarbeiter stoßen, für den Ziegelsteine eine heimliche Leidenschaft zu sein scheinen. Sie werden dann erstaunt sein, wieviel er Ihnen über die verschiedenen Oberflächen, Materialien und Farben zu erzählen weiß. Er wird Ihnen auch sagen, ob ein bestimmter Stein für Ihr Vorhaben geeignet ist oder nicht. Sagen Sie ausdrücklich, ob Sie die Steine für ein Gebäude, eine Gartenmauer, ein Hochbeet oder als Pflaster benötigen. Einige Steine eignen sich zwar für Hauswände, aber durchaus nicht zugleich auch für Fußwege oder Gartenmauern.

Wenn Sie viele Steine benötigen, wird der direkte Kauf beim Hersteller Sie billiger kommen, vorausgesetzt der Hersteller liefert auch an den Endverbraucher.

OBEN: *Ziegel gibt es in vielen Farben und mit verschiedenen Oberflächen. Was ich Ihnen hier zeige, ist nur die kleine Auswahl aus einem überaus großen Sortiment.*

MÖRTEL FÜR MAUERN

Mörtel läßt sich aus einem Teil Zement und drei Teilen feinem Sand herstellen; dabei geht es um das Volumen, nicht um das Gewicht. Mit Farbstoffen lassen sich spezielle Effekte erzielen, doch sollte man bei der Verwendung von farbigem Mörtel Vorsicht walten lassen.

Beliebte Verbände

Ein gelernte Maurer kennt natürlich auch kompliziertere Verbände. Wenn Sie aber als Laie die niedrige Gartenmauer oder das Hochbeet selbst anlegen wollen, sollten Sie sich bei der Auswahl auf einen der unten dargestellten Verbände beschränken – die Läuferziegel, den Flämischen Verband oder den Blockverband.

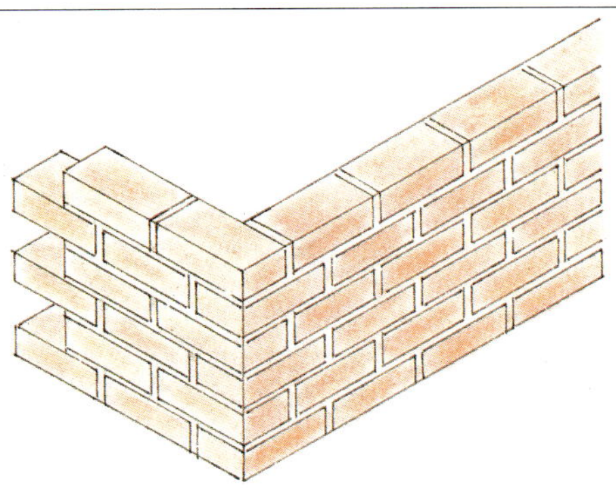

Läuferziegel
Mit diesem einfachen Verband, der die Breite eines Ziegelsteins hat, zieht man Mauern oder kleine Einfassungen für eine Anpflanzung hoch.

Flämischer Verband
Hier ist eine Mauer mit der Breite von zwei Ziegelsteinen zu sehen. Die Ziegel laufen auf einer Lage sowohl quer wie längs.

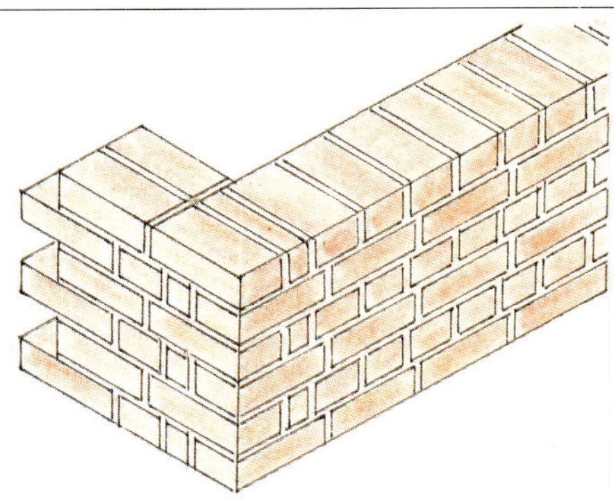

Blockverband
Hier sind die Steine abwechselnd in Lagen längs und quer angeordnet. Der Blockverband ist für hohe stabile Mauern geeignet.

BAUEN MIT ZIEGELN UND BETONPLATTEN

Was hier am Beispiel von Ziegeln erläutert wird, gilt auch für andere Bausteine, mit denen gemauert werden kann.

1 Jede Mauer braucht ein Fundament. Hier wird eine niedrige Mauer errichtet, die so breit ist wie die Ziegel es sind. Für eine größere Mauer müßten die Maße entsprechend angepaßt werden.

Heben Sie einen 30 cm tiefen Graben aus und verteilen Sie eine Lage Schotter (15 cm) auf dem Grund. Dann treiben Sie Pflöcke in den Boden, die die Höhe des Fundaments anzeigen. Prüfen Sie, ob sich alle auf gleicher Höhe befinden.

2 Füllen Sie den Graben mit 1 Teil Zement, 2,5 Teilen Bausand und 3,5 Teilen aus 20 mm-Zuschlag. Ebnen Sie die Mischung in Höhe der Pflöcke ein.

3 Wenn der Beton nach einigen Tagen erhärtet ist, mauern Sie die Ziegel auf einer Mörtelschicht. Ebenso verfugen Sie die Steine mit einer Schicht Mörtel, jeweils am Ende des Ziegels. Um einer Mauer mehr Stabilität zu verleihen, arbeiten Sie in Abständen von jeweils 1,8-2,4 m einen Stützpfeiler ein, wie in diesem Beispiel zu sehen, wo zwei quer liegende Steine den Abschluß bilden.

4 Verteilen Sie die Lage Mörtel gleichmäßig auf jeder Schicht Ziegel und »buttern« Sie die Unterseite der nächsten Schicht Ziegel mit etwas Mörtel ein.

5 Klopfen Sie die Ziegel fest und prüfen Sie ihren Sitz mit der Waage.

6 Den Abschluß der Mauer bildet eine Mauerkrone aus passenden Steinen, die es in mehreren Versionen auch eigens für diesen Zweck zu kaufen gibt.

Begrenzungszäune

Im Gegensatz zu den langsam wachsenden Hecken stehen Zäune zur Einfriedung sofort zur Verfügung und sind auch weniger kostspielig als eine Mauer. Deshalb erhält ein neu erworbenes Stück Land meist als allererstes einen Zaun, und deshalb wird ein alter Zaun gern wieder durch einen Zaun ersetzt.

Geschlossene Zäune und Zäune aus Paneelen sind sehr beliebt, können oft aber auch einen eher langweiligen Eindruck machen. Dabei gibt es so viele Zauntypen, unter denen man wählen kann. Suchen Sie einen Zaun aus, der zum Stil Ihres Gartens paßt und auch die alltäglichen Belastungen aushält.

Wenn Sie einen Zaun als Sichtschutz haben möchten oder Tiere fernhalten wollen, müssen Sie sich für den geschlossenen Zaun entscheiden. Soll er indes nur eine Begrenzungsmarke darstellen, haben Sie eine große Auswahl. Der Zaun Ihrer Wahl sollte elegant wirken und darf vor allem einen kleinen Garten nicht dominieren.

OBEN: *An diesem geschlossenen Zaun wachsen Kletterrosen empor.*

OBEN: *Flechtzäune geben für Ihre Pflanzen einen schönen Hintergrund ab.*

Geschlossene Zäune
Geschlossene Zäune bestehen aus Latten, oftmals mit spitz zulaufendem Ende, die senkrecht an Querhölzern genagelt werden, die ihrerseits an senkrechten Pfosten befestigt sind. Diese Zäune sind zwar stabil, aber nicht sonderlich ansprechend, wobei die Seite des Zauns, an der die Querhölzer zu sehen sind, besonders unattraktiv aussieht.

Zäune aus Paneelen
Zäune aus vorgefertigten Paneelen lassen sich schnell und leicht hochziehen. Die Paneele sind in der Regel 1,8 m lang und variieren in der Höhe zwischen 60 cm und 1,8 m. Sie sind meist 30 cm breit und an einem Weichholzrahmen befestigt. Wenn Ihnen ein Sichtschutz wichtig ist, wählen Sie Paneele mit überlappenden Latten.

OBEN: *Ein niedriger Holzzaun markiert die Begrenzung und versperrt dennoch nicht die Sicht.*

Wechsellattenzäune
Hier sind die Latten im Wechsel auf beiden Seiten der Querhölzer angeordnet. So treten Luft und Windböe gleichsam gefiltert durch den Zaun. Das hilft die Entstehung von Luftwirbeln zu vermeiden, oftmals das Problem für Pflanzen hinter geschlossenen Zäunen. Wenn die Latten dieses Zauntyps überlappend angeordnet sind, bieten sie guten Sichtschutz, hingegen ist die Anordnung der Bretter in größeren Abständen in der Regel weitaus dekorativer.

Pfahl- oder Staketenzäune

Pfahl- oder Staketenzäune kennt man von den Gärten auf dem Lande. Sie sind aber auch für den kleinen Stadtgarten eine gute Wahl. Hierbei sind schmale, senkrechte »Pfähle« im Abstand von 5 cm an Querhölzern befestigt. Sie können diese selbst zuschneiden, aber es gibt sie auch als Bausatz im Fachhandel zu kaufen. Meistens sind die Pfähle oben spitz zulaufend. Sie können sich aber auch für ein abgerundetes oder sonst schmuckvoll zugeschnittenes Ende entscheiden. Diese Zäune kann man in ihrer natürlichen Holzfarbe belassen, oder streichen Sie sie weiß an, was eleganter wirkt. In der Regel sind Pfahl- oder Staketenzäune relativ niedrig. So behindern sie nicht Ihre Sicht.

Ranchzäune

Ranchzäune bestehen aus breiten Brettern, die horizontal an stabilen Pfosten befestigt sind. Sie sind in der Regel ziemlich niedrig und bestehen häufig nur aus zwei oder drei Ebenen an Brettern. Beliebt ist vor allem weiß gestrichenes Holz, aber es gibt diese Ebenen auch aus abwaschbarem Plastik. Letzteres benötigt weniger Pflege und sieht gar nicht schlecht aus. Im kleinen Garten stellen Ranchzäune eine deutlich sichtbare Begrenzung dar, ohne die Sicht zu versperren. Hinzu kommt, daß sie keinen Schatten werfen und auch keinen Regenschatten bilden.

Pfosten- und Kettenzäune

Diese Zäune versperren die Sicht am allerwenigsten. Sie dienen eigentlich nur der Grenzmarkierung und lassen Tiere oder den Ball spielender Kinder hindurch. Wenn Sie einen Zaun wollen, der kaum bemerkt wird, dann ist dieser Typus Zaun die richtige Wahl. Es gibt ihn mit Pfosten aus Holz, Beton oder Plastik und Ketten aus Plastik oder Metall. Nehmen Sie eine weiße Plastikkette, wenn Sie eine auffallende Wirkung schaffen wollen, hingegen eine schwarze, wenn diese zurückgenommen werden soll.

Kettendraht- oder Maschendrahtzäune

Diese Zäune sind nicht gerade hübsch anzuschauen, bilden aber ein wirksames Hindernis für Tiere. Am besten lassen Sie den Zaun von einer Firma anbringen, weil die Drahtmaschen fachmännisch verspannt werden müssen. Es könnte sein, daß Sie den Zaun nackt belassen, weil Sie hindurchsehen wollen. Soll er aber auch als Sichtschutz dienen, bepflanzen Sie ihn mit Kletterern, vorzugsweise mit immergrünem Efeu.

Bambus

Die Verwendung von Bambus liegt nahe, wenn Sie einen Garten im fernöstlichen Stil anlegen wollen. Scheuen Sie sich aber auch sonst nicht, einen Zaun aus Bambus auszuwählen, wenn er zu Ihrem Entwurf paßt. Größe und Form dieser Zäune sind sehr unterschiedlich. Welchen Zaun Sie nehmen, sollten Sie davon abhängig machen, wie einfallsreich und handwerklich Sie vorgehen wollen.

OBEN: *Für einen Bambuszaun benötigen Sie genügend Material und eine geschickte Hand für die Knoten.*

LINKS: *Dieser weiße Staketenzaun fügt sich harmonisch in das Gartenensemble ein.*

Einen Zaun errichten

Viele Gartenfreunde nehmen die Dienste einer Firma in Anspruch, um einen Zaun hochzuziehen oder einen alten auszutauschen. Natürlich hat der Fachmann die besseren Geräte und mehr Erfahrung, aber einige Zäune lassen sich auch vom Laien problemlos und schnell errichten. Zäune aus Paneelen und Ranchzäune sind in dieser Hinsicht besonders einfach; folgen Sie hier den einzelnen Arbeitsschritten.

WIE MAN EINEN PANEELZAUN ERRICHTET

1 Metallhalterungen sind dem Ausgraben von Löchern und dem anschließenden Einzementieren der Pfosten vorzuziehen. Weil Sie so kürzere Pfähle nehmen können, die nicht einbetoniert werden müssen, haben Sie einen Teil der Kosten für die Halterungen heraus.

Treiben Sie die Halterung mit einem schweren Hammer in den Boden, wobei Sie einen Holzklotz in das Ende dieser Halterung stecken sollten, um sie zu schützen. Kontrollieren Sie die Arbeit regelmäßig mit einer Wasserwaage, damit die Halterung absolut senkrecht steht.

2 Stecken Sie den Pfosten in die Halterung und überzeugen Sie sich davon, daß er richtig sitzt.

3 Nehmen Sie das Panel und markieren Sie die Position des nächsten Pfostens. Verankern Sie seine Halterung und prüfen Sie die korrekte Ausrichtung.

4 Es gibt mehrere Möglichkeiten, um die Paneele zu befestigen. Paneelklammern sind am einfachsten zu bedienen und im Fachhandel erhältlich.

5 Stecken Sie das Paneel in die Nut des Pfostens und nageln Sie es fest. Dann stellen Sie den nächsten Pfosten auf und verfahren auf die gleiche Weise.

6 Kontrollieren Sie vor und nach dem Nageln, ob das Paneel richtig sitzt; richten Sie es notfalls neu aus, bevor Sie zum nächsten Paneel übergehen.

7 Nageln Sie zum Schluß eine Krone auf jeden Pfosten. Das soll verhindern, daß Regenwasser in die Maserung eindringt; das verlängert die Lebensdauer.

WIE MAN EINEN RANCHZAUN ERRICHTET

1 Ein Ranchzaun verlangt eine gründliche Verankerung im Boden. Nehmen Sie 12,5 cm × 10 cm breite Holzpfosten, die im Abstand von 2 m eingesetzt werden. Um Ihrem Zaun zusätzlichen Halt zu verleihen, können Sie Zwischenpfeiler anbringen, wobei dafür 9 cm Kantenlänge ausreichen dürften. Die Pfosten sollten im Boden mindestens 45 cm tief verankert werden.

2 Dann betonieren Sie die Pfosten ein und schrauben (oder nageln) die Querbalken fest. Achten Sie darauf, daß alle Metallteile rostfrei sind und überprüfen Sie die waagerechte Ausrichtung der Balken mit einer Wasserwaage. Wenn die Balken in der Mitte des Pfostens auf Stoß sitzen, werden sie befestigt. Auf jeder Ebene sollten die Schrauben bzw. Nägel in der Höhe leicht versetzt sein.

3 Zuletzt befestigen Sie eine Krone auf den Pfosten. Das sieht nicht nur besser aus, sondern schützt den Pfosten gleichzeitig vor Wasserschäden. Behandeln Sie das Holz vorher mit einem Holzschutzmittel oder mit Farbe, die eigens für den Außenanstrich ausgewiesen ist.

OBEN LINKS: *Paneelzäune sind einfach aufzustellen und bieten einen guten Sichtschutz, sollten aber mit Pflanzen bewachsen sein.*
OBEN: *Ranchzäune stellen eine unauffällige Abgrenzung dar – das ist ideal, wenn der Garten in die freie Natur übergeht.*

RANCHZÄUNE AUS PLASTIK

Es gibt ein breites Angebot an Ranchzäunen aus Plastik. Die Methode, wie man sie zusammensetzt, weicht jedesmal etwas ab; da der Ware aber in der Regel ausführliche Anweisungen beiliegen, sollten Sie damit zurechtkommen.

Die »Planken« gibt es meistens in verschiedenen Breiten (10 cm und 15 cm), was dazu einladen mag, zu variieren und so zur optischen Bereicherung Ihrer Gartenanlage beizutragen. Einige Hersteller bieten auch Eingangspforten aus dem gleichen Material an.

In der Regel werden die Pfosten im Boden einbetoniert und die einzelnen Querbalken aus Plastik in Schlitze geführt oder in besondere Halterungen eingehängt. Mittels spezieller Verbindungsteile werden die Querbalken miteinander verbunden und die Pfostenkronen aufgeleimt.

Weiße Ranchzäune müssen sauber sein, um adrett auszusehen. Plastikzäune lassen sich übrigens leicht abwaschen, wenn sie schmutzig geworden sind.

Die persönliche Note

Besonders der kleine Garten sollte voller liebevoller Details stecken, die für die fehlende Möglichkeit entschädigen, durch Größe beeindrucken zu können. Viele der Kniffe, wie sie in größeren Gärten verwendet werden, lassen sich auch für den kleinen Garten umsetzen, wenn man nur einen anderen Maßstab zugrunde legt. Mit Sorgfalt und Liebe kann der Gartenfreund selbst dem kleinsten Garten seine ganz persönliche Note geben. Nichts kann Sie letztlich davon abhalten, auch noch die kleinste Ecke Ihres Gartens voll auszunutzen und durch Bepflanzung sowie andere Gestaltungsmittel ein Schmuckstück der besonderen Art zu schaffen.

Oben: *Diese Sitzbank läßt auf einen Gartenfreund mit viel Sinn für besonderen Geschmack schließen.*

Folgeseite oben: *Diese Sonnenuhr ist sehr dekorativ. Sie zieht den Blick in die Mitte des Gartens und läßt das Auge dann um die luftige und lebhafte Bepflanzung kreisen.*

Folgeseite unten: *Statuen inmitten üppiger Vegetation haben einen hohen Schmuckwert.*

Links: *Diese einst stille Ecke wurde durch weiße Rankgitter und eine extravagante Bank belebt.*

In einem großen Garten sind Dekor, Möbel und Lampen ein stets gleichbleibendes Element der Gestaltung. Im kleinen Garten kann schon die Neugruppierung der Möbel, das Versetzen der Gartenleuchte oder der Austausch von Dekorationsstücken je nach Geschmack oder Jahreszeit zur Abwechslung beitragen und neue Eindrücke vermitteln.

Insbesondere die Dekorationsstücke schlagen den Grundton an, seien sie ernsthafter oder verspielter Natur, klassisch oder modern. Sie sagen etwas über den Geschmack des Besitzers aus – vielleicht auch etwas über seinen Sinn für Humor. So wie das Gemälde an der Wand oder der Nippes im Wohnzimmerschrank etwas über den Eigentümer erzählt, so sind die Dekorationsstücke im Garten in gleicher Weise Zeugnisse des Besitzers.

Die Beleuchtung im Garten dient zunächst alltäglichen Zwecken und denen der Sicherheit. Doch bleiben darüber hinaus noch viele Möglichkeiten des »künstlerischen« Umgangs. Versuchen Sie es mit Punktstrahlern in verschiedenen Positionen und Winkeln und Sie werden sehen, welche vielfältigen

Effekte sich mit Licht und Schatten erzeugen lassen. Pergolen und Bögen sind zwar ein dauerhafteres Element in der Gartengestaltung, lassen sich manchmal aber auch noch nachträglich leicht einfügen.

Pergolen und Bögen

Auch ein kleiner Garten muß vertikal ausgerichtete Linien betonen. Wo es keine Pflanzen gibt, die diese Aufgabe erfüllen können, und auch keine anderen baulichen Objekte, ist der Garten »leer«, und das Auge wird zum Rand des Anwesens gelenkt; genau diese Wirkung sollten Sie vermeiden.

Wo kleine Bäume, Sträucher oder Kletterer fehlen, wird sich eine Pergola oder ein Rund- bzw. Spitzbogen gut machen. Im Bauerngarten bestehen diese Gerüste traditionell zumeist aus unbehandelten Rundhölzern. Wo sie aber an das Haus anschließen oder die Verbindung zwischen Haus und Terrasse bilden sollen, ist das zugeschnittene Bauholz geeignet. Die Gerüste, die hier gezeigt werden, sind freistehend und zumeist als Stützhilfen für Kletterer gedacht. Sie stellen eine optische Bereicherung dar und sollen den Blick auf sich lenken.

Wenn eine Pergola oder ein Rund- bzw. Spitzbogen nicht in Ihre Gestaltung paßt, denken Sie über eine lauschige Laube nach.

Einen Bogen aufstellen

Die einfachste Methode besteht darin, einen fertigen Bausatz zu verwenden, der nur noch montiert werden muß.

1 Legen Sie die Position der Pfosten fest und lassen Sie zwischen Pfosten und Wegrand 30 cm Abstand, damit die Kletterpflanzen den Weg nicht überwuchern.

2 Mit Zaunhalterungen lassen sich Pfosten am einfachsten verankern. Treiben Sie diese Halterungen mittels eines Rammschutzes in die Erde. Dann setzen Sie die Pfosten ein und schließen die Halterungen. Alternativ dazu können Sie auch vier 60 cm tiefe Löcher ausheben.

3 Setzen Sie die Füße des Bogens in die Löcher und füllen Sie diese mit der ausgehobenen Erde auf, die Sie anschließend festtreten müssen.

4 Die Teile des Spitzbogens legen Sie praktischerweise auf eine glatte Oberfläche. Dann schrauben Sie die einzelnen Komponenten sorgfältig zusammen.

5 Zuletzt setzen Sie den Spitzbogen auf die Pfosten – hier werden die Pfosten in vorgefertigte Schlitze gesteckt und an Ort und Stelle festgenagelt.

RUNDHÖLZER VERBINDEN

Bögen und Pergolen aus Rundhölzern sollte man am besten mit Rosen oder anderen Kletterpflanzen überwachsen lassen. Hier sind den Gestaltungsmöglichkeiten keine Grenzen gesetzt; alles was Sie wissen müssen, sind die grundlegenden Kenntnisse.

1 Um ein waagerechtes Holz auf senkrechtem Pfosten zu verankern, sägen Sie dort eine Kerbe in entsprechender Größe heraus, und zwar so, daß beide ineinandergefügt werden können.

2 Wenn Sie zwei waagerechte Hölzer verbinden wollen, sägen Sie zwei korrespondierende Kerben heraus und sorgen anschließend für einen sicheren Halt.

3 Um zwei sich kreuzende Querhölzer an einem Pfosten zu befestigen, arbeiten Sie mit einer V-förmigen Kerbe und sichern die Hölzer zuletzt mit rostfreien Nägeln.

4 Um zwei Hölzer über Kreuz zu befestigen, sägen Sie zwei korrespondierende Kerben heraus; anschließend säubern Sie die Kanten mit einem Meißel.

5 Dann befestigen Sie die Verbindungsstelle mit einem Nagel. Für einen optimalen Halt können Sie die Verbindungsstelle zuvor auch mit einem Holzleim bestreichen.

6 Mit einer Verklauung lassen sich waagerecht oder diagonal ausgerichtete Rundhölzer mit senkrechten Stützen verbinden. Sägen Sie an der Stütze eine V-förmige Kerbe von etwa 3 cm Tiefe aus und bearbeiten Sie das andere Teil so, daß es hineinpaßt.

7 Verankern Sie den Pfosten im Boden, erst dann setzen Sie die waagerechten Teile auf und befestigen sie. Die meisten Komponenten müssen nur vernagelt werden. Aber Verbindungsstücke, die starken Belastungen unterworfen sind, sollten Sie besser verschrauben.

OBEN: *Rundhölzer sind wie geschaffen dazu, für eine rustikale Wirkung zu sorgen.*

Die Beleuchtung im Garten

Gartenleuchten entfalten vor allem in der Abenddämmerung ihren Charme, in erster Linie freilich verlängern sie die Zeit, in der Sie Ihren Garten nutzen können. Künstliche Beleuchtung vermittelt ein Gefühl für die Tiefe des Raumes. Dabei läßt es sich an lauen Sommerabenden gut unterhalten.

Sie müssen nicht gerade Flutlicht installieren, um Ihren Garten zufriedenstellend auszuleuchten. Eher sollten Sie mit einzelnen Strahlern gezielt dieses und jenes Element hervorheben – sei dieses ein Baum, ein Schmuckteil oder das rieselnde Naß eines kleinen Wasserspiels.

Mit anderen Worten: Sie benötigen keine aufwendige Lichtanlage. Eine Beleuchtung, die von einem Transformator gespeist wird, reicht für einen kleinen Garten meist vollkommen aus.

Beete ausleuchten

Sommerbeete lassen sich mit einer Lichterkette wundervoll ausleuchten. Entscheiden Sie sich für eine Niederspannungsanlage. Dann brauchen Sie nur die jeweilige Halterung Ihrer Lichterkette ins Beet zu stecken, wenn Sie den Garten abends nutzen wollen.

Einzelne Pflanzen hervorheben

Um diese oder jene Pflanze hervorzuheben, sollten Sie Punktstrahler einsetzen. Die weiße Rinde einer Birke, mit Fleißigen Lieschen (*Impatiens*) unterpflanzt, die Ähren einer Fackellilie (*Kniphofia*) oder eine stachlige Palmlilie (*Yucca*) lassen sich so überaus wirkungsvoll hervorheben und schaffen einen attraktiven Blickfang. Auch hohe, gefiederte Pflanzen können so hervorgehoben werden.

Schmuckteile akzentuieren

Auch die erlesenen Schmuckteile Ihrer Gartenanlage kommen mittels eines Punktstrahlers gut zur Geltung. Bevor Sie die Strahler fest installieren, probieren Sie den Lichtstrahl zunächst aus mehreren Richtungen aus. Sie werden feststellen: Die Wirkung ist jedesmal eine andere. Auch eine Beleuchtung von der Seite wirkt ganz anders als die direkte Ausleuchtung.

OBEN: *Ein Garten im Lichterglanz vermag einen magischen Zauber zu verströmen. Künstliche Beleuchtung schafft die Möglichkeit, den Garten auch bei Dunkelheit zu nutzen.*

Licht und Wasser

Unterwasserbeleuchtung erfreut sich heute großer Beliebtheit. Es sind dafür spezielle Lampen erhältlich. Da sie versiegelt sind, können sie im Wasser schwimmen bzw. unter Wasser befestigt werden. Allerdings geht die Wirkung verloren, wenn das Wasser trübe ist oder Algen die Scheinwerfer überwuchern.

Rücksicht auf die Nachbarn

Die Beleuchtung eines kleinen Gartens kann Ihnen Ärger einbringen, wenn die Nachbarn davon mitbetroffen sind. Es wäre rücksichtslos, einen Punktstrahler auf einen Baum zu richten und damit zugleich das Fenster des Nachbarn auszuleuchten. Wenn der Lichtstrahl der Lichterketten nach unten fällt, dürfte der nachbarliche Frieden in der Regel nicht beeinträchtigt werden.

NICHT OHNE PROFESSIONELLE HILFE

Die meisten Niederspannungsleuchten lassen sich im Do-it-yourself-Verfahren installieren. Doch Vorsicht bei Normalstrom! Nur wenn Sie sich wirklich damit auskennen, wie man Kabel im Freien verlegt, welche Stecker wetterfest sind, und nur wenn Sie beispielsweise die Bestimmungen kennen, wie Kabel unterirdisch zu verlegen sind, ist vom Eigenbau nicht dringend abzuraten. Beim geringsten Zweifel sollten Sie einen Elektriker kommen lassen. Alle Vorarbeiten, zum Beispiel das Ausheben der Schächte etc., können Sie ja immer noch selbst ausführen.

LINKS: *Gartenleuchten sollten tagsüber nicht ins Auge fallen und abends ein weißes Licht werfen.*

NIEDERSPANNUNGSLEUCHTEN INSTALLIEREN

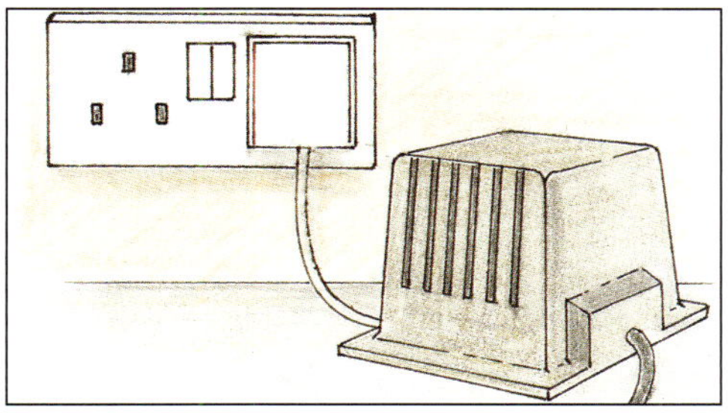

1 Niederspannungsleuchten werden in der Regel mit einem Transformator geliefert. Diesen müssen Sie an einem trockenen Ort (im Haus oder in der Garage) anschließen.

2 Bohren Sie ein Loch durch die Wand oder den Fensterrahmen, wodurch Sie das Kabel führen wollen. Anschließend versiegeln Sie evtl. zurückbleibende Lücken mit Mastix oder anderen wasserdichten Materialien.

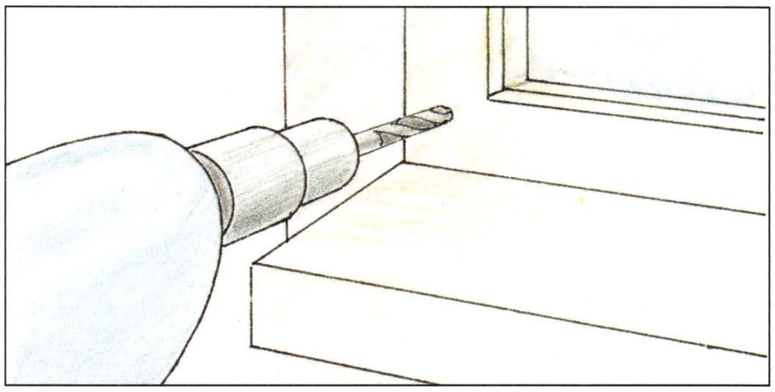

3 Auch wenn das Kabel nur Niederspannung führt, stellt es immer noch eine Gefahr dar – wenn es beispielsweise auf dem Boden liegt und jemand darüber stolpert. Sollten sich Ihre Leuchten nicht dort befinden, wo das Kabel aus dem Hausinneren nach außen geführt wird, verlegen Sie es in einem Kabelschacht.

4 Die meisten Niederspannungsleuchten sind eigens dafür konstruiert, häufig umgesetzt werden zu können. Viele lassen sich ganz einfach dort in den Boden stecken, wo sie gerade gebraucht werden.

GARTENMÖBEL

Sitzgelegenheiten und ein Tisch machen aus Ihrem Garten einen Verweilort zum Speisen oder auch nur zum Plaudern in entspannter Runde. Wo allerdings jedes Fleckchen kostbar ist, müssen die Details mit Sorgfalt geplant werden. Bisweilen sind fest installierte Sitzgelegenheiten die optimale Lösung.

Klappstühle und -tische
Mit tragbarem Gartenmobiliar sorgen Sie für Abwechslung und bieten Ihrem Auge stets etwas Neues. Eine elegante Klappmöbelgarnitur vermag das Ambiente zu heben und läßt sich schnell wieder verstauen.

Die fest installierte Sitzgruppe
Eine Sitzgelegenheit dieser Art ist raumsparend und läßt im kleinen Garten keine Unordnung aufkommen. Meist finden diese Bauteile schon bei der Planung Berücksichtigung. Streicht man sie weiß an, bilden sie einen eleganten Hintergrund für lebhaft bunte Kissen.

Der Rundsitz am Baum
Solche Sitzgelegenheiten machen was her und stellen einen Blickfang dar. Hier gilt ausnahmsweise die Regel nicht, keine Zuflucht unter einem Baum zu suchen. Wenn Sie Ihren Rundsitz weiß anstreichen, wird er auch noch im Schattenfeld des Baumes Leuchtkraft haben.

Guß- und Schmiedeeisen
Gartenmöbel aus Guß- oder Schmiedeeisen sind teuer und sehr schwer. Es gibt aber auch Imitationen aus Legierungen, die im Preis vorteilhafter und auch leichter sind. Auch hier ist weißer Farbe der Vorzug einzuräumen. Als Nachteil wird sich allerdings erweisen, daß diese Möbel, auch wenn sie wetterfest sind und das ganze Jahr über im Garten bleiben können, leicht anschmutzen. Die komplizierten Muster dann säubern zu müssen, kann ganz schön mühsam sein. Bei dunkleren Farben(z.B. Grün) sieht man den Schmutz weniger.

Auch hier machen sich bunte Sitzkissen gut. Das schafft neue Farbtupfer – und es läßt sich einfach gemütlicher darauf sitzen.

LINKS: *Weiß gestrichene Möbel aus Metall sehen sehr edel aus und können eine langweilige oder dunkle Ecke des Gartens gut beleben.*

UNTEN: *Ein bezaubernder Holzsessel im rustikalen Stil.*

UNTEN LINKS: *Eine aufgearbeitete Steinbank sieht zeitlos aus und lädt zum Verweilen ein.*

Die Sitzgruppe aus Holz
Tisch und Stühle aus Holz kann man in ihrer natürlichen Farbe belassen. Wollen Sie diese Sitzgruppe zu einem Blickfang machen, ist ein weißer, aber auch ein grüner, und manchmal selbst der rote Anstrich eine gute Lösung. Verwenden Sie wetterfeste Bootsfarben!

Plastikmöbel
Lehnen Sie Plastikmöbel nicht kategorisch ab. Dieses Material kann billig und häßlich aussehen, aber auch interessant und geschmackvoll und paßt dann auf eine Terrasse, von der aus man auf einen modern angelegten Garten blickt.

EINEN BAUMSITZ ERRICHTEN

1 Befestigen Sie zunächst die Füße an Ort und Stelle. Besorgen Sie sich dazu Weichholz von 4 × 7,5 cm Kantenlänge, das Sie mit einem Holzschutzmittel vorbehandeln. Sie benötigen acht Teile von ca. 70 cm Länge. Diese betonieren Sie am vorgesehenen Platz ein.

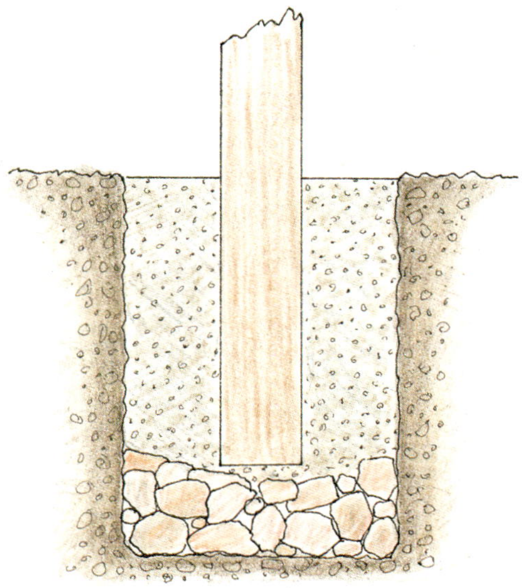

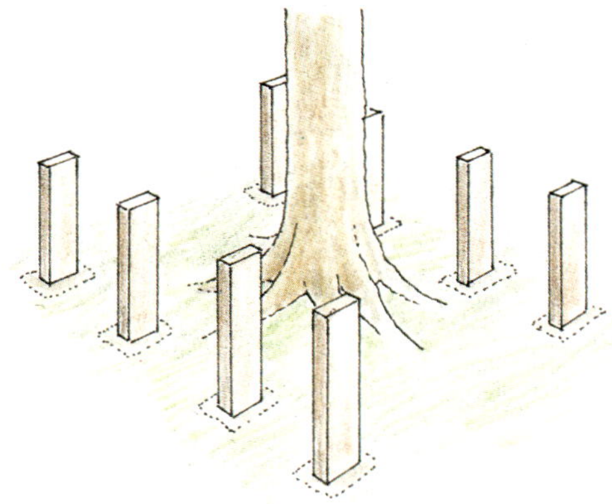

2 Positionieren Sie die Füße in einer Doppelreihe im gleichen Abstand von 40-45 cm auf jeder Seite des Baumes.

3 Dann schneiden Sie vier Teile von 2,5 × 5 cm Kantenlänge als Querträger aus Ihrem Weichholz zurecht. Lassen Sie an allen Enden ca. 7,5 cm überstehen.

4 Diese Querträger befestigen Sie mit Schrauben an den Füßen. Schneiden Sie dann die Latten für die Rippen in der erforderlichen Länge zurecht. Wie viele Rippen Sie benötigen, hängt von der Größe Ihres Baumsitzes ab. Sorgen Sie zwischen den Rippen für jeweils ca. 2,5 cm Abstand. Latten und Querträger sollten Sie mit weißer Farbe anstreichen (oder mit Holzbeize etc.). Diesen Anstrich lassen Sie trocknen, bevor Sie die endgültige Montage vornehmen. Überprüfen Sie die Abstände der Rippen nochmals mit einer Schablone aus Holz, und wenn Sie sicher sind, daß diese maßgerecht auf den Querträgern liegen, markieren Sie ihre Lage mit einem Bleistift. Schließlich können Sie mit dem Verleimen und Vernageln der Rippen beginnen.

Pflanzgefässe aussuchen

Viele Pflanzgefässe sind einfach nur nützlich; dabei handelt es sich dann um schlichte Tontöpfe oder schmucklose Blumenkästen, die lediglich ihren Zweck erfüllen. Das ist auch nicht weiter tragisch, solange diese Gefäße für Pflanzen vorgesehen sind, die von ihrem Wuchshabitus her ihre »schmucklose Heimstätte« überwachsen können. Da die meisten Pflanzen aber nach oben wachsen, müssen die Gefäße als Teil der Komposition betrachtet werden.

In kleinen Gärten spielen mobile Pflanzgefäße eine wichtige Rolle. Damit werden Lebendigkeit und Farbe an Standorte gebracht, die sonst nackt und leer wirken würden. Kahle Wände lassen sich gut mit Kübelpflanzen beleben; sie können auch auf Steintreppen Platz finden oder eine Eingangstür schmücken – mit Kübelpflanzen läßt sich auf kleinstem Raum eine optimale Wirkung erzielen.

LINKS: *Werfen Sie die alte Metallgießkanne nicht weg. Mit einem neuen Anstrich versehen und mit Erde gefüllt, kann sie geeigneten Pflanzen (hier Efeu) zur Heimat werden.*

GANZ LINKS: *Hier findet ein alter Kupferkessel als Kübel für Tulpen und Stiefmütterchen neue Verwendung.*

VORSEITE OBEN: *Auch wenn die Waldrebe für diesen alten Topf nicht geeignet erscheint – ihre Triebe werden später herabhängen.*

VORSEITE UNTEN: *Töpfe und Kübel sind in kleinen Gärten unverzichtbar; mit ihnen läßt sich jeder Platz ausnutzen.*

UNTEN: *Dieser Dachgarten erhält seinen Reiz durch den phantasievollen Einsatz vieler Kübel.*

Beschränken Sie die Auswahl an Kübelpflanzen jedoch nicht nur auf Ihre Sommerblüher und frühlingsblühenden Zwiebelpflanzen. Auch immergrüne Sträucher, sogar ein Ensemble immergrüner Rabattenpflanzen, lassen sich so kultivieren. Denken Sie auch an kurzlebige Topfpflanzen für den Winter, die Sie dann nach einigen Wochen entsorgen sollten.

Zimmerpflanzen lassen sich im Sommer ins Freie stellen und sorgen so für einen Hauch Exotik. Selbst typische Tropenpflanzen können Sie ins Freie stellen, wenn Sie diese vorher sorgfältig abgehärtet haben (stellen Sie sie zunächst an einem Ort auf, wo sie vor Wind und sengender Sonne geschützt sind, und decken Sie sie in den ersten Wochen mit Gartenfolie ab). Entscheiden Sie sich vorzugsweise für Pflanzen mit dicken oder fleischigen Blättern.

Sie können Ihrer Phantasie freien Lauf lassen: Küchengeschirr wie Töpfe und Pfannen, Gefäße, selbst Dachpfannen und Regenrinnen, Stiefel, Schuhe und noch vieles mehr mag sich anbieten. Nur vergessen Sie nicht das Abflußloch! Selbst bei großen, langweiligen Tontöpfen lassen sich noch neue Wirkungen erzeugen, wenn Sie sie mit wetterfester Farbe bemalen.

Pflanzgefässe für den Hauseingang

Wenn man auf Ihre Haustür zugeht, sollte der erste Eindruck von einer langlebigen Pflanze bestimmt sein, die zu beeindrucken versteht. Hier ist der passende Ort für einen fein gestutzten Lorbeerbaum in einem Dekortopf oder für Bambus in einem Kübel in fernöstlichem Design.

Wenn Sie sich für einen Solitär als Blickfang entscheiden, sollten sich kleinere Töpfe noch hinzugesellen. So können Sie für blühende Pflanzen zu verschiedenen Jahreszeiten sorgen, die Ihren Eingangsbereich mit vielen Farben beleben. Hübsch macht sich auch ein kleiner Fliederbusch in der Wanne, oder züchten Sie Hyazinthen in Gefäßen, die Sie dann im Eingangsbereich aufstellen, wenn sie ihre Pracht entfalten.

Strenge Gestaltung

Wo der Platz knapp ist, entscheiden Sie sich für gestutzte immergrüne Pflanzen. Sie wirken das ganze Jahr hindurch elegant. Beispielsweise machen Lorbeerbäume immer eine gute Figur; nur verlangen sie einen gewissen Winterschutz, damit ihre Blätter nicht Schaden nehmen. Viele Koniferen sehen schon von Natur aus adrett aus und verlangen nur wenig Aufmerksamkeit. Es gibt Buchsbäume bereits fertig in Form geschnitten zu kaufen. Zwar sind sie teuer in der Anschaffung, aber einmal aufgestellt, wissen sie sofort zu gefallen.

LINKS: *Versuchen Sie auch den Geruchssinn anzusprechen. Hier bildet der Lavendel nicht nur das optische Verbindungsglied zwischen den Farbtönen, er verströmt auch seinen exklusiven Duft.*
UNTEN LINKS: *Ein bereits in Form geschnittener Buchsbaum ist in der Anschaffung teuer; mit etwas Geduld schaffen Sie den Formschnitt aber auch selbst.*
UNTEN: *Denken Sie immer daran, daß man auch Sträucher in Töpfen ziehen kann.*

Schöne Düfte

Bei duftenden Kübelpflanzen im Eingangsbereich werden Ihre Besucher nicht umhin können, Ihnen lobende Kommentare zu spenden. Greifen Sie im Winter auf Zwiebelpflanzen wie Hyazinthen (*Hyacinthus*) oder die Gelbe Vorfrühlingsiris (*Iris danfordiae*) zurück. Im Frühjahr können dann Seidelbast (*Daphne*) und Flieder (*Syringa*) folgen (beide sind allerdings für den Rest des Jahres nur von geringem Interesse; Sie sollten sie deshalb nach der Blüte an einer weniger exponierten Stelle unterbringen).

Im Sommer bietet sich die Gelegenheit, mit duftenden Pflanzen geradezu aufzutrumpfen, zum Beispiel mit blühendem Tabak (*Nicotiana*).

Kletterpflanzen

Eine Kletterpflanze an der Eingangstür macht immer einen hervorragenden Eindruck. Aber wenn Sie die Möglichkeit haben, sollten Sie die Pflanzen dieser Art im Boden kultivieren; andernfalls können Sie auch Gefäße verwenden. Dazu eignet sich die Waldrebe (*Clematis*) besonders gut; selbst eine Heckenkirsche (*Lonicera*) kommt hier vorzüglich zur Geltung.

Töpfe und Pflanzen in der Gruppe

Wenn ein Pflanzentopf allein nicht genügend Aufmerksamkeit auf sich zieht, versuchen Sie es mit einem Arrangement aus verschiedenen Töpfen. Selbst schlichte Töpfe gewinnen als Ensemble, wenn die kleineren vor die großen gestellt werden. So können Sie die Größenverhältnisse besser ausbalancieren.

Im überdachten Eingangsbereich
Hier sind Sie gut beraten, die größeren Pflanzen (vorzugsweise immergrüne) im Hintergrund und die kleineren, blühenden im Vordergrund aufzustellen. Da der zur Verfügung stehende Platz naturgemäß begrenzt ist, lohnt es sich, viel Sorgfalt auf die Auswahl der Gefäße zu legen. Sie sollen im Ensemble wirken und müssen darum miteinander harmonieren. Ein treffsicherer Geschmack in dieser Hinsicht ist ein Pluspunkt, selbst wenn die Pflanzen nur mittelmäßig ausfallen.

Arrangements für Ecken
Es gibt Ecken, die sich nur mit Kübelpflanzen aufhellen lassen. Das gilt besonders für Terrassen, bei denen es Stellen geben kann, die sonst nicht genutzt würden. Stellen Sie im Hintergrund Sträucher oder hohe Zimmerpflanzen auf, davor farbenfrohe Sommerpflanzen, und krönen Sie das Arrangement in den wärmsten Monaten mit hübschen Blattpflanzen aus Ihrem Wohnzimmer.

Sie können auch so vorgehen, daß Sie nur einige wenige Gefäße aufstellen. So kann eine Kletterpflanze mit überhängenden Trieben, deren Gefäß auf einem Sockel postiert wurde (zu dessen Füßen man kleinere Töpfe hergerichtet hat), ebenso wirkungsvoll sein wie das große Arrangement.

Vielleicht läßt sich Ihre langweilige Gartenecke, die Sie schon lange ärgert, mit einem Beet aus feinkörnigem Kies aufhellen, auf dem Sie Terrakottatöpfe plazieren. Bepflanzen Sie diese Töpfe mit hell blühenden einjährigen Pflanzen (für den Sommer) und mit Stiefmütterchen sowie Zwiebelpflanzen (für Winter und Frühjahr). Auch ein Arrangement mit interessant geformten Steinen dürfte Ihr Auge erfreuen. Dann sollten die Töpfe entsprechend weit auseinanderstehen.

Oben links: *Dieses Pflanzenarrangement zieht alle Blicke auf sich. Ersetzen Sie die Pflanzen, wenn ihre Wirkung nachläßt. Der Eingangsbereich ist Ihre »Visitenkarte«.*

Oben: *Ein Arrangement aus Kübelpflanzen mit verschiedenem Niveau sorgt im Garten für ganz spezielle Effekte.*

Links: *Einzeln betrachtet sind diese Gefäße nichts Besonderes. Erst das Arrangement macht ihren Reiz aus.*

Arrangements für den Rasen
Töpfe im Ensemble lockern auch eine große Rasenfläche auf. Stellen Sie diese Töpfe aber nicht direkt auf das Gras, sondern auf ein eigens angelegtes Sand- oder Kiesbeet. Es wird sich nicht allein vorteilhaft vom Rasen abheben, sondern ihnen auch das Mähen erleichtern.

Kübel mit langlebigen Pflanzen

Eine farbenfrohe Sommerbepflanzung in Töpfen und Kübeln ist keine Kunst. Was hingegen das ganze Jahr über Bestand hat, ist mindestens ebenso reizvoll. Denken Sie daher auch daran, für einige Behälter mehr als nur die übliche Anpflanzung mit einjährigen Sommerpflanzen vorzusehen.

Mit Pflanzen in kleinen Gefäßen lassen sich Farbtupfer zu verschiedenen Jahreszeiten setzen; einen bleibenden Schauwert erreichen Sie aber nur mit mehrjährigen Pflanzen in größeren Kübeln. So werden kleine Bäume und Sträucher auf Ihrer Terrasse wahre Wunder bewirken.

Allerdings müssen Sie viele Sträucher, die Sie in Kübeln kultivieren, nach ein paar Jahren ins Freie auspflanzen, weil sie zu groß geworden sind. Machen Sie dann aus dieser Not eine Tugend, indem Sie nun mit einer neuen Generation Kübelpflanzen beginnen.

Oben: *Dieser Japanische Ahorn (*Acer japonicum*) wird zu einem kleinen Baum heranwachsen.*

Links: *Viel zu wenige Gartenfreunde trauen sich, Stauden in Töpfen zu ziehen, obwohl sie wie diese Vexiernelke (*Lychnis coronaria*) herrliche Blüten hervorbringen. Wenn Sie die welken Blüten regelmäßig entfernen, bleibt Ihnen die Farbenpracht sogar für viele Monate erhalten.*

Rechts: *Die silbriggrüne Aschenblume (*Cineraria*) eignet sich nicht zur Dauerbepflanzung, läßt sich aber jedes Jahr leicht ersetzen. Solche Pflanzen sind gute Lückenschließer für Bäume und Sträucher, die als Hochstamm gezogen werden.*

Bäume in Kübeln

Bäume sind von Haus aus keine idealen Kübelpflanzen; der Umstand, daß sich die Wurzeln dort nicht kräftig ausbreiten können, läßt sie kleinere Ausmaße annehmen als dies bei ihren im Boden wachsenden Verwandten der Fall ist. Doch es gilt: Auch in einem kleinen Garten sollte der Baum nicht fehlen.

Wählen Sie möglichst Bäume, die von Natur aus klein sind. Es kommen Goldregen (*Laburnum*), Krebapfelbäume und einige der aufrecht wachsenden Formen von Tafeläpfeln auf schwachwüchsigen Unterlagen in Frage, sowie *Prunus* 'Amanogawa' (ein blühender Kirschbaum von schmalem aufrechten Wuchs); aber selbst Bäume, die ziemlich groß werden können, wie *Acer platanoides* 'Drummondii' (eine panaschierte Sorte des Spitzahorns), halten es in einem großen Topf oder in einem Kübel immerhin für einige Jahre aus. Ebenso geeignet sind Bäume

mit herabhängenden Zweigen, zum Beispiel *Salix caprea* 'Pendula' (eine Sorte der Salweide) oder *Cotoneaster* 'Hybridus Pendulus' (eine Zwergmispel mit schönen roten Beeren im Herbst).

Bäume benötigen stabile Kübel mit einem Mindestdurchmesser von 38 cm und mit lehmhaltigem Kompost. Selbst dann kann ein Windstoß sie noch umwerfen. Daher sollten Sie weitere schwere Gefäße um sie herum gruppieren.

Sträucher für Kübel

Kamelien (*Camellia*) sind für Kübel ideal, verbinden sie doch ein dekoratives, glänzendes immergrünes Laub mit herrlichen Blüten im Frühjahr. Auch *Camellia × williamsii* und Hybriden der eigentlichen Kamelie (*Camellia japonica*) sind eine vorzügliche Wahl. Ferner kommen auch viele Rhododendren und Azaleen in Frage, wenn ihnen ein torfhaltiger Boden zur Verfügung gestellt wird.

In diesem Zusammenhang muß zugleich auf viele Strauchveroniken (*Hebe*) verwiesen werden (nicht in kalten, ungeschützten Lagen); es gibt einige Sorten mit hübschem, buntem Laub. Ähnliches gilt für die gelbblättrige Sorte der Orangenblume, *Choisya ternata* 'Sundance', und für Palmliliensorten mit panaschierten Blättern wie *Yucca filamentosa* 'Variegata' sowie *Yucca gloriosa* 'Variegata'.

Mehrjährige Rabattenpflanzen in Kübeln

Nur wenige Gartenfreunde berücksichtigen, daß sich mehrjährige Rabattenpflanzen auch in Töpfen und Kübeln kultivieren lassen. Wenn Sie die Terrasse in die Gestaltung einbeziehen möchten, sollten Sie diese Art der Bepflanzung ausprobieren. Dann denken Sie bei Ihrer Planung an Tränendes Herz (*Dicentra*), Schmucklilien (*Agapanthus*) und die vielen Ziergräser – aber darüber hinaus kommen noch viele andere mehrjährige Rabattenpflanzen in Frage.

Immergrüne Stauden

Immergrüne, nicht verholzende Stauden wie Günsel (*Ajuga*), Bergenien und die Immergrüne Japansegge (*Carex morrowii*) sorgen im Winter für Farbe und mit ihrem Laub für eine gute Bedeckung.

EINEN BAUM ODER STRAUCH IM KÜBEL PFLANZEN

1 Wählen Sie einen großen Topf oder Kübel mit einem Durchmesser von mindestens 38 cm – es sei denn, Sie pflanzen extrem kleine Sträucher. Verwenden Sie keine Plastiktöpfe, sondern stabile Kübel aus Ton oder Keramik, und legen Sie Tonscherben oder Rindenstückchen über das Abflußloch.

2 Füllen Sie den Kübel teilweise mit Topferde auf Lehmbasis auf; nehmen Sie keinesfalls leichtere Erden, weil die schwere Erde dem Kübel zusätzlichen Halt verleihen muß.

3 Klopfen Sie die Pflanze aus ihrem Topf. Sollten sich die Wurzeln bereits fest um den Wurzelballen gelegt haben, ziehen Sie einige davon frei, damit diese im neuen Erdreich schneller anwachsen.

4 Achten Sie beim Einsetzen der Pflanze darauf, daß sich das obere Ende des Wurzelballens ca. 2,5-5 cm unterhalb des Topfrandes befindet. So bleibt genügend Platz zum Bewässern, zur Düngung oder für das Auftragen eines Mulchs.

5 Drücken Sie die Erde um den Wurzelballen fest an, denn Bäume und Sträucher bieten dem Wind einen großen Widerstand. Nach dem Pflanzen wässern Sie gründlich; vergessen Sie nie, bei trockenem Wetter regelmäßig zu gießen.

Stein- und Wassergärten

Stein- und Wässergärten bereichern Ihren Garten und geben ihm eine besondere Note. Bei knappem Raum ist aber Ihre Phantasie gefragt. Die meisten Steingarten- und Wasserpflanzen bevorzugen eine sonnige Lage. Wenn Sie im Garten keine Stelle finden können, die diesen Pflanzen für wenigstens den halben Tag Sonne bietet, müssen Sie umdisponieren: Setzen Sie Ihre Steingartenpflanzen dann beispielsweise zwischen Bodenplatten, in Hochbeete oder in ein Kiesbeet. Und anstelle Ihres Wassergartens schaffen Sie sich Wasserspiele.

In sehr kleinen Teichen ist das biologische Gleichgewicht schwieriger zu halten als in großen. Hier können Algen häufig zum Problem werden. Auch dies gilt es zu bedenken. Vielleicht können Sie sich auch mit einem künstlichen Teich anfreunden, in den Sie mehrere Containerpflanzen hineinsetzen.

Steingärten legt man am besten auf einem Abhang an. Fehlt dieser, schaffen Sie sich eine künstliche Anhöhe, vielleicht mit der Erde, die Sie für die Anlage des Wassergartens ausgehoben haben. Verwenden Sie für Ihren Steingarten nach Möglichkeit Steine aus der Umgebung; sie harmonieren besser mit der Landschaft, und die Transportkosten sind geringer.

Besonders die Steingartenpflanzen lassen das Herz des Pflanzenliebhabers mit wenig Platz im Garten höher schlagen, denn er kann an einer Stelle, die sonst ein durchschnittlich großer Strauch einnehmen würde, mindestens ein halbes Dutzend dieser Pflanzen anbauen.

Was Ihre Wasserpflanzen anbelangt, so wählen Sie diese mit größter Sorgfalt aus. Einige der Schwertlilien und Binsen wachsen sehr kompakt, andere sind hingegen wuchernd. Es gibt Seerosen, die tiefes Wasser benötigen und eine große Wasseroberfläche, anderen wiederum reicht eine Tiefe von 25 cm und eine viel kleinere Fläche.

GANZ OBEN: *Kaukasussedum (*Sedum spurium *'Atropurpureum').*
OBEN: *Glockenblumen* (Campanula) *sind beliebte Steingartenpflanzen – hier wachsen sie durch* Asplenium scolopendrium *hindurch.*
RECHTS: *Dieser kleine Garten in einem Steinbecken bietet mehr als einem halben Dutzend verschiedener Pflanzen Unterschlupf.*
VORSEITE UNTEN: *Der erhöhte Rand dieses künstlichen Teichs unterstreicht, daß er im Mittelpunkt der Aufmerksamkeit stehen soll.*
VORSEITE OBEN: *Nelken* (Dianthus) *kommen im Steingarten gut zur Geltung.*

Teiche und Wasserläufe

Heute ist das Anlegen eines Teiches einfach; die Teichfolien sind aus kräftigem Material und lange haltbar. Sie erlauben alle möglichen Formen und Größen und wirken sehr natürlich. Wenn Sie keinen Platz haben, können Sie den Miniaturwassergarten auch in einem Faß oder einer Wanne schaffen.

Ein Teich mit Fischen und die Kultur von Wasserpflanzen setzen einen sonnigen Standort voraus; mindestens den halben Tag lang sollte die Sonne scheinen. Vermeiden Sie überhängende Bäume; ihr Schattenwurf schadet den Pflanzen, und der Blattfall verunreinigt das Wasser.

Springbrunnen und Wasserfälle
Wenn Sie einen Steingarten mit einem Wassergarten verbinden wollen, bietet sich ein Wasserfall an. Für einen kleinen Wasserfall mit geringer Umschlagsmenge reicht in der Regel eine einfache Niederspannungspumpe aus.

Springbrunnen müssen von größeren Wasserflächen umgeben sein, da sonst durch Windeinfluß zuviel Wasser verloren geht. Bedenken Sie auch, daß ein hoher Strahl beständigen Wellenschlag nach sich zieht, was vielen Wasserpflanzen schlecht bekommt. In einem kleinen Garten ist ein schmuckloser Strahl der prächtigen Fontäne vorzuziehen.

OBEN: *Man braucht keinen großen Garten, um sich am Plätschern eines Wasserspiels erfreuen zu können.*

Wasserspeier
Für den Garten im Souterrainbereich oder in einem von Wänden umschlossenen Hinterhof dürfte ein integrierter Wasserspeier die bessere Lösung sein. Hier brauchen Sie keinen großen Wasserschwall. Vielleicht montieren Sie eine Tülle, aus der das Wasser in ein Auffangbecken am Fuß der Mauer rieselt und das mittels einer Pumpe zurückgeführt wird. Wasserspeier mit geschlossenem Kreislauf gibt es auch als Bausatz.

Der Miniaturteich
Wo der Platz für einen Teich nicht ausreicht, findet sich für ein Halbfaß oder eine Wanne immer noch eine Stelle. Wanne und Faß lassen sich im Boden versenken oder freistehend aufstellen.

Solche Miniaturteiche sind keine Heimstätte für Fische, sie können dort aber ein Ensemble von Wasserpflanzen anordnen, wozu auch einige Zwergformen der Seerose gehören sollten.

Einen Teich mit Folie anlegen

1 Markieren Sie die Umrisse des Teiches mit einem Seil oder einem Gartenschlauch. Dann heben Sie die Grasnarbe ab und graben die Erde in der erforderlichen Tiefe aus. Legen Sie dabei einen etwa 25 cm breiten und ebenso tiefen Sockel für die Uferbepflanzung an.

2 Wenn Sie das Ufer mit Randsteinen befestigen wollen, tragen Sie dort das Gras oder Erdreich ab. Berücksichtigen Sie dabei die Dicke der Steine und ihrer Unterlage. Achten Sie bitte auch darauf, daß der Ufersaum überall das gleiche Niveau aufweist.

3 Entfernen Sie ferner alle spitzen Steine sowie kräftigen Wurzeln und bedecken Sie die Grube dann mit einer etwa 1 cm dicken Schicht aus feuchtem Sand. Sollte der Boden steinig sein, verwendet man statt Sand besser eine Plastikmatte oder alte Teppiche.

EINEN VORGEFERTIGTEN TEICH ANLEGEN

1 Stecken Sie die Umrisse des Teichs ab und machen Sie die exakte Linienführung anschließend mit einer Schnur oder einem Gartenschlauch sichtbar.

2 Heben Sie dann die Teichmulde in der erforderlichen Tiefe aus und folgen Sie dabei auch dem Profil des Ufersockels so genau wie möglich.

3 Nun messen Sie, ob die Tiefe stimmt, indem Sie eine Holzlatte der Breite nach über die Grube legen. Bedienen Sie sich dabei auch einer Wasserwaage.

4 Anschließend passen Sie Ihre Form in die Grube ein. Sie sollten vorher aber alle spitzen Steine entfernt haben. Mit einer Wasserwaage überprüfen Sie, ob die Form genau waagerecht liegt.

5 Heben Sie die Form ggf. nochmals heraus, um soviel Sand nachzufüllen, daß die Teichform anschließend paßgenau sitzt.

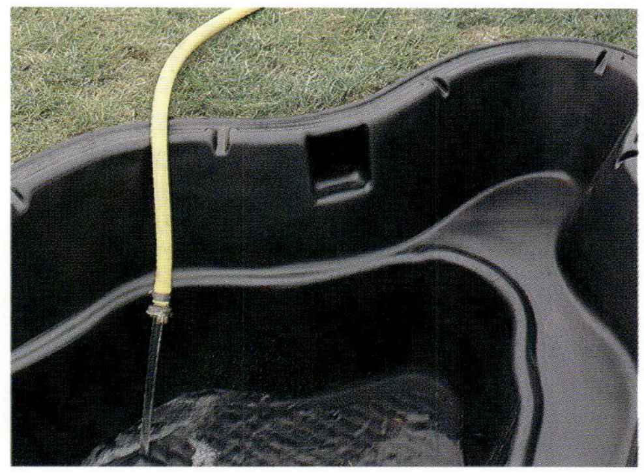

6 Dann lassen Sie Wasser ein. Prüfen Sie dabei an verschiedenen Stellen, ob der Wasserdruck die Form nochmals verzogen hat. Ggf. sind weitere Nachbesserungen erforderlich.

4 Dann kleiden Sie Ihre Grube mit einer Teichfolie aus und beschweren deren Ränder mit Steinen. Wenn Sie Wasser einlassen, wird die Folie belastet. Ggf. heben Sie die Steine von Zeit zu Zeit an, damit sich die Folie möglichst faltenfrei auslegen kann.

5 Abschließend schneiden Sie die Folie rund um das Ufer ab; lassen Sie dabei etwa 15 cm als Unterlage für die Begrenzungssteine überstehen.

6 Auf diese Unterlage tragen Sie ein Mörtelbett für die Begrenzungssteine auf. Die Steine sollten teichwärts ca. 3 cm überstehen, damit die Folie kaschiert wird. Zuletzt schließen Sie die Fugen zwischen den Randsteinen mit Mörtel.

Die Kultur von Steingartenpflanzen

Ein sonniger Platz in Ihrem Garten lädt zur Anlage eines Steingartens ein. Diesen können Sie auch mit einem Wassergarten kombinieren. Zu einem Steingarten mit großem Gefälle paßt sehr gut ein mehrstufiger Wasserfall, den Sie so ausrichten können, daß er sich in den Teich ergießt. So schaffen Sie sich in Ihrem Garten eine Attraktion der ganz besonderen Art.

Die Kultur einer möglichst breiten Palette von Steingartenpflanzen fordert eine besondere Anordnung heraus. Sie unterscheidet sich erheblich von der Gestaltung, bei der das Einpassen in das Gesamtgefüge Ihres Gartens im Vordergrund steht.

Der Verbund mit einem Teich
Ein Steingarten und ein Teich können sich ergänzen. Legen Sie Ihren Verbund so an, daß der Steingarten zur Teichanlage ein ausreichendes Gefälle aufweist. Dann bietet sich der Bau eines Wasserfalls an, dessen Wasser dem Teich zufließt. Vergraben Sie den Schlauch, der dem Bassin das Wasser spendet, schon bei der Anlage des Steingartens und verwenden Sie für ein natürliches Erscheinungsbild möglichst viele Steine.

Ein Steingarten als Inselbeet
Auf einer Rasenfläche mit viel Platz und ohne streng geometrische Maße lassen sich kleine Felsenformationen bilden. Dafür benötigen Sie nur wenige, jedoch markante Steinbrocken, die mit Bedacht angeordnet sein müssen. Sie sollen wie eine geologische Formation gleichsam aus dem Boden »herauswachsen«. Wenn das Arrangement überzeugen soll, muß die Gesteinsart, für die Sie sich entscheiden, Ihrer Umgebung entstammen, sei dies Kalkstein, Kalktuff, Sandstein etc.

Steingartenpflanzen im Kiesbeet
Diese Pflanzen fühlen sich im Kiesbeet wie in ihrem Element und passen vorzüglich dorthin. Die Bodenverhältnisse sollten die gleichen wie bei einem Steingarten sein, nur daß hier der Boden plan ist. Ergänzend lassen sich auch einige Steinbrocken hinzufügen, um den Eindruck eines Geröllfeldes zu erzeugen.

OBEN: *Hochbeete sind eine Alternative zum Steingarten, wenn Sie viele Pflanzen versammeln wollen.*

LINKS: *Eine Steingartenkultur auf flacher Böschung; eine solche Anlage läßt sich vergleichsweise einfach herstellen.*

Tröge und Becken
Steingartenpflanzen eignen sich für Tröge, Becken oder andere Gefäße. Becken aus echtem Gestein sind ideal, aber teuer. Auch Steinbeckenimitate sind zufriedenstellend und fügen sich gut ein.

Tröge und Becken sind mit passender Erde aufgefüllt. Doch mit etwas Geschick läßt sich diesen Beeten bei entsprechender Größe auch noch etwas Landschaftscharakter geben.

Hochbeete
Im Hochbeet können Sie die eigenwillige Schönheit Ihrer Steingartenpflanzen besser im Detail studieren. Es lassen sich für die Anlage dieser Beete Ziegelsteine oder Beton verwenden, jedoch sind Natursteine in ihrer Ausstrahlung kaum zu übertreffen und darum am geeignetsten.

Torfbeete
Steingartenpflanzen gedeihen in normalem oder alkalischem Boden, doch einige benötigen saure Bedingungen. Sollten Ihnen besonders diese Pflanzen zusagen, legen Sie ein Beet aus Torfblöcken an, die Sie wie Ziegelsteine im Verbund »verlegen«. Darüber geben Sie eine Torfmischung und bepflanzen das Beet anschließend nach Ihren Vorstellungen.

EINEN STEINGARTEN ANLEGEN

1 Bei der Errichtung der Anhöhe für Ihren Steingarten können Sie idealerweise den Aushub verwenden, der bei der Anlage des Teichs angefallen ist. Diesen bedecken Sie dann mit Gartenerde.

2 Nehmen Sie für die oberste, etwa 15-25 cm dicke Bodenschicht eine spezielle Mischung, besonders wenn Sie den Aushub vom Teich einsetzen. Mischen Sie Erde zu gleichen Teilen mit Kies sowie Torf und verteilen Sie diese Mischung gleichmäßig über die Fläche.

3 Dann legen Sie die ersten Steine aus; achten Sie darauf, daß die Maserung gleichmäßig verläuft.

4 Bringen Sie die größeren Steine ggf. mit einer Brechstange in Position und verkeilen Sie sie mit kleineren Steinen.

5 Füllen Sie das Erdreich anschließend mit Ihrer Bodenmischung auf; verteilen Sie Ihre Beigabe gut um die Steine.

6 Stellen Sie sicher, daß Ihnen der Boden beim nächsten Unwetter nicht wegschwemmt. Darum sollten Sie das Erdreich zwischen den Steinen leicht muldenartig ausharken. Dann setzen Sie die Pflanzen ein und bedecken die Erde mit einer feinen Schicht Gartenkies.

AUSWÄHLEN UND ANPFLANZEN

Spätestens der Besuch eines Gartencenters wird Ihnen eröffnen, daß die Auswahl an Steingartenpflanzen riesengroß ist. Wenn Sie sich der Steingartenkultur verschrieben haben, werden Sie durch die Fülle des Angebots immer wieder neue Schätze entdecken und daran Ihre besondere Freude haben.

Die hier vorgeschlagenen Steingartenpflanzen stellen nur eine kleine Auswahl dar. Alle sind relativ leicht erhältlich.

Bepflanzung einer Mauer

- *Acaena microphylla* – Braungrünes Stachelnüßchen
- *Achillea tomentosa* – Polstergoldgarbe
- *Alyssum montanum* – Bergsteinkraut
- *Alyssum saxatile* – Schwefelsteinrich
- *Arabis caucasica* – Gänsekresse
- *Arenaria balearica*
- *Aubrieta* – Blaukissen
- *Campanula garganica*
- *Cerastium tomentosum* – Hornkraut
- *Corydalis lutea* – Gelber Lerchensporn
- *Dianthus deltoides* – Heidenelke
- *Erinus alpinus* – Alpenbalsam
- *Gypsophila repens* – Teppichschleierkraut
- *Sedum* – Fetthenne, zahlreiche Arten
- *Sempervivum* – Hauswurz, zahlreiche Arten

Bepflanzung von Trögen

- *Arabis ferdinandi-coburgi* 'Variegata'
- *Aster alpinus* – Alpenaster
- *Gentiana acaulis* – Stengelloser Enzian
- *Hypericum olympicum* – Olymphartheu
- *Phlox douglasii* – Polsterphlox
- *Potentilla tabernaemontani* – Frühlingsfingerkraut
- *Raoulia australis*
- *Rhodohypoxis baurii*
- *Sedum lydium*
- *Sempervivum* – Hauswurz, zahlreiche Arten

LINKS: *Schwefelsteinrich* (Alyssum saxatile).

UNTEN LINKS: *Heidenelke* (Dianthus deltoides *'Electra'*).
UNTEN: *Sonnenröschen* (Helianthemum *'Fire Dragon'*).

Vorschläge für den Anfänger

Einige dieser Pflanzen können wuchern oder werden recht hoch. Wenn Sie mit den Eigenheiten der Pflanzen nicht vertraut sind, sollten Sie eine Gartenenzyklopädie zur Hand nehmen.

- *Acaena microphylla* – Braungrünes Stachelnüßchen
- *Alyssum saxatile* – Schwefelsteinrich
- *Antennaria dioica* 'Rosea'
- *Arabis ferdinandi-coburgi* 'Variegata'
- *Armeria maritima* – Strandgrasnelke
- *Campanula carpatica* – Karpatenglockenblume
- *Campanula cochleariifolia* – Zwergglockenblume
- *Dianthus deltoides* – Heidenelke
- *Dryas octopetala* – Silberwurz
- *Erinus alpinus* – Alpenbalsam
- *Gentiana acaulis* – Stengelloser Enzian
- *Gentiana septemfida* – Sommerenzian
- *Gentiana sinoornata* Herbstenzian
- *Geranium subcaulescens* 'Splendens' – Zwergstorchschnabel
- *Gypsophila repens* – Teppichschleierkraut

- *Helianthemum* – Sonnenröschen
- *Hypericum olympicum* – Olymphartheu
- *Iberis sempervirens* 'Snowflake' – Immergrüne Schleifenblume
- *Oxalis adenophylla* – Kordilleren-Sauerklee
- *Phlox douglasii* – Polsterphlox
- *Phlox subulata* – Moosphlox
- *Raoulia australis*
- *Saxifraga* (aus der Sektion Moossteinbrech)
- *Sedum spathulifolium* 'Cape Blanco'
- *Sedum spurium* – Kaukasussedum
- *Sempervivum* – Hauswurz (variantenreich)
- *Silene schafta* – Kaukasisches Herbstleimkraut
- *Thymus serpyllum* – Feldthymian
- *Veronica prostrata* – Maiteppich

LINKS: *Sempervivum ballsii.*

DAS ANPFLANZEN

1 Setzen Sie die Pflanzen vorerst in ihren Töpfen an die Pflanzstelle, um die Eignung des Standorts zu überprüfen.

2 Dann graben Sie mit einer Kelle ein Pflanzloch, das etwas größer ist als der Wurzelballen. Legen Sie sich eine besonders kleine Kellen zu, mit der Sie im Steingarten besser hantieren können.

3 Achten Sie beim Einsetzen in den Boden auf die korrekte Pflanztiefe. Danach verteilen Sie die mit Kies vermischte Erde um den Wurzelhals und drücken sie gut fest.

4 Zum Abschluß bedecken Sie das Erdreich wieder mit einer Schicht Kies.

Die Auswahl der Pflanzen

Die Elemente der Landschaftsarchitektur (Fußwege, Mauern, Zäune, Pergolen und so weiter) stellen die Fähigkeiten des Gartenliebhabers zur Gestaltung unter Beweis und prägen die Anlage des Gartens. Aber erst die Pflanzen erfüllen diese Anlage mit Leben, vermitteln Frohsinn und schaffen das bunte Bild der Farben. So nimmt es nicht wunder, daß Gärtner, die es mit einem gleichartigen Grundkonzept des Gartens zu tun hätten, bei unterschiedlicher Auswahl der Pflanzen doch ganz verschiedene Eindrücke vermitteln würden.

OBEN: *Pflanzen mit verschiedenen Wuchsformen zu kombinieren, kann zu reizvollen Ergebnissen führen. Diese Rabatte setzt sich aus Sträuchern, krautigen Pflanzen, Zwiebelpflanzen und Gräsern zusammen.*

VORSEITE: *Wie überzeugend auch immer das Grundkonzept sein mag, erst die Pflanzen geben ihm seine individuelle Schönheit.*

Beete und Rabatten

Beete und Rabatten müssen mit Umsicht geplant werden. Die Form prägt natürlich den Gesamteindruck, aber es gilt, noch weitere Aspekte zu berücksichtigen, zum Beispiel das Pflanzschema, die Farbpalette und bei alledem: welche Pflanzen sind überhaupt verfügbar?

Die Auswahl der Pflanzen für streng gestaltete Beete wird in erster Linie durch das zugrundeliegende Gestaltungsprinzip bestimmt. Ein formaler Rosengarten sollte nur mit Rosen bestückt werden; lediglich um evtl. gegebene Lücken zu schließen, stehen andere Pflanzen zur Wahl. Ein Garten im klassischen Stil wird sauber asymmetrisch geformte Beete aufweisen und könnte zudem noch von Buchsbäumen mit Formschnitt umsäumt sein.

Rabatten mit Stauden und Sträuchern lassen größeren Spielraum, und die dafür verwendeten Pflanzen dürften den Gesamteindruck stärker prägen.

In den herkömmlichen großen Gärten besteht noch die Trennung zwischen Staudenrabatten und solchen mit Sträuchern. Aber die wenigsten Besitzer kleiner Gärten werden sich heute diesen Luxus noch leisten können. So liegt es nahe, gemischte Rabatten anzulegen. Dort stehen dann Sträucher neben Stau-

Links: *Eine Rasenfläche mit geschwungenen Ein- und Ausbuchtungen an ihrem Saum schafft zusätzlichen Platz für eine Randbepflanzung.*

Folgeseite oben: *Bei diesem Garten mit seinen vielen Strauchrosen wurde auf eine weitere Untergliederung der Landschaft fast ganz verzichtet. Diese Gestaltungsmöglichkeit ist vergleichsweise preiswert und pflegeleicht.*

Folgeseite unten: *Die ausschließliche Verwendung von Stauden für diese Rabatte paßt sich gut in eine ländliche Umgebung ein, kostet aber viel Platz. Hier wird die Farbenpracht viele Monate des Jahres anhalten.*

den und einjährigen Pflanzen, während sommerblühende Beet- und frühlingsblühende Zwiebelpflanzen jeden ansonsten noch freien Fleck in Besitz nehmen. Die Rabatte sieht noch lange, nachdem die krautigen Pflanzen zurückgestorben sind, gut aus, und es verbleiben genügend Pflanzen, die unseren Blick weiterhin auf sich ziehen können.

Nicht ohne Schwierigkeit gestaltet sich in einem kleinen Garten die Zusammenstellung einer bestimmten Farbpalette. Natürlich ist die einfarbige Rabatte auch im kleinen Garten ohne weiteres denkbar, aber etwas mehr Abwechslung sollte es schon sein. Lieben Sie die Goldtöne, schaffen Sie auf Ihrer Rabatte besser eine »Goldecke«, als daß Sie die Goldtöne auf die ganze Rabatte übertragen. Das gilt ebenso bei Präferenzen für andere Farbtöne.

Für kleine Beete inmitten des Rasens braucht man nicht die klassische Abfolge der Bepflanzung mit Sommerblühern und frühlingsblühenden Zwiebelpflanzen einzuhalten. Statt dessen lassen diese sich mit bodendeckenden Stauden unterpflanzen oder mit anderen Stauden umsäumen.

Inselbeete

Im traditionellen Garten werden niedrige Pflanzen in einem Inselbeet gezogen, das gewissermaßen aus dem Rasen herausgeschnitten wurde, wohingegen die höher wachsenden Stauden und Sträucher in langgestreckten Rabatten ihre Heimstätte haben. Die Bepflanzung von Inselbeeten mit Stauden und Sträuchern bricht nun mit diesem Gestaltungsprinzip – zum Vorteil des kleinen Gartens.

Pflanzschemata

Inselbeete sollten von allen Seiten überschaut werden können, daher setzt man die höchsten Pflanzen zumeist in die Mitte und die niedrigeren an den Rand. Halten Sie sich aber nicht zu streng an diese Regel. Lassen Sie sich einfach von dem Gedanken leiten, ein Beet zu bepflanzen, um das Sie herumgehen können und stets eine neue Optik gewinnen, statt alle sommerblühenden hohen Pflanzen grundsätzlich in der Mitte zu versammeln. Es mag sein, daß strauchige Pflanzen, sogar mittelgroße immergrüne, eine bessere Lösung für die Mitte des Beetes darstellen, wenn andere niedrige Sträucher noch Platz für weitere Pflanzen lassen, die im Winter zurücksterben. Lassen Sie sich auch nicht davon abhalten, zum Beispiel einen kleinen Baum wie *Malus floribunda* ins Beet zu setzen.

Sollte Ihr Garten von Beetpflanzen der verschiedenen Jahreszeiten bestimmt sein, lassen sich auch hierfür gut darauf abgestimmte Lösungen für das Inselbeet finden.

Grundrisse

Die Form des Inselbeets muß keineswegs grundsätzlich kreisrund sein. Jede Geometrie ist denkbar, sofern sie zum Stil Ihres Gartens paßt.

Meist sind aber runde Formen gefälliger, besonders wenn Sie zu einem anderen Teil des Gartens hinführen wollen und diesem eine weiche Kontur geben.

Als Element der Gestaltung

Setzen Sie ein Inselbeet gestalterisch ein, um eine Blickachse zu schaffen. Eine gekonnte Plazierung im Garten kann das Auge von einem weniger schönen Anblick ablenken. Zunächst mag die Aufmerksamkeit auf die Seiten des Gartens gelenkt werden, aber wenn Sie um das Inselbeet herumgehen, gilt ihm all Ihre Obacht, und nicht der Peripherie.

Mehrere Inselbeete können einen langen, schmalen Garten gut aufteilen. Statt daß der Blick direkt auf das Gartenende gelenkt wird, findet er an den Inselbeeten neue Verweilpunkte.

UNTEN: *Inselbeete lockern einen großen Rasen auf und betonen die Vertikale.*

Rabatten am Rand des Gartens

Rabatten lediglich auf einer Seite des Areals machen Sinn, um für Farbakzente am Rand Ihres Gesichtsfeldes zu sorgen und die Tiefe des Gartens zu betonen. Diese Gestaltung kann das Auge auch zu einem weit entfernten Blickfang lenken. Wenn Sie zusätzlich auch noch die Breite der Rabatten variieren, mag Ihnen der optische Trugschluß gelingen, den Garten größer erscheinen zu lassen.

Rechtecke

Oftmals befinden sich in unseren Gärten am Ende des Rasens rechteckige Rabatten, die der Kultur von Rosen vorbehalten sind oder den Blumen einer bestimmten Jahreszeit. Wenn Sie sich eine ständigen Neubepflanzung ersparen wollen, bepflanzen Sie diese Rabatten mit Zwergsträuchern und beziehen Sie in Ihr Pflanzschema auch blühende bodendeckende Stauden mit ein, zum Beispiel den winterharten Storchschnabel (*Geranium*), auch frühlingsblühende Zwiebelpflanzen. So versorgen Sie sich für lange Zeit mit hübsch blühenden Pflanzen.

Ihre Rabatte können Sie größer erscheinen lassen als sie ist, indem Sie eine Mähkante anlegen und diese dann von den Pflanzen überwachsen lassen. Das schafft weiche Linien und gibt der Rabatte ein repräsentativeres Aussehen.

Geschwungene Formen

Rechtecke lassen sich besser mähen und stutzen; aber nur eine Rabatte von stattlicher Breite, bestückt mit Sträuchern von verschiedener Wuchsform, wird die Blicke auf sich ziehen. Mit Ausbuchtungen Ihrer Rabatten in den Garten hinein beleben Sie nicht nur die Optik, sondern schaffen auch zusätzlichen Platz für weitere Pflanzen. Wo es möglich ist, sollte man eine gerade ausgerichtete Rabatte ruhig auf Kosten des Rasens verändern.

OBEN: *Nur von einer Seite einzusehende Rabatten eignen sich gut für einen kleinen Garten, der von hohen Mauern umgeben ist.*
LINKS: *Eine gemischte Rabatte, die nur von einer Seite eingesehen werden kann.*

Die Gartenecke

Ein rechtwinkliger Garten weist zwangsläufig unschöne Ecken auf, die Sie erst gärtnerisch gestalten müssen, bis sie zufriedenstellend aussehen. Setzen Sie dorthin geschwungene Linien; so werden Sie eine größere Tiefe bekommen.

Die Rabatte läßt sich auch in einem Rund um den Garten herumführen. Auch ein kleiner rechteckiger Garten mit einem kreisförmigen Rasen kann beeindruckend wirken; doch dies verlangt eine sorgfältige Bepflanzung, um so das Interesse das ganze Jahr über wach zu halten.

Wie man Beete und Rabatten anlegt

Wenn Sie Ihren Garten neu anlegen, werden Sie den Rasen, die Beete und die Rabatten vermutlich im voraus planen. Doch auch in einem bestehenden Garten läßt sich die Form einer Rabatte ändern oder inmitten eines großen Rasens ein Beet anlegen. Es lohnt sich, nachfolgende Tips zu beachten.

EIN OVALES BEET MARKIEREN

Wenn Sie sich inmitten einer Rasenfläche ein ovales Beet schaffen wollen, stechen Sie das Beet erst dann aus, wenn der Rasen angewachsen ist.

Als erstes stecken Sie ein Rechteck ab, in dem das spätere Oval enthalten ist. Dann setzen Sie je einen kleinen Pflock in die Mitte jeder Kantenlänge und verbinden die gegenüberliegenden Markierungen jeweils mit einer Schnur. Wo sich die Schnüre kreuzen, befindet sich der Mittelpunkt. Dann schneiden Sie sich eine weitere Schnur zu, die die halbe Länge des Ovals aufweist. Wenn Sie nun einen seitlichen Pflock als Drehpunkt nehmen, setzen Sie dort zwei weitere Pflöcke in den Boden, wo diese Schnur auf die Mittellinie trifft. Dann schneiden Sie sich eine Schnur von der Länge des Abstandes zwischen einem dieser beiden Pflöcke und dem anderen Ende des Ovals zu.

Nachdem Sie diese Schnur jeweils an die inneren Pflöcke gebunden haben, ziehen Sie sich im Gras mit einem Stöckchen Ihre Schwünge des Ovals. Diese Markierungen sind besser sichtbar, wenn Sie statt des Stöckchens eine mit trockenem Sand gefüllte Flasche mit engem Hals verwenden und eine Sandspur legen.

Schließlich schneiden Sie mit einem Kantenstecher die Form aus und heben hernach die Grasdecke ab.

EIN RUND ANLEGEN

1 Wenn Sie die schnelle und einfache Lösung anstreben, legen Sie einen Gartenschlauch zu dem Rund aus, das Ihnen im Sinn ist. Bei kaltem Wetter sollten Sie zunächst warmes Wasser durch den Schlauch laufen lassen, um ihn biegsam und geschmeidig zu machen.

2 Betrachten Sie sich Ihr ausgelegtes Rund am besten aus größerer Entfernung, vielleicht von einem Fenster aus in einer der oberen Etagen. Von dort können Sie einem Helfer ggf. erforderliche Änderungen zurufen, die dieser an Ort und Stelle ausführt.

3 Dann markieren Sie Ihren Umriß mit etwas feinem Sand und stechen die neue Begrenzung ab. Dabei empfiehlt es sich, mit einem Kantenstecher zu arbeiten. Anschließend heben Sie die Grasnarbe im Rund ab. Vor einer Neubepflanzung muß der Boden nun nur noch gründlich umgegraben werden.

4 Um saubere Schwünge zu erhalten, können Sie sich auch mit einem Stöckchen behelfen, das an einer Schnur befestigt ist, und diese am anderen Ende an einem Pflock. Nun lassen sich vielerlei Kreissegmente ziehen, wenn Sie jeweils den Pflock versetzen und die Schnurlänge variieren.

Wie man eine saubere Kante anlegt

Lassen Sie den Saum Ihrer Beete und Rabatten, aber auch der Fußwege deutlich hervortreten. Klare Umrisse betonen die Struktur Ihrer Gartenanlage. Eine Mähkante bietet sich bei geraden Linien an. Bei Schwüngen und Kreisen, denen Sie eine scharfe Kontur geben wollen, müssen Sie anders vorgehen.

Ein gewellter Grenzstreifen oder eine Holzkante wirken zwar nicht sonderlich elegant, sorgen aber dafür, daß der Rasensaum gepflegt bleibt und die auslaufende Grasnarbe nicht »wegbricht«.

Erlesene Schmuckränder

Wenn Sie sich bei Ihrer Gartengestaltung an diesen oder jenen Stil anlehnen, sollten auch die Ränder stilvoll sein. Fliesen mit einem stilisierten Flechtmuster erinnern an den viktorianischen Stil. Wohnen Sie in Küstennähe, tun es vielleicht große Muschelschalen. Sie können auch Ihren leeren Flaschen zu neuem Glanz verhelfen: Setzen Sie sie mit dem Hals nach unten in den Boden und lassen Sie den Flaschenboden nur wenig hervorstehen.

GANZ OBEN: *Es gibt auch modernere Ausführungen dieses stilisierten Flechtmusters.*
OBEN *Begrenzungen wie diese können streng wirken und drücken Traditionsbewußtsein aus.*

Einen Grenzstreifen setzen

Im Fachhandel gibt es Grenzstreifen aus dünnem Metall, das sich mit einer alten Schere schneiden läßt, oder aus Plastik. Sie verhindern, daß das Gras durch ständiges Zurückschneiden der Ränder beschädigt wird. Solche Grenzstreifen gelten nicht als sonderlich dekorativ, aber sie lassen sich schnell verlegen.

1 Heben Sie einen schmalen Graben entlang der Rasenkante aus. Dann schneiden Sie Ihren Streifen in passender Länge zu und setzen ihn locker senkrecht in den Boden.

2 Danach füllen Sie den Graben mit frischer Erde auf, wobei Sie Ihren Streifen leicht an die Rasenkante drücken. Zum Schluß klopfen Sie ihn mit einem Hammer auf die Höhe der Grasnarbe.

Eine Holzbegrenzung setzen

Mit einem Draht verbundene Holzpflöcke ergeben eine stabile und ansehnliche Kante, wenn Sie das Beet über dem Niveau des Rasens haben wollen. Allerdings wird man dabei mit dem Rasenmäher nicht bis zum Rand kommen.

Zuerst schneiden Sie die Holzpflöcke zu, die Drähte mit einer Drahtschere oder mit einer kräftigen Kneifzange. Dann heben Sie einen flachen Graben, setzen die Begrenzung ein und verbinden die Eckstücke mit einem Draht. Anschließend füllen Sie den Graben mit frischer Erde auf und schlagen die Pflöcke mittels eines Hammers und einer Holzlatte fest in den Boden. Zum Schluß kontrollieren Sie Ihre Arbeit mit einer Wasserwaage.

Grössere Flächen bepflanzen

Die weiträumige Gartenbepflanzung mit einer Sorte führt zu ganz spezifischen Effekten. Sie ist dann angebracht, wenn man große, ins Auge fallende Farbblöcke schaffen will. Es handelt sich dabei um eine Bepflanzung, die nur auf den Gesamteindruck abstellt. Hierbei möchte man die einzelne Pflanze nur als Moment eines größeren Zusammenhangs würdigen. Bodendecker eignen sich dazu am besten.

OBEN: *Thymian ist ein guter Bodendecker für sonnige Lagen. Die Pflanze verträgt sogar ein gelegentliches »Betreten«.*

HERKÖMMLICHE PFLANZMETHODE

Viele bodendeckende Pflanzen breiten sich durch Ausläufer aus, die dann in der Nähe der Mutterpflanze dem Licht entgegenstreben. Solche Pflanzen sollten Sie wie Stauden oder Sträucher behandeln. Unterdrücken Sie das Unkraut von Beginn an, indem Sie eine etwa 5 cm dicke Schicht aus Rindenmulch ausbringen. Verfahren Sie so auch bei Bodendeckern, die in einer gemischten Rabatte stehen.

BODENDECKER ANPFLANZEN

Die Anpflanzung von Bodendeckern auf großen Flächen ist beispielsweise sinnvoll, um ein Gartenstück auszunutzen, das anders nicht bestellt werden kann (z.B. bei einer steilen Hanglage). Am besten legen Sie eine Mulchfolie aus (Sie können auch schwarze Polyethylenfolie verwenden, der Vorteil einer Mulchfolie ist aber, daß sie das Regenwasser hindurchläßt). Aber auf keinen Fall eignet sich Folie für Pflanzen, die sich durch Wurzelausläufer vermehren; denn sie würde die zum Licht strebenden Schößlinge dann unterdrücken.

1 Der Boden muß gut vorbereitet und alles Unkraut beseitigt werden. Arbeiten Sie gut verrotteten Stallmist ein. Sollte der Boden ausgelaugt sein, harken Sie auch Dünger unter.

Dann befestigen Sie die Folie an allen Seiten, wobei Sie die Ränder ins Erdreich stecken und den Boden etwas festdrükken. Anschließend versehen Sie die Folie an den jeweiligen Pflanzstellen mit kreuzförmigen Schlitzen.

2 Nun setzen Sie Ihre Pflanzen in die Pflanzlöcher, wie Sie es auch sonst tun würden, und drücken die Erde um die Wurzeln herum gut fest. Bei der Arbeit mit kleinen Pflanzen wird Ihnen ein Pflanzspaten gute Dienste leisten. Wässern Sie anschließend gründlich.

3 Die Mulchfolie wird das Unkraut wirksam unterdrücken, wozu die junge Bodendeckerpflanze noch nicht in der Lage ist; allerdings bietet diese Folie keinen schönen Anblick. Legen Sie deshalb darüber noch einen Ziermulch (z.B. aus Rinde).

STRÄUCHER ANPFLANZEN

1 Die meisten Sträucher werden in Containern verkauft und lassen sich auspflanzen, solange der Boden nicht gefroren oder staunaß ist. Stellen Sie sie zunächst in ihren Behältnissen auf und korrigieren Sie dann ggf. die Abstände.

2 Danach bereiten Sie den Boden vor und entfernen alles Unkraut. Arbeiten Sie dabei viele organische Stoffe ein wie gut verrotteten Stallmist oder Kompost. Notfalls tut es auch die Pflanzmischung eines Markenherstellers.

3 Anschließend heben Sie das Pflanzloch aus und prüfen, ob Ihr Strauch hineinpaßt. Prüfen Sie auch, ob die Pflanze in der ursprünglichen Höhe sitzt. Durch Entfernen oder Hinzufügen von Erde lassen sich Korrekturen vornehmen.

4 Nun klopfen Sie die Pflanze aus dem Topf. Wenn die Wurzelfasern dicht gepreßt zusammenhaften, ziehen Sie einige vorsichtig auseinander. So ermöglichen Sie eine schnellere Bewurzelung der Pflanze.

5 Treten Sie den Boden um den Wurzelbereich der Pflanze gut fest, um größere Lufteinschlüsse zu vermeiden, entweder durch vorsichtiges Aufdrücken mit der Ferse Ihres Fußes oder mit den Händen.

6 Zuletzt arbeiten Sie einen ausgewogenen Dünger unter. Im Herbst sollte es ein langsam wirkender Dünger sein (oder ein Depotdünger). Nehmen Sie die Anpflanzung im Winter vor, dann sollten Sie mit dem Düngen bis zum Frühjahr warten. Wässern Sie gründlich und tragen Sie anschließend eine ca. 5 cm dicke Mulchschicht aus organischen Stoffen auf, zum Beispiel aus Rindenschnitzeln, Kakaoschalen etc.

Pflanzschemata nach Farbtönen

Ein Pflanzschema, das auf bestimmte Farbtöne abzielt, mag sehr lohnend sein. Auch wenn die Bepflanzung ganzer Rabatten nach diesem Schema in einem kleinen Garten undurchführbar ist, läßt sie sich doch an dieser oder jener Stelle der Rabatte realisieren, oder Sie schaffen sich ein Inselbeet.

Gemischte Rabatte

Die hier vorgeschlagenen Pflanzen bilden den Grundstock für ein Pflanzschema bei einer gemischten Rabatte. Die Palette läßt sich vielfach durch Zwiebelpflanzen oder einjährige Pflanzen noch gut erweitern.

Rote Rabatten sollten Sie in einem kleinen Garten vermeiden. Denn Sie brauchen bei einer solchen Rabatte viel Platz, um die Wirkung von Rot mit kontrastierenden Farbtönen auszugleichen.

Blau und Silber

Agapanthus-Hybriden (Schmucklilie)
Sommergrüne, frostempfindliche Stauden. Hell- bis dunkelblaue Blüten in doldenartigen Blütenständen zur Sommermitte und im Spätsommer. *45 x 75 cm.*

Artemisia absinthium (Wermut, Absinth)
Sommergrüner Halbstrauch mit gefiederten silbergrauen Blättern. Weiße Blüten Anfang bis Mitte Sommer. *1 m x 60 cm.*

Artemisia ludoviciana
Krautige Staude mit silbergrauem Laub. *1 m x 45 cm.*

Ceanothus × burkwoodii (Hybriden der Säckelblume)
Immergrüner Strauch mit hellblauen Blütenrispen; Blüte: Sommer- bis Herbstmitte. *2,4 x 2,1 m.*

Delphinium-Hybriden (Gartenrittersporn)
Staude mit hohen Blütenständen in verschiedenen Blautönen. *1,8 m x 60 cm.*

Festuca glauca (Blauschwingel)
Gras in dichten Büscheln aus blaugrauen Blättern. *23 x 23 cm.*

Hibiscus syriacus 'Blue Bird' (Roseneibisch)
Sommergrüner Strauch mit lilablauen Blüten. Blüte: vom Spätsommer bis zur Herbstmitte. *2,4 x 2,4 m.*

Links: *Säckelblumen* (Ceanothus) *pflegen sehr hoch zu wachsen. Sie eignen sich als Hintergrund einer blauen Rabatte. In dieser Gattung gibt es sowohl sommergrüne wie immergrüne Arten.*

Unten links: *Mit graublättrigen Pflanzen lassen sich die Lücken zwischen blaublühenden Blumen schließen (hier* Artemisia ludoviciana).

Nepeta × faassenii (Hybriden der Katzenminze)
Staude mit lilablauen, quirlständigen Blüten im Sommer und graugrünen Blättern. *45 x 45 cm.*

Perovskia atriplicifolia
Halbstrauch mit langen, endständigen violettblauen Blüten im Spätsommer bis zum Frühherbst und mit graugrünen Blättern. *1,2 m x 45 cm.*

Oben: *Rittersporn* (Delphinium) *gehört zu den schönsten blaublühenden Rabattenpflanzen.*

Santolina chamaecyparissus
Immergrüner Strauch mit silbrigen, wollig behaarten Blättern und kleinen gelben Blüten zur Sommermitte. *45 x 45 cm.*

Senecio 'Sunshine' (syn. *Brachyglottis* 'Sunshine', Greiskraut)
Immergrüner Strauch mit silbergrauem Laub und gelben Korbblüten Mitte und Ende des Sommers. *1 x 1,2 m.*

Stachys lanata (syn. *Stachys byzantina* oder *Stachys olympica*, Wollziest)
Nahezu immergrüne, krautige mehrjährige Pflanze mit kräftigen, weißfilzigen Blättern und purpurrosa Blüten zur Sommermitte. *30 x 30 cm.*

LINKS: *Hartheu* (Hypericum calycinum) *kann in einer gemischten Anpflanzung die anderen Blumen überwuchern. Es eignet sich aber vorzüglich für solche Standorte, die sich durch einen kräftigen Farbton vorteilhaft aufhellen lassen.*

UNTEN: *Die Taglilie* (Hemerocallis) *gibt es in verschiedenen Farbtönen, darunter befinden sich auch viele goldfarben blühende Sorten wie zum Beispiel 'Dutch Beauty'.*

Gelb und Gold

Achillea filipendulina (Goldene Tellergarbe)
Staude mit flachen, goldgelben Blüten (Mitte bis Ende Sommer). *1 x 1 m.*

Alyssum saxatile (Schwefelsteinrich)
Immergrüne, strauchartige Staude mit gelben Blüten Mitte und Ende des Frühjahrs. Graugrüne Blätter. *30 x 45 cm.*

Anthemis tinctoria (Färberkamille)
Staude mit gelben, margeritenähnlichen Blüten von Früh- bis Spätsommer. Die Sorte 'E. C. Buxton' hat zitronengelbe, 'Grallagh Gold' tief goldgelbe Blüten. *75 x 45 cm.*

OBEN: Achillea filipendulina *'Gold Plate', eine der Basispflanzen für gelbe Rabatten.*

Berberis thunbergii 'Aurea' (Heckenberberitze)
Sommergrüner Strauch mit gelben Blüten zur Frühjahrsmitte und roten Beeren im Herbst. *1,2 x 1,2m.*

Choisya ternata 'Sundance' (Orangenblume)
Immergrüner Strauch, der in einer geschützten Lage angebaut werden sollte. Er blüht weiß von Mitte bis Ende des Frühjahrs. *1,5 x 1,5 m.*

Forsythia × intermedia
Sommergrüner Strauch mit gelben Blüten von Anfang bis Mitte des Frühjahrs. *2,4 x 2,1 m.*

Hemerocallis-Hybriden (Taglilie)
Staude; es gibt zahlreiche gelbblühende Sorten mit einer den Sommer über währenden Blütezeit. *1 m x 75 cm.*

Hypericum 'Hidcote' (Johanniskraut)
Immergrüner bis halbimmergrüner Strauch mit großen gelben Blüten von der Sommermitte bis zum Frühherbst. *1,5 x 1,5 m.*

Ligustrum ovalifolium 'Aureum' (Heckenliguster)
Immergrüner oder halbimmergrüner Strauch mit grünem und goldfarbenem Laub. *2,4 x 2,4 m* (läßt sich für einen kompakten Wuchs zurückschneiden).

Lonicera nitida 'Baggesen's Gold' (Immergrüne Heckenkirsche)
Immergrüner Strauch mit goldfarbigem Laub. *1,2 x 1,8 m.*

Philadelphus coronarius 'Aureus' (Gartenjasmin)
Sommergrüner Strauch mit gelben Blättern (können durch starkes Sonnenlicht verdorren; verfärben sich gegen Sommerende grün). Weiße Blüten von Frühjahrsende bis Sommeranfang. *2,4 x 1,8 m.*

Potentilla fruticosa (Fünffingerstrauch)
Sommergrüner Strauch. Es gibt viele Sorten mit gelben Blüten. Blütezeit: den ganzen Sommer über. *1,2 x 1,2 m.*

Solidago-Hybriden (Goldrute)
Staude mit verzweigten Blütenständen aus goldgelben Blüten vom Spätsommer bis zum Frühherbst. *30 cm-1,5 m x 30-60 cm,* je nach Sorte.

Wertvolle immergrüne Pflanzen

Ein Pflanzschema, das nur immergrüne Pflanzen vorsieht, dürfte langweilig wirken. Hier sind Kontraste und Akzente vonnöten. Wer wollte schon auf den Anblick des knospenden Grüns verzichten oder auf den farbenprächtigen Schlußakkord, den viele Sträucher im Herbst zu setzen verstehen? Aber ohne die immergrünen Pflanzen kann der Garten für einige Zeit im Jahr ebenso langweilig sein. Sie müssen also zwischen diesen Extremen vermitteln, um den Garten ganzjährig interessant zu machen.

Bestücken Sie gemischte Rabatten immer auch mit immergrünen Pflanzen, damit die Pflanzung auch im Winter kräftige Grüntöne aufweisen kann. Es mag auch Sinn machen, eine Fläche Ihres Gartens für immergrüne Pflanzen zu reservieren – dabei wird eine Kombination aus Heidekraut und Zwergkoniferen ihre Wirkung nicht verfehlen. Auch ein immergrünes Gehölz auf der Rasenfläche kann ungemein effektvoll sein.

Ein Pflanzschema aus immergrünen Arten und Sorten verlangt eine Kombination aus verschiedenen Grüntönen. Denken Sie auch an die eine oder andere Pflanze mit panaschiertem Laub.

Aucuba japonica
Große, glänzende Blätter. Die Blüten sind eher unscheinbar, aber die roten Beeren können überaus belebend wirken. Wählen Sie eine Sorte mit panaschiertem Laub. *1,8 x 1,8 m.*

Berberis darwinii
Kleine Blätter, sehr dekorativ durch viele kleine orangegelbe Blüten (Blütezeit: Mitte bis Ende des Frühjahrs). Benötigt Winterschutz. *2,4 x 2,4 m.*

Bergenia-Hybriden (Bergenie)
Immergrüne, nicht verholzende Staude, sehr nützlich als Bodendecker vor Sträuchern. Sie weist große, gerundete Blätter auf, die im Winter häufig rote oder purpurne Farbtöne annehmen. Im Frühjahr rosa, rote oder weiße Blüten. *30 x 60 cm.*

Camellia-Hybriden (Kamelie)
Glänzende Blätter und einfache oder gefüllte Blüten, überwiegend in rosa, roten oder weißen Farbtönen. Frostempfindlich. *2,4 x 1,8 m.*

OBEN: *Die Schneeheide* (Erica carnea *'Myretoun Ruby') ist eine im Winter blühende Pflanze.*
FOLGESEITE: *Zur Gattung Strauchveronika* (Hebe) *gehören viele kompakt wachsende Sorten. Diese* Hebe × franciscana *'Variegata' eignet sich selbst für das kleinste Beet.*
LINKS: *Immergrüne Pflanzen besitzen den Vorzug, daß sie das ganze Jahr über ihre Wirkung entfalten; hier ist die Buntlaubige Ölweide* Elaeagnus pungens *'Maculata' mit der* Hebe pinguifolia *'Pagei' zu sehen.*

Ceanothus × 'burkwoodii' und *Choisya ternata* 'Sundance'
Siehe Pflanzschemata nach Farbtönen.

Cotoneaster dammeri
Kriechende, niederliegende Pflanze, die sich im Vordergrund vor anderen Sträuchern gut macht. Kleine Blätter und weiße Blüten im Frühsommer; rote Beeren im Herbst und Winter. *5-8 cm x 1,5 m.*

Elaeagnus pungens 'Maculata' (Buntlaubige Ölweide)
Grüne Blätter mit gelber Färbung in der Mitte; entfaltet eine bestechende Wirkung im Winter bei Sonne. *2,4 x 2,4 m.*

Erica (Glockenheide)
Es gibt sehr viele Arten und Sorten – halten Sie vor allem nach Sorten der Schneeheide (*Erica carnea*) und nach *Erica × darleyensis* Ausschau; beide blühen im Winter und vertragen gut kalkhaltige Böden. *30 x 60 cm.*

Escallonia macrantha (Escallonie)
Kleine Blätter, rosafarbene oder rote Blütentrauben im Sommer. *1,8 x 1,8 m.*

Euonymus fortunei (Spindelstrauch)
Kriechender oder kletternder Strauch. Wählen Sie eine der buntblättrigen Sorten wie 'Emerald'n Gold' (Grün und Gold). Am Boden *30 cm x 1,2 m.*

Hebe (Strauchveronika)
Strauchveroniken vermitteln einen dekorativen Gesamteindruck und haben häufig hübsche Blüten sowie farbenprächtige oder panaschierte Blätter. Sie können von *30 cm bis 1,2 m* groß werden (je nach Sorte auch ebenso breit). Es gibt winterharte Sorten, andere sind nur eingeschränkt winterhart und überleben einen strengen Frost nicht. Erkundigen Sie sich nach Sorten, die in Ihrer Gegend noch zuverlässig winterhart sind.

Ilex (Stechpalme)
Die Stechpalme zählt zu den beliebtesten Pflanzen. Wählen Sie für einen kleinen Garten eine Sorte, die als Busch erzogen werden kann, oder eine buntblättrige wie 'Golden King' oder 'Golden Queen' (die erste ist weiblich und bringt Beeren hervor). *3 x 2,4 m.*

Lonicera nitida 'Baggesen's Gold'
Siehe Pflanzschemata nach Farbtönen.

Mahonia 'Charity' (Mahonie)
Trauben mit duftenden gelben Blüten; Anfang bis Mitte Winter. *2,4 x 1,8 m.*

Phormium-Hybriden (Neuseeländer Flachs)
Hohe, schwertförmige Blätter, vom Boden ausgehend. Je nach Sorte in der Regel cremefarben panaschiert oder mit Farbschattierungen in Rosa oder Purpur. In Gegenden, in denen starke Fröste auftreten, nur eingeschränkt winterhart. Erkundigen Sie sich daher bei Ihrem Fachhändler, welche Sorten für Ihren Garten in Frage kommen. *1,2-1,8 m x 1-1,2 m.*

Rosmarinus officinalis (Rosmarin)
Graugrüne, duftende Blätter und kleine blaue Blüten im Frühjahr. 1,8 x 1,5 m.

Santolina chamaecyparissus
Siehe Pflanzschemata nach Farbtönen.

Senecio 'Sunshine'
Siehe Pflanzschemata nach Farbtönen.

UNTEN: *Der in Blüte stehende Rosmarin ist sehr dekorativ; seine Blütezeit beginnt in milden Lagen oft bereits im Spätwinter.*
LINKS: *Stechpalmen wachsen langsam, so daß sich für sie immer ein Plätzchen finden wird (hier:* Ilex aquifolium *'Aurea Marginata').*

Viburnum tinus (Zwergschneeball)
Grüne bis tiefgrüne Blätter; ordentlich wachsender Busch mit weißen Blüten (einige Sorten rosafarben) vom Spätherbst bis Anfang Frühjahr. *2,4 x 1,8 m.*

Yucca filamentosa 'Variegata'
Schwertförmige Blätter mit cremefarbener Umrandung. Große glockenförmige Blüten an hohen Ähren zur Mitte und zum Ende des Sommers. *1,2 x 1 m.*

ZWERGKONIFEREN

Ein Fachgeschäft dürfte eine Vielzahl von Zwergkoniferen im Sortiment haben, mit einer großen Bandbreite von Farbschattierungen, Formen und Größen. Die Zahl der Züchtungen ist inzwischen unüberschaubar. Am besten lassen Sie sich von einem Katalog leiten, dem Sie entnehmen können, wie groß die Gehölze nach etwa 15 Jahren sein werden. Erst dann stellen Sie die Auswahl für Ihr Pflanzschema zusammen.

Farben für die kalte Jahreszeit

Die immergrünen Pflanzen sind das (nicht immer sehr elegante) Winterkleid Ihres Gartens. Streuen Sie zwischen diese Pflanzen deshalb solche ein, deren Blüte und Früchte zwar von kurzer Dauer sind, für die es im Beet oder in der Rabatte aber keinen Ersatz gibt.

Bei vielen Pflanzen ist die Intensität und Farbenpracht der Blätter im Herbst so kräftig wie bei anderen die Blüte. Dennoch lohnt es sich, auch einige im Herbst blühende Pflanzen zu berücksichtigen. Ein kleines, aber gut plaziertes Ensemble aus spätblühenden Pflanzen verlängert den Sommer in Ihrem Garten.

Denken Sie auch an die winterliche Farbenpracht, die Ihnen Pflanzen mit interessanter Rinde oder hübschen Zweigen bescheren können.

Chimonanthus praecox (Winterblüte)
Sommergrüner Strauch. Duftende gelbe Blüten an nackten Zweigen im Winter. *2,4 x 2,4 m.*

Chrysanthemum (Chrysantheme)
Halten Sie nach spätblühenden Sorten Ausschau. Einige haben eine Blütezeit vom Spätherbst bis zum Winterbeginn. Die Höhe variiert je nach Sorte. Befragen Sie Ihren Fachhändler oder ziehen Sie einen Fachkatalog zu Rate.

Colchicum speciosum (Herbstzeitlose)
Knolle mit großen, krokusähnlichen, einfachen oder gefüllten Blüten, meist rosa- und malvefarben (Blüte im Herbst). Das Laub erscheint nicht vor dem Frühjahr. *15 x 25 cm.* Mit ihren Blättern kann sie doppelt so groß sein.

Cornus mas (Kornelkirsche)
Sommergrüner Strauch oder kleiner Baum mit einer Vielzahl kleiner, gelber Blüten an nackten Zweigen im Spätwinter und zeitigen Frühjahr. *3 x 2,4 m.*

Crocus speciosus (Persischer Prachtkrokus)
Knolle mit typischen dunkelblauen Blüten zur Herbstmitte. *10 x 8 cm.*

Crocus tommasinianus
Stengelknolle mit einer Blütezeit zwischen Wintermitte und zeitigem Frühjahr. Sie weist typische lavendellila Krokusblüten auf. *8 x 8 cm.*

Cyclamen coum (Spätwinter-Alpenveilchen)
Knolle mit sehr kleinen, typischen, nach hinten gebogenen Blütenblättern. Die Blüten sind rosafarben oder weiß. Blütezeit: von Winteranfang bis zum zeitigen Frühjahr. Die Blätter sind häufig silbrig marmoriert. *8 x 15 cm.*

Cyclamen hederifolium (Neapolitanisches Alpenveilchen)
Wie oben beschrieben, mit einer Blütezeit vom Spätsommer bis Frühherbst.

Erica
Siehe Wertvolle immergrüne Pflanzen.

Hamamelis mollis (Lichtmeßzaubernuß)
Duftende, wie Spinnen aussehende gelbe Blüten an nackten Zweigen zur Mitte und gegen Ende des Winters. *2,4 x 2,4 m.*

OBEN: Chrysanthemum *'Ruby Mound'.*

LINKS: *Schon lange vor den Frühjahrskrokussen zeigt* Crocus tommasinianus *seine Blüten. Diese Aufnahme stammt aus dem Spätwinter.*

Helleborus niger (Christrose)
Immergrüne Staude für Rabatten. Weiße Blüten (Mitte Winter). *30 x 45 cm.*

Helleborus orientalis
Immergrüne Staude für die Rabatte. Große weiße, rosa- oder purpurfarbene Blüten vom Spätwinter bis zum zeitigen Frühjahr. *45 x 60 cm.*

Iris unguicularis
Immergrüne Staude für die Rabatte. Große blaue Blüten im Winter und zeitigen Frühjahr. *30 x 45 cm.*

Jasminum nudiflorum (Winterjasmin)
Kletternder oder überhängender Strauch, in der Regel vor einer Mauer oder einem Klettergerüst gezogen. Er bringt hellgelbe Blüten hervor, vom Spätherbst bis zum zeitigen Frühjahr. *2,4 x 2,4 m.*

Mahonia 'Charity'
Siehe Wertvolle immergrüne Pflanzen.

Nerine bowdenii (Guernseylilie)
Hübsche rosafarbene Blüten auf hohem Schaft an blattlosen Stielen vom Spätsommer bis zum frühen Winter. Das Laub tritt im Frühjahr hervor. *60 x 30 cm.*

Prunus subhirtella 'Pendula' (Japanische Zierkirsche)
Kleiner bis mittelgroßer, sommergrüner Baum mit überhängenden Zweigen. Rosafarbene, manchmal weiße Blüten im Frühjahr. *3 x 3 m.*

Sternbergia lutea (Goldkrokus, Gewitterblume)
Zwiebelpflanze, mit krokusähnlichen Blüten zur Herbstmitte. *10 x 10 cm.*

Viburnum × bodnantense 'Dawn' (Schneeball-Hybride)
Sommergrüner Strauch mit kleinen Büscheln aus weißen bis rosafarbenen Blüten an nackten Zweigen vom Herbst bis zum zeitigen Frühjahr. *2,4 x 1,5 m.*

Viburnum tinus
Siehe Wertvolle immergrüne Pflanzen.

LINKS OBEN: Helleborus *blüht im Winter und Frühjahr (hier* Helleborus orientalis).
LINKS: Iris unguicularis *blüht in milden Lagen den ganzen Winter über. Die Pflanzen benötigen erst einige Jahre, bevor sie verschwenderisch zu blühen beginnen.*
UNTEN: Nerine bowdenii *blüht vom Spätsommer bis in den Winter hinein.*

FARBENPRÄCHTIGE ZWEIGE UND STÄMME

Ein Baum als Solitär, der eine dekorative Rinde aufweist und sich am besten auf dem Rasen oder einem anderen offenen Standort macht, kann im Winter zum Blickpunkt werden. Umgeben Sie ihn mit winterblühender Glockenheide (*Erica*). Nahezu immer geeignet sind Birken mit weißer Rinde, zum Beispiel *Betula jacquemontii*. Wenn der Baum sehr klein sein muß, empfiehlt sich die Sandbirke (*Betula pendula* 'Youngii').

Für kleine Gärten sind Sträucher besser geeignet. Besonders schön sind Weißer Hartriegel (*Cornus alba* 'Sibirica', rote Zweige) und Gelber Hartriegel (*Cornus stolonifera* 'Flaviramea', grüne Zweige).

Bei einer Entscheidung zwischen Strauch und Baum können Sie auf die Silberweide (*Salix alba* 'Chermesina') zurückgreifen, eine Weide mit scharlachfarbenen Trieben, wobei eine regelmäßige Entwipfelung erforderlich ist.

Blätter und Beeren im Herbst

Die Herbstfarben werden für einige Wochen ein zusätzliches Schauspiel bieten. Zu dieser Jahreszeit sollte man für jedes Geschenk der Natur im Garten dankbar sein. Die Beeren würzen dann den Augenschmaus. An einigen Pflanzen verbleiben sie bei milden Wintern sogar bis zum Frühjahr.

Amelanchier laevis (Kahle Felsenbirne)
Kleiner sommergrüner Baum oder großer Strauch mit imponierender Herbstfärbung, einer Unzahl von weißen Blüten im Frühjahr; er trägt im Sommer manchmal schwarze Beeren. Die Kupferfelsenbirne (*Amelanchier lamarckii*) weist mit ihm große Ähnlichkeit auf. *3 x 2,4 m.*

Berberis thunbergii (Heckenberberitze)
Sommergrüner Strauch mit gelben Blüten im Frühjahr, korallenroten Beeren und rotem Laub im Herbst. *1,2 x 1,5 m.*

Berberis wilsoniae
Sommergrüner Strauch mit kleinen gelben Blüten zur Sommermitte, korallenroten Beeren und rotem sowie orangefarbenem Laub im Herbst. *1 x 1,2 m.*

Ceratostigma plumbaginoides (Bleiwurz)
Sommergrüner Halbstrauch mit dichten blauen Blütendolden von der Sommermitte bis zum Spätherbst. Die Blätter verfärben sich im Herbst rot. *30 x 45 cm.*

Clerodendrum trichotomum
Großer sommergrüner Strauch mit sternförmigen weißen, duftenden Blüten im Spätsommer, gefolgt von roten Kelchen (bis zur Herbstmitte), die blaue Beeren umschließen. *2,4 x 2,1 m.*

Cornus alba (Weißer Hartriegel)
Sommergrüner, Wurzelausläufer treibender Strauch mit sehr dekorativer Herbstverfärbung der Blätter und mit roten Zweigen im Winter. *2,1 x 2,1 m.*

Cotoneaster horizontalis
(Fächerfelsenmispel)
Sommergrüner Strauch mit niedrigen, flach ausgebreiteten Zweigen (empfehlenswert für den Vordergrund einer Rabatte oder vor einem Zaun bzw. einer Mauer). Kleine, rosaweiße Blüten im Frühsommer, danach rote Beeren. Intensive Herbstverfärbung der Blätter in Rottönen. *60 cm x 1,8 m.*

Oben: *Felsenbirnen werden zumeist wegen ihrer weißen Blüten des Frühjahrs kultiviert; aber sie überraschen mit einer zweiten Farbenpracht, wenn sich die Blätter verfärben (hier:* Amelanchier laevis).

Links: *Der Weiße Hartriegel (*Cornus alba*) ist ein vielseitiger Strauch. Nach seiner prächtigen, aber kurzen Laubverfärbung erfreut er uns noch den ganzen Winter über mit seinen roten Zweigen.*

Fothergilla major (Großer Federbuschstrauch)
Sommergrüner Strauch mit dunkelgrünen Blättern, die vor dem Blattfall orangegelb bis rot werden; im Spätfrühling duftende weiße Blüten. *1,8 x 1,5 m.*

Ilex (Stechpalme)
Siehe Wertvolle immergrüne Pflanzen.

Malus 'John Downie'
Kleiner bis mittelgroßer, sommergrüner Baum; weiße Apfelblüten im späten Frühjahr. Kegelförmige gelbe bis karmesinrote Holzäpfel im Herbst. *6 x 2,4 m.*

Malus tschonoskii
Sommergrüner Baum, der trotz seiner Höhe durch seine schlanke, fast bleistiftförmige Wuchsart gut zu einem kleinen Garten paßt. Weiße, rosafarben getönte Blüten im späten Frühjahr; blaßrote, gelb überhauchte Früchte. Rotes und gelbes Herbstlaub. *6 x 2,1 m.*

Pernettya mucronata
Immergrüner Strauch mit kleinen, spitz zulaufenden, glänzenden Blättern. Unscheinbare weiße Blüten im späten Frühjahr; im Herbst und Winter dichter Fruchtbehang mit Beeren, je nach Sorte in den Farbtönen Rosa, Rot, Purpur und Weiß. Männliche und weibliche Pflanzen müssen für die Fruchtbildung zusammen angebaut werden. *1 x 1,2 m.*

LINKS: *Die meisten Ebereschen* (Sorbus) *werden wegen ihrer roten oder orangefarbenen Beeren angebaut, doch einige warten auch mit weißen oder gelben Beeren auf. Die prächtigen Herbstfarben vor dem Blattfall sind ein zusätzlicher Reiz (hier:* Sorbus *'Joseph Rock').*

Pyracantha 'Orange Glow' (Feuerdorn)
Immergrüner Strauch, der in der Regel vor einer Mauer gezogen wird, aber freistehend ebenso hübsch wirkt. Weiße Blüten im Frühsommer, orangerote Beeren im Herbst und Winter. Es gibt in dieser Gattung noch weitere geeignete Arten und Sorten. *2,4 x 2,4 m.*

Rhus thyphina (Hirschkolbensumach)
Sommergrüner kleiner Baum oder großer Strauch. Große, unpaarig gefiederte Blätter, die sich vor dem Blattfall orange bis scharlachrot verfärben. *3 x 3,5 m.*

Skimmia japonica
Immergrüner Strauch mit duftenden, cremeweißen Blüten im Frühjahr; rote Beeren im Spätsommer und Frühherbst. Für die Bestäubung muß man beide Geschlechter kultivieren. *1 x 1 m.*

Sorbus (Eberesche)
Von vielen Arten und Hybriden gibt es kleine oder mittelgroße Bäume mit roten oder gelben Beeren und mit prächtiger Herbstverfärbung, darunter die Art *Sorbus aucuparia* und die Hybriden *Sorbus* 'Embley' sowie *Sorbus* 'Joseph Rock'.

OBEN: *Sorten von* Pernettya mucronata *gibt es mit rosafarbenen, roten, sogar mit weißen Beeren (hier: 'Mulberry Wine').*
RECHTS: *Skimmien tragen ihre Beeren sehr lange (hier:* Skimmia japonica *'Nymans').*

Abwechslung mit buntem Laub

Wo Blüten selten sind oder fehlen, wird eine Rabatte mit Pflanzen, die panaschiertes Laub aufweisen, aufgehellt. Wenn kaum noch etwas blüht, schlägt die Stunde der immergrünen Pflanzen.

Setzen Sie die Pflanzen mit panaschiertem Laub nicht zu dicht zusammen, besser zwischen solche mit rein grünen Blättern. Erst vor diesem Hintergrund entfaltet sich der Vorteil mehrfarbiger Blätter.

Aralia elata 'Variegata' (Japanische Aralie)
Sommergrüner Strauch oder kleiner Baum. Die Blättchen besitzen eine cremeweiße Umrandung und Zeichnung ('Aureovariegata' hat einen breiten, unregelmäßigen Goldrand). Im Spätsommer und Frühherbst treten weiße Blüten hervor. *3 x 2,1 m.*

Arundinaria viridistriata (Gelbbunter Büschelbambus)
Halbstrauch. Dunkelgrüne Blätter mit breiten gelben Streifen. Die Stengel sind purpurn bis grün. *1 m x 60 cm.*

OBEN: Hosta fortunei *'Albopicta'.*
UNTEN: *Nur wenige buntblättrige Bäume kommen in Frage (hier:* Aralia elata *'Variegata').*

Aucuba japonica (Sorten mit mehrfarbigen Blättern)
Siehe *Wertvolle immergrüne Pflanzen.*

Buxus sempervirens 'Aureovariegata' (Gewöhnlicher Buchsbaum)
Immergrüner Strauch mit schmalen Blättern, die hellgelb gestreift, gesprenkelt oder gefleckt sind. Die Sorte 'Elegantissima' besitzt unregelmäßig geformte cremeweiße Blattränder. *1,2 x 1 m.*

Carex morrowii 'Evergold' (Immergrüne Japansegge)
Horstbildend, mit grasähnlichen Blättern, längs der Mitte gelb gestreift. *25 x 30 cm.*

Cornus alba 'Elegantissima' (Weißer Hartriegel)
Sommergrüner, Schößlinge treibender Strauch mit roten Zweigen und Blättern, die weiß umrandet und gesprenkelt sind. Bei der Sorte 'Spaethii' sind die Blätter golden gezeichnet. *2,1 x 1,8 m.*

Elaeagnus × ebbingei 'Limelight'
Immergrüner Strauch. Große grüne Blätter mit einem tiefgelben Fleck in der Mitte. *2,4 x 2,1 m.*

Elaeagnus pungens 'Maculata'
Siehe Wertvolle immergrüne Pflanzen.

Euonymus fortunei (buntblättrige Sorten)
Siehe Wertvolle immergrüne Pflanzen.

Fuchsia magellanica 'Versicolor' (Scharlachfuchsie)
Sommergrüner Strauch mit kleinen, fuchsientypischen Blüten vom Sommer bis Herbst. Zeichnung der Blätter in Graugrün, Weiß, Gelb und Rosa. Mit Ausnahme sehr kalter Lagen winterhart. *1,2 x 1 m.*

Hebe × franciscana 'Variegata'
Immergrüner Strauch, für kalte Lagen nicht geeignet. Kleine, rundliche Blätter mit cremefarbenem Rand und malveblauen Blüten im Sommer. *60 x 60 cm.*

OBEN: Pachysandra terminalis *ist als Bodendecker sehr zu empfehlen. Die Art mit rein grünen Blätter wirkt unscheinbar. Greifen Sie auf die Sorte 'Variegata' zurück.*

LINKS: Houttuynia cordata *'Chameleon'.*

UNTEN: Vinca minor *'Variegata'.*

Hosta (Funkie, viele Sorten mit bunten Blättern)
Krautige Staude. *30-60 cm x 30-75 cm.*

Houttuynia cordata 'Chameleon'
Staude mit selten schönem herzförmigen Laub, gezeichnet in Tönen aus Gelb, Grün, Bronze und Rot. Kleine weiße Blüten im Sommer.
30 x 45 cm.

Hypericum × moserianum 'Tricolor' (Johanniskraut 'Moser')
Immergrüner Strauch. Goldgelbe Blüten mit etwa 5 cm Durchmesser von der Sommer- bis zur Herbstmitte. Grüne und weiße, am Rand rosafarbene Blätter.
60 x 60 cm.

Ilex (buntblättrige Sorten)
Siehe Wertvolle immergrüne Pflanzen.

Iris pallida 'Variegata' (Dalmatinische Iris)
Schwertförmige Blätter, die, solange die Pflanze noch jung ist, grün und gelb gestreift bleiben und mit zunehmendem Alter ein dunkleres Grün annehmen. Blaue Blüten im Frühsommer. Sie gilt eigentlich als Sumpfirisart, gedeiht aber auch in einer normalen Rabatte, vorzugsweise in feuchtem Boden.
1 m x 60 cm.

Ligustrum (buntblättrige Sorten)
Siehe Pflanzschemata nach Farbtönen.

Pachysandra terminalis 'Variegata' (Ysander)
Immergrüner Halbstrauch; grüne und weiße Blätter. Unscheinbare weißgrüne Blüten im späten Frühjahr. *30 x 45 cm.*

OBEN: *In Staudenrabatten sind mehrfarbige Blätter wichtig (hier:* Iris pallida *'Variegata').*

Phormium (Neuseeländer Flachs)
Siehe Wertvolle immergrüne Pflanzen.

Salvia officinalis 'Icterina' (Gartensalbei)
Immergrüner Strauch mit graugrünen, gelb gefleckten Blättern. *60 x 60 cm.*

Vinca minor 'Variegata' (Kleines Immergrün)
Immergrüner, niederliegender Strauch; grüne und cremeweiße Blätter. Die Blüten blaß malvefarben. *20 x 60 cm.*

Weigela florida 'Variegata'
Sommergrüner Strauch. Die Blätter sind cremigweiß umrandet. Im Frühsommer rosafarbene Blüten. *1,5 x 1,2 m.*

Yucca gloriosa 'Variegata'
Siehe Wertvolle immergrüne Pflanzen.

Lösungen mit schnellwachsenden Pflanzen

Einjährige Pflanzen lösen Probleme im nu – die meisten blühen schon beim Kauf. Stauden können sich schon nach einem Jahr eindrucksvoll entfalten, aber Sträucher brauchen eine lange Zeit. Doch das trifft nicht auf alle Sträucher zu. Wenn Ihre Rabatte schon nach drei Jahren fertig aussehen soll, statt nach fünf bis zehn, entscheiden Sie sich für die hier empfohlenen Pflanzen.

Selbst schnellwachsende Pflanzen werden in den ersten Jahren noch nicht die Lücken schließen. Bei gemischten Rabatten können Sie sich durch die Anpflanzung schnellwachsender Stauden behelfen, bei einer Rabatte aus Sträuchern sollten Sie mit buschigen einjährigen Pflanzen nachhelfen.

Vergessen Sie nicht, daß einige Sträucher, für deren schnelles Wachstum Sie dankbar sind, auch dann noch weiterwachsen, wenn Ihnen der Wuchs längst reicht. Die Angaben über die annähernde Größe und Ausdehnung der hier beschriebenen Pflanzen beziehen sich auf ihre Größe nach drei Jahren (auch wenn viel von der Bodenbeschaffenheit und dem Klima abhängt). Sie sind auch nach zehn Jahren noch nicht wesentlich größer, vertragen aber ausgereift einen harten Rückschnitt.

Zum Beispiel dankt es Ihnen *Buddleia davidii* mit schönerem Wuchs, wenn Sie sie jedes Frühjahr hart zurückschneiden.

Die nachstehende Liste ist nur eine Auswahl an schnellwachsenden Pflanzen.

LINKS: *Robust, niedrig sowie schnellwachsend und mit zahlreichen Blüten, das sind die Vorzüge des Färberginsters* (Genista tinctoria), *die Sie vielleicht sogar zu Ihrer Lieblingspflanze machen (hier: die Sorte 'Royal Gold').*

Aucuba japonica
Siehe Wertvolle immergrüne Pflanzen.

Buddleja davidii
Sommergrüner Strauch mit duftenden, meist lilablauen Blütenrispen von der Sommer- bis zur Herbstmitte. Sorten mit Farbtönen in Rot, Purpur und Weiß erhältlich. *2,4 x 1,5 m.*

Caryopteris × clandonensis (Hybride der Bartblume)
Sommergrüner Strauch mit schmalen, oben tiefgrün glänzenden, unten graugrünen Blättern. Rispen aus hellblauen Blüten im Spätsommer und Frühherbst. *1 m x 60 cm.*

Choisya ternata
Siehe Pflanzschemata nach Farbtönen.

Cistus × corbariensis
Immergrüner Strauch. Am Rand gewellte Blätter von eher fadem Grün; weiße Blüten mit gelber Markierung am unteren Ende jedes Blütenblatts. Blütezeit: spätes Frühjahr bis Frühsommer. *75 x 60 cm.*

Cytisus × kewensis (Zwergelfenbeinginster)
Sommergrüner, flach wachsender Zwergstrauch mit vielen blaßgelben, kugelförmigen, kleinen Blüten im späten Frühjahr. *45 cm x 1 m.*

UNTEN: *Hartheu* (Hypericum calycinum) *wächst schnell und breitet sich ebenso rasch aus. Aber wo sich diese Eigenschaften nachteilig auswirken könnten, sollten man auf diese Pflanze verzichten. Die Blüten sind groß und sehr hübsch.*

OBEN: Leycesteria formosa *wächst schnell und ist ein Lieblingsschmaus für Vögel, die es auf die purpurfarbenen Beeren abgesehen haben.*
RECHTS: *Weigelien gibt es in vielen Farben, meist dominieren Rosa- und Rottöne. Da sie schnell wachsen und früh zu blühen beginnen, sind sie in jedem Fall eine gute Wahl.*

Erica carnea
Siehe Wertvolle immergrüne Pflanzen.

Fuchsia magallanica
Siehe Abwechslung mit buntem Laub.

Genista tinctoria (Färberginster)
Sommergrüner Strauch; tiefgelbe, kleine Blüten den Sommer über. *75 x 60 cm*, häufig jedoch von veränderlicher Größe.

Hebe 'Midsummer Beauty' (Strauchveronika)
Immergrüner Strauch, die blaßgrünen Blätter an der Unterseite leicht rötlich. Verzweigte Blütenstände mit lavendel- bis purpurfarbenen Blüten von der Sommer- bis zur Herbstmitte. In kalten Lagen nicht zuverlässig winterhart. *1 x 1 m.*

Hypericum calycinum (Hartheu)
Immergrüner Strauch mit großen gelben, schalenförmigen Blüten den Sommer über. Kann wuchernd sein. *45 x 60 cm.*

Lavandula (Lavendel, zahlreiche Sorten)
Immergrüner Strauch mit graugrünen Blättern und Blüten in den Schattierungen Blau und Purpur. *60 x 60 cm.*

Leycesteria formosa (Buntdachblume)
Sommergrüner Strauch mit bambusähnlichen Rohren; bildet einen Horst. Die Trauben bildenden weißen Blüten werden von bordeauxfarbenen Tragblättern umschlossen. Danach purpurfarbene Beerenfrüchte. *1,5 x 1 m.*

Lupinus arboreus (Baumlupine)
Kurzlebiger sommergrüner Strauch. Laub und Blütenähren ähneln den krautigen Lupinen; sie haben aber weniger Blüten (leicht duftend). Meist mit gelben, seltener mit lila- bis purpurfarbenen oder blauen Blüten. Gut an warmen, trockenen Standorten. *1,2 x 1 m.*

Mahonia 'Charity'
Siehe Wertvolle immergrüne Pflanzen.

Philadelphus coronarius 'Aureus'
Siehe Pflanzschemata nach Farbtönen.

Potentilla fruticosa
Siehe Pflanzschemata nach Farbtönen.

Senecio 'Sunshine'
Siehe Pflanzschemata nach Farbtönen.

Spiraea × bumalda (zahlreiche Sorten)
Reich verzweigter, sommergrüner Strauch. In der Regel flache, karmesinrote Blüten in Schirmrispen im Spätsommer. *75 x 45 cm.*

Weigela-Hybriden (Weigelie)
Sommergrüner Strauch; röhrenförmige Blüten, meist Rot und Rosa im späten Frühjahr und Frühsommer. *1,8 x 1,5 m.*

UNTEN: Spiraea × bumalda *(syn.* Spiraea japonica*). Hier die Sorte 'Anthony Waterer'.*

Pflegeleichte Pflanzen

Viele Gartenliebhaber können nur wenig Zeit für ihren Garten erübrigen. Wenn Sie nicht nur Mühe, sondern auch Kosten sparen wollen, die das Austauschen der lediglich kurzblühenden Pflanzen mit sich bringt, kultivieren Sie am besten winterharte Stauden und Sträucher. Bei arger Zeitnot sollten Sie nur anspruchslose Pflanzen setzen, die kaum einen Rückschnitt benötigen.

Die meisten Sträucher müssen nur gelegentlich zurückgeschnitten werden, zum Beispiel, um einen abgestorbenen oder erkrankten Trieb zu entfernen oder um den Wuchs zu korrigieren. Und bei Stauden können Sie nicht umhin, sie früher oder später herauszunehmen bzw. zu teilen. Die hier aufgelisteten Pflanzen können Sie aber unbesorgt für viele Jahre in Ruhe lassen. Sie gedeihen auch ohne besondere Pflege und werden dennoch kaum unkontrolliert wachsen.

Aucuba japonica
Siehe Wertvolle immergrüne Pflanzen.

Berberis thunbergii (Heckenberberitze)
In vielen Sorten erhältlich, auch mit purpur- und goldfarbenem Laub. Form und Größe hängen stark von der jeweiligen Sorte ab: Beispielsweise ist *Berberis thunbergii* 'Bagatelle' ein Zwergstrauch von rundlichem Wuchs mit kupferroten Blättern, der gewöhnlich weniger als *45 cm* hoch und breit wird; die Sorte 'Helmond Pillar' ist hingegen tief purpurfarben, wächst aber schmal und säulenförmig bis zu einer Höhe von etwa *1,2 m* (mit nur ca. *30 cm* Breite).

Bergenia-Hybriden (Bergenie)
Siehe Wertvolle immergrüne Pflanzen.

OBEN: Cotoneaster horizontalis *eignet sich als Bodendecker oder Kletterer.*

OBEN: Cotinus coggygria *wird wegen seiner wollig scheinenden Blüten Perückenstrauch genannt. Er wächst zu einem recht großen Strauch heran, benötigt aber kaum Pflege.*

Choisya ternata (Orangenblume)
Sowohl grüne wie goldfarbene Sorten (*siehe* Pflanzenschemata nach Farbtönen) sind pflegeleicht, wenn sie vor kalten Winterwinden geschützt werden.

Cornus stolonifera 'Flaviramea' (Gelber Hartriegel)
Sommergrüner Strauch. Vor dem Blattfall färbt sich das grüne Laub gelb. Gelblichgrüne Zweige im Winter. *1,8 x 1,8 m.*

Cotinus coggygria (Perückenstrauch)
Sommergrüner Strauch. Rund in der Wuchsform, besitzt er blaßgrüne Blätter (es gibt auch Sorten mit purpurfarbenen Blättern), die sich im Herbst prächtig verfärben. Federartige Rispen mit purpur- oder rosafarbenen Blüten zur Sommermitte. *2,4 x 2,4 m.*

Cotoneaster (Zwergmispel)
Es gibt Bodendecker und Sträucher, die *3 m* und höher werden können. *Cotoneaster horizontalis* (*siehe* Blätter und Beeren im Herbst) und die Fächerfelsenmispel (*Cotoneaster dammeri, siehe* Wertvolle immergrüne Pflanzen) sind beliebte Bodendecker.

Elaeagnus pungens 'Maculata'
Siehe Wertvolle immergrüne Pflanzen.

Erica carnea
Siehe Wertvolle immergrüne Pflanzen.

Fatsia japonica (Zimmeraralie)
Immergrüner Strauch mit großen, handförmigen, glänzend grünen Blättern (es gibt eine buntblättrige Sorte). Weiße, kleine Blüten in Dolden, die zur Herbstmitte gebildet werden. Da frostempfindlich, nur als Kübelpflanze geeignet. *2,4 x 2,4 m.*

Griselinia littoralis
Immergrüner Strauch mit blaßgrünen Blättern (es gibt auch Sorten mit buntem Laub). Für kalte Lagen nicht geeignet; wächst sehr langsam. *3 x 3 m.*

Hebe
Siehe Wertvolle immergrüne Pflanzen.

Hemerocallis-Hybriden
Siehe Pflanzschemata nach Farbtönen.

Hibiscus syriacus (Roseneibisch)
Siehe auch Pflanzschemata nach Farbtönen. Über die dort aufgeführten Sorten hinaus gibt es auch solche mit verschiedenen Blau-, Rosa und Weißtönen.

Ilex
Siehe Wertvolle immergrüne Pflanzen.

Kniphofia-Hybriden (Fackellilie)
Krautige Staude mit großen, orangefarbenen oder gelben, kolbenähnlichen Blütenständen. Je nach Sorte kann die Blütezeit vom Frühsommer bis zur Herbstmitte reichen. *60 cm-1,2 m x 60 cm -1,2 m.*

Liriope muscari (Schlangenbart)
Immergrüne Staude mit langen, breiten grasartigen Blättern und Ähren mit malve- bis lilafarbenen Blüten vom Spätsommer bis zur Herbstmitte. Winterschutz erforderlich. *45 x 30 cm.*

Mahonia japonica
Immergrüner Strauch; glänzende, dunkelgrüne, gefiederte Blätter. Duftende, zitronengelbe Blüten von Winterbeginn bis zum zeitigen Frühjahr. *2,4 x 2,4 m.*

Pernettya
Siehe Blätter und Beeren im Herbst.

Potentilla fruticosa
Siehe Pflanzschemata nach Farbtönen.

Ribes sanguineum (Blutjohannisbeere)
Sommergrüner Strauch. Im Frühjahr herabhängende Trauben mit kleinen rosafarbenen oder roten Blüten. *1,8 x 1, 8 m.*

Ulex europaeus (Stechginster)
Immergrüner, dorniger Strauch; trägt im Frühjahr tiefgelbe, einfache oder gefüllte Blüten. Die Blüte kann zwischenzeitlich auch im Winter eintreten. *1,5 x 1,5 m.*

Viburnum davidii (Immergrüner Zwergschneeball)
Strauch mit weißen Blüten im Frühsommer. Es folgen dunkelblaue Beeren, wenn männliche und weibliche Pflanzen zusammenstehen. *1 x 1,2 m.*

Viburnum tinus
Siehe Wertvolle immergrüne Pflanzen.

Yucca (Palmlilie)
Siehe auch Wertvolle immergrüne Pflanzen, doch auch die glattgrüne Art ist als Rabatten- oder auch als Solitärpflanze geeignet.

OBEN: *Fackellilien sind in einer Rabatte »gestandene« Stauden. Nach ihrer Etablierung bilden sie einen großen Horst. Es gibt aber auch kleinere Arten, und die verschiedenen Sorten blühen auch zu verschiedenen Zeiten. Viele Fackellilien müssen in sehr kalten Lagen gut geschützt werden.*

ZU GUTER LETZT: DIE ZWERGKONIFEREN

Die Pflege der Koniferen ist kaum der Rede wert. Wählen Sie für den kleinen Garten Arten oder Sorten mit einem kompakten Wuchs. In einer gemischten Rabatte fügen sich ihre Farben gewöhnlich allerdings nicht so glücklich ein wie die der meisten Sträucher.

Schattenliebende Pflanzen

Schatten gehört zu den alltäglichen Problemen eines kleinen Gartens. Denn es findet sich dort meist keine größere Fläche, die nicht zumindest für einen Teil des Tages im Schatten eines Gebäudes, Grenzzaunes, einer Mauer oder Hecke liegt; manche Flächen liegen fast den ganzen Tag im Schatten. Diese Standorte sind häufig auch noch sehr trocken, weil sie überdies im Regenschatten liegen.

Mit Ausnahme einiger äußerst unwirtlicher Stellen im Garten finden sich aber genügend Pflanzen, die auch an schattigen Plätzen gedeihen und blühen werden. Für solche Lagen müssen Sie den Pflanzen aber im ersten Jahr etwas Starthilfe geben. Der Boden sollte mit organischem Material angereichert werden, zum Beispiel Gartenkompost oder gut verrottetem Stallmist und Dünger; vor allem aber muß der Boden feucht gehalten werden. Vom regelmäßigen Wässern während der trockenen Phasen des ersten Jahres hängt so gut wie alles ab. Danach dürften alle hier aufgeführten Pflanzen von allein zurechtkommen.

Mit einem Sternchen gekennzeichnete Pflanzen sind für trockene Standorte geeignet. Für die anderen gilt das nicht; einige benötigen sogar feuchte Böden.

Ajuga reptans (Kriechender Günsel)
Eine nahezu immergrüne Staude. Es gibt einige Sorten mit panaschiertem oder buntem Laub. Quirlig angeordnete lilablaue Blüten im Frühsommer.
15 x 23 cm.

OBEN: Ajuga reptans *gehört zu den Pflanzen, die sowohl in sonnigen wie auch in schattigen Lagen gedeihen und die sich selbst zwischen Rissen im Wegpflaster ansiedeln. Es gibt viele Sorten mit hübschem bunten Laub.*

OBEN: Astrantia major *ist bei weitem keine aufregende Pflanze, gedeiht aber hervorragend im Schatten.*

Astilbe-Hybriden (Prachtspiere)
Staude mit farnähnlich gefiedertem Laub. Federbüsche mit rosa, weißen oder roten Blüten. *60-90 cm x 45 cm.*

Astrantia major (Große Sterndolde)
Staude mit weißen bis rosa Blüten in gestielten Dolden, im Frühsommer und Sommer. *60 x 45 cm.*

* *Aucuba japonica*
Siehe Wertvolle immergrüne Pflanzen.

* *Bergenia*-Hybriden
Siehe Wertvolle immergrüne Pflanzen.

* *Brunnera macrophylla* (Kaukasusvergißmeinnicht)
Staude. Rauhe, handförmige Blätter; lockere Blütendolden mit vergißmeinnichtähnlichen Blüten im späten Frühjahr und Frühsommer. *45 x 45 cm.*

* *Buxus sempervirens*
Siehe Abwechslung mit buntem Laub.

Camellia
Siehe Wertvolle immergrüne Pflanzen.

Dicentra spectabilis (Tränendes Herz)
Staude mit feingeteiltem Laub. Herzförmige weiße, rote oder rosafarbene Blüten in überhängenden Trauben; Blüte im späten Frühjahr. *45 x 45 cm.*

* *Epimedium perralderianum*
Immergrüne Staude. Die jungen Blätter sind hellgrün mit bronzeroten Zeichnungen und färben sich im Winter kupferbronziert; mit kleinen gelben Blüten im Frühsommer. *30 x 30 cm.*

Helleborus
Siehe Farben für die kalte Jahreszeit.

Hosta
Siehe Abwechslung mit buntem Laub.

Hypericum calycinum
Siehe Lösungen mit schnell wachsenden Pflanzen.

* *Liriope muscari*
Siehe Pflegeleichte Pflanzen.

Lonicera nitida (Immergrüne Heckenkirsche)
Siehe Pflanzschemata nach Farbtönen. Der Vorteil gegenüber der glattgrünen Art besteht bei 'Baggensen's Gold' im Aufhellen eines lichtarmen Standorts.

* *Mahonia aquifolium* (Gewöhnliche Mahonie)
Immergrüner Strauch; große ledrige, gefiederte Blätter. Duftende gelbe Blüten Anfang bis Mitte Frühjahr. *1,2 x 1,2 m.*

* *Pachysandra terminalis*
Siehe Abwechslung mit buntem Laub.

* *Ruscus aculeatus* (Mäusedorn)
Immergrüner Halbstrauch. Kräftige, aufrechte Stengel mit stark zugespitzten Scheinblättern; blüht von Anfang bis Mitte des Frühjahrs. Die roten Beeren erscheinen im Herbst, wenn männliche und weibliche Pflanzen zusammenstehen. Winterschutz erforderlich. *1 x 1 m.*

OBEN LINKS: *Hier heben sich die blauen Blüten des Kaukasusvergißmeinnicht* (Brunnera macrophylla) *von einer goldgelben Konifere ab.*

RECHTS: Sarcococca hookeriana *blüht im Winter, ist aber frostempfindlich. Die Blüten sind unscheinbar, jedoch von betörendem Duft.*

Sarcococca hookeriana und *S. humilis*
Immergrüner Strauch mit schlanken, lanzettlichen Blättern. Stark duftende kleine weiße Blüten im Winter. *60 x 60 cm.*

Saxifraga umbrosa (Porzellanblümchen)
Immergrüne Staude mit grünen Blättern in Rosetten, aus denen reich verzweigte Rispen mit weißrosa Einzelblüten im späten Frühjahr und Frühsommer hervortreten. *30 x 30 cm.*

Skimmia japonica
Siehe Blätter und Beeren im Herbst.

Symphoricarpos albus (Gemeine Schneebeere)
Sommergrüner Strauch mit rosaweißen Blüten in endständigen Ähren vom Sommer bis zum Frühherbst. Murmelgroße weiße Beeren von der Herbst- bis zur Wintermitte. *1,8 x 1,8 m.*

Tiarella cordifolia (Rankenschaumblüte)
Immergrüne Staude mit ahornartigen Blättern, die sich im Winter rötlich färben. Blütenstand in lockeren Trauben mit weißen flaumigen Blüten im späten Frühjahr und zeitigen Sommer. *25 x 30 cm.*

Viburnum davidii
Siehe Pflegeleichte Pflanzen.

Vinca major
Siehe Abwechslung mit buntem Laub.

LINKS: *Die Gemeine Schneebeere ist ein kräftiger Strauch, den man wegen seines wuchernden Wuchses nicht zwischen edlere Pflanzen setzen sollte; sie lohnt sich aber für lange im Schatten liegende Plätze.*

Sonnenliebende Pflanzen

Sonnige Plätze mit feuchten Böden oder solche mit intensiver Sonneneinstrahlung für lediglich einen Teil des Tages bereiten den meisten Pflanzen kaum Probleme. Für ausgesprochene Schattenliebhaber gilt dies natürlich nicht. Wenn der Standort allerdings ganztägig von der Sonne beschienen wird und der Boden gut durchlässig sowie trocken ist, benötigen Sie eigens dafür bestimmte Pflanzen.

Erfreulicherweise sind die Pflanzen, die solche Bedingungen lieben, oftmals auch reichblühend und von leuchtend hellen Farben. Im allgemeinen gilt, daß sich Pflanzen mit gräulichen Blättern gut eignen. Doch wenn Sie im Zweifel sind, lassen Sie sich am besten beraten.

Die meisten der nachfolgend aufgeführten Pflanzen sind an trockene Böden gut angepaßt. Allerdings sollten Sie den Stauden und Sträuchern im ersten Jahr besondere Aufmerksamkeit angedeihen lassen. Sind sie erst einmal angewachsen, dürften sie bei normalen Witterungsbedingungen auch gut gerüstet sein.

Achillea filipendulina
Siehe Pflanzschemata nach Farbtönen.

Agapanthus-Hybriden
Siehe Pflanzschemata nach Farbtönen.

Alyssum saxatile
Siehe Pflanzschemata nach Farbtönen.

Artemisia lactiflora (Edelraute)
Rabatten- und Schnittstaude. Weiße duftende Blüten in Rispen; blüht im Spätsommer und Frühherbst. Bis *1,5 m* hoch.

Buddleja davidii
Siehe Lösungen mit schnellwachsenden Pflanzen.

Caryopteris × clandonensis
Siehe Lösungen mit schnellwachsenden Pflanzen.

Colutea arborescens
Sommergrüner Strauch mit blaßgrünen Blättern und gelben Schmetterlingsblüten in Trauben. Blüte im Sommer, gefolgt von auffallenden Fruchthülsen, die kupferrot werden. *2,4 x 2,4 m*.

Convolvulus cneorum (Silberwinde)
Staude mit silbrig behaarten Blättern. Weiße oder rosa Blüten in Büscheln, von Mai bis September. *60 x 60 cm*.

Cytisus scoparius-Hybriden (Besenginster)
Sommergrüner Strauch mit rutenförmigen Trieben, Blätter dunkelgrün, dreizählig, lanzettlich, behaart; die Blüten sind groß und goldgelb, achselständig entlang der Zweige, von Mai bis Juni. *2,4 x 1,8 m*.

Echinops ritro
Staude mit mittelgroßen, stahlblauen Blüten von Juli bis September; die Blätter sind stachlig und graugrün.

OBEN: Osteospermum-*Arten an heißen, sonnigen Plätzen; hier die Art* Osteospermum jacundum.

GANZ OBEN LINKS: Colutea arboescens *hat auffallende Fruchthülsen und hübsche Blüten.*

GANZ OBEN RECHTS: Helianthemum-*Hybriden lieben heiße, sonnige Plätze; in vielen Farben, vor allem in Rot, Gelb und Rosa.*

FOLGESEITE UNTEN: Phlomis fruticosa *hat leicht filzige Stengel und Blätter, gedeiht aber gut in heißer trockener Umgebung.*

Eryngium variifolium
Immergrüne Staude mit dunkelgrünen, weiß gesprenkelten Blättern. Vom Hoch- bis Spätsommer gräulichblaue Blüten. *60 x 45 cm.*

Genista tinctoria
Siehe Lösungen mit schnellwachsenden Pflanzen.

Hebe
Siehe Wertvolle immergrüne Pflanzen.

Helianthemum-Hybriden
(Sonnenröschen)
Immergrüne Halbsträucher mit grünen oder gräulichen Blättern; sie bringen im späten Frühjahr und Frühsommer eine Vielzahl von kleinen Blüten in roter, orangefarbener, gelber, rosa und weißer Tönung hervor. Eine zweite Blüte später im Jahr ist möglich. *15-23 x 60 cm.*

Kniphofia-Hybriden
Siehe Pflegeleichte Pflanzen.

Lavandula
Siehe Lösungen mit schnellwachsenden Pflanzen.

Nepeta × faassenii
Siehe Pflanzschemata nach Farbtönen.

Osteospermum-Hybriden
Immergrüne Halbsträucher, gelegentlich auch noch *Dimorphotheca* genannt; mit (den ganzen Sommer über) großen gänseblümchenartigen, vorrangig schattenliebenden Blüten in Purpur, Rosa und Weiß. Nicht vollkommen winterhart, doch frostresistent bei mäßig kalten Wintern. *30 x 60 cm.*

LINKS: *Die Große Japanfetthenne hat fleischige, sukkulente Blätter, die diese Pflanze auch gut für heiße trockene Standorte ausstatten.*

Perovskia atriplicifolia
Siehe Pflanzschemata nach Farbtönen.

Phlomis fruticosa
Halbimmergrüner Strauch mit graugrünen Blättern und strahlend gelben Blüten in Quirlen an den Triebspitzen; Blütezeit Früh- bis Hochsommer. *75 cm x 1,2 m.*

Phormium
Siehe Wertvolle immergrüne Pflanzen.

Romneya coulteri (Baummohn)
Halbstrauchartige Staude mit großen weißen Blüten *(10-15 cm)* vom Hochsommer bis Mitte Herbst; für kalte Regionen nicht zu empfehlen. *1,2 x 1,2 m.*

Rosmarinus officinalis
Siehe Wertvolle immergrüne Pflanzen.

Santolina chamaecyparissus
Siehe Pflanzschemata nach Farbtönen.

Sedum spectabile (Große Japanfetthenne)
Staude mit glattem Stengel, fleischigen, gezähnten, breit-ovalen sukkulenten Blättern und dunkelkarminrosa Blüten in schirmartigen Blütendolden; die Sorte 'Stardust' hat weiße Blüten vom Hochsommer bis Frühherbst. *45 x 45 cm.*

Stachys lanata (Silberwollziest)
Siehe Pflanzschemata nach Farbtönen.

Ulex europaeus
Siehe Pflegeleichte Pflanzen.

Yucca
Siehe Wertvolle immergrüne Pflanzen.

EINJÄHRIGE SONNENLIEBENDE PFLANZEN

Die meisten Pflanzen, die bei uns als einjährige gezogen werden, lieben sonnige warme bis heiße Standorte (gilt speziell für solche mit gänseblümchenartigen Blüten). Lassen Sie ihnen viel Sorgfalt angedeihen, ganz besonders, wenn sie von Hause aus sonnenverwöhnt sind und ihre Herkunft der Süden ist.

Pflanzen für den exotischen Garten

Wenn Sie sich einen Garten mit südländischer Flora schaffen wollen, mit weiß getünchten Mauern und heißsonniger Note, benötigen Sie eine Vielzahl von Pflanzen, die diesen Eindruck vermitteln können und zart wirken; doch sie müssen frostresistent sein. Darauf ist unbedingt zu achten.

Einige der hier vorgeschlagenen Pflanzen eignen sich nur für leichte kurze Frostperioden, andere sind uneingeschränkt winterhart.

Natürlich vertragen viele dieser Pflanzen den Standort in einer gewöhnlichen Rabatte, aber die nachfolgend genannten kommen durchweg erst im Ensemble eindrucksvoller Exoten voll zur Geltung.

Wenn Sie in einer kalten Gegend wohnen, aber ein Gewächshaus oder wenigstens eine Veranda haben, pflanzen Sie Ihre empfindlicheren Arten in größere Kübel und stellen sie diese im Winter in den geschützten Bereich.

Arundinaria viridistriata
Siehe Abwechslung mit buntem Laub.

Clianthus puniceus (Neuseeländische Ruhmesblume)
Immergrüne Kletterpflanze mit bis zu *15 cm* langen Fiederblättern und rosa bis scharlachroten, schiffchenartigen Blüten in hängenden Trauben (Frühsommer). Sie kann im Freien nur in milden Klimaten gedeihen; klettert bis *5 m* hoch.

Cordyline australis
Palmenartige Pflanze mit langen Blättern an den Triebspitzen. *Cordyline australis* 'Purpurea' hat bräunlich-purpurfarbene Blätter. Bei milden Wintern ohne strenge Fröste kann sie im Freien bleiben, wo sie gern in einen hohen Baum klettert. Als Kübelpflanze bleibt sie viel kleiner.

Fatsia japonica
Siehe Pflegeleichte Pflanzen.

Gunnera manicata (Riesenrhabarber)
Mit großen Blättern; wirkt im Freien selbst in einem größeren Garten noch riesengroß. Die Pflanze läßt sich aber auch im Kübel ziehen, um so ihre Ausmaße zu kontrollieren. Halten Sie sie feucht; sie benötigt Winterschutz.

Kniphofia-Hybriden
Siehe Pflegeleichte Pflanzen.

Oben: Cordyline australis *'Alberti'*.

Lilium-Hybriden (Lilien)
Setzen Sie Zwiebeln in Töpfe und ziehen Sie sich so Ihre eigene Kultur. Sie können diese Hybriden auch kurz vor der Blüte kaufen. Dann sind sie vielleicht zu kleinem Wuchs erzogen worden und dürften die bessere Kübelpflanze abgeben. Die Höhe dieser Pflanzen variiert stark.

Osteospermum-Hybriden
Siehe Sonnenliebende Pflanzen.

Phormium-Hybriden
Siehe Wertvolle immergrüne Pflanzen.

Rheum palmatum (Medizinalrhabarber)
Zierrhabarber, der in voller Blüte *2,4 m* Höhe erreichen kann. Längliche, tief spitzlappige Blätter und weiße oder rote Blütenrispen im Frühsommer.

Oben: *Schon mit einem Päckchen Samen können Sie beeindruckende Effekte erzielen (hier:* Ipomoea tricolor *'Heavenly Blue').*

OBEN: *Bei mildem Klima kann die Zimmerkalla im Freien gut überwintern.*

GANZ OBEN: *Die stattlichen Blätter des Medizinalrhabarbers wirken sehr exotisch.*

LINKS: *Lilien lassen sich gut in Töpfen ziehen, wenn Sie sich für passende Sorten entscheiden.*

Yucca (Palmlilie)
Siehe Wertvolle immergrüne Pflanzen, aber einfarbige Sorten können ebenso eindrucksvoll sein wie die panaschierten.

Zantedeschia aethiopica (Zimmerkalla)
Staude mit zylindrischen reinweißen Blüten und pfeilförmigen Blättern. Sie kann bei milden Wintern im Freien gezogen werden, gedeiht aber am besten in Kübeln. Der oberirdische Wuchs stirbt im Winter ab.

Einjährige Pflanzen
Einige der einjährigen Gewächshaus- oder Zimmerpflanzen können im Sommer auch ins Freie ausgepflanzt werden.

Unter den Blütenpflanzen bieten die Arten der *Celosia* stets einen besonderen Blickfang, sowohl die federbusch- wie auch die hahnenkammartigen. Ein Ensemble wird gewöhnlich Gelb-, Rot- und Rosatöne einschließen. Die Buntnessel (*Coleus*) gehört wegen ihrer prächtigen Schmuckblätter zu den beliebtesten Topfpflanzen. Sie läßt sich ohne Kostenaufwand problemlos aus Samen ziehen. Mit ihrem bunten Blattwerk ist sie dem tropischen Wunderstrauch (*Codiaeum*) in Pracht und Farbgebung ebenbürtig. Achten Sie darauf, diese überaus schmucke Pflanze behutsam zu akklimatisieren, und pflanzen Sie sie nicht zu früh aus.

Viele der eingeschränkt winterharten Beetkulturen lassen sich aus Samen ziehen – versuchen Sie es einmal mit großen Blütenpflanzen wie zum Beispiel dem Bährenohr (*Arctotis*), das in roten, orangefarbenen und rosa Farbtönen blüht. Die Gattung *Salpiglossis* bietet stets einen exotisch anmutenden Blickfang mit ihren flaumhaarigen Blättern und trompetenförmigen, dunkel geaderten Blüten in Gelb, Rosarot, Purpur sowie Violett.

Von den eingeschränkt winterharten einjährigen Pflanzen sollen auch noch Portulak und Cleome mit (spinnenartigen) Blüten genannt werden. Reservieren Sie auch der Trichterwinde (*Ipomoea tricolor*) einen Platz. Sie hat eine weiße, rote oder blaue Blüte, deren Durchmesser bis zu 10 cm betragen kann.

Bekannte Zimmerpflanzen
Um Ihrer Terrasse zusätzliche Farbtupfer zu geben, wählen Sie blühende Topfpflanzen wie zum Beispiel *Gerbera* oder Zwergchrysanthemen. Diese Pflanzen sind billig und benötigen keine besondere Pflege.

Strukturgebende Pflanzen

Von strukturgebenden Pflanzen zu sprechen bedarf der Erklärung: Gemeint sind Solitäre und Ensembles von Pflanzen, die dem Garten Umriß und Form verleihen können. Sie strukturieren ihn deshalb und erinnern uns an die architektonischen Gestaltungsmerkmale des Gartens.

Lebendige Skulpturen

Vielleicht ist es hilfreich, von »Skulpturen« zu sprechen. Es handelt sich um Pflanzen, die für den Garten strukturgebend sind und Größe und Format deutlich zu erkennen geben. Ein Architekt mag über eine solche Beobachtung erfreut sein, bedeutet dies doch, lebendige Bau- und Gestaltungsmerkmale nun in derselben Weise einsetzen zu können wie die von Menschenhand geschaffenen.

Einige krautige Pflanzen wie etwa die Stachelähre (*Acanthus*) haben sich diesen Ruf erworben. Das Blattwerk der Stachelähre erinnert lebhaft an ein klassisch architektonisches Muster. Auch zeichnet diese Gattung ein so markantes Profil aus, daß sie unter allen gewöhnlichen Pflanzen deutlich herausragt.

Meistens haben wir es in unserem Zusammenhang mit Bäumen und Sträuchern zu tun, die nach Größe und Kontur dominieren können. Setzen sie solche Skulpturen mit Bedacht und nur sparsam ein.

Sind größere Teile Ihres Gartens mit Kies oder Pflastersteinen ausgelegt, können strukturierende Pflanzen das 'Einerlei' eindrucksvoll beleben. Gleiches gilt auch für eine eintönige Rasenfläche.

Acanthus spinosus
Statuenhafte Pflanze mit eingeschnittenen, aufgerichteten, ornamental wirkenden Blättern und weißen sowie malvefarbenen, haubenartig geformten Blüten, die in aufrechten Ähren stehen. Blüte im Hoch- und Spätsommer. *1 x 1 m.*

Angelica archangelica (Erzengelwurz)
Zweijährige Pflanzen oder kurzlebige Stauden mit gefiederten, gezähnten Blättern und von möhrenähnlichem Geruch. Die Wuchsform ist aufrecht und mannshoch; die Blüten stehen in großen grünlichen, dann gelblichweißen Dolden (Juli-August). *2 x 1 m.*

LINKS: Acanthus spinosus *gehört zu den Pflanzen, die sowohl hübsche Blätter aufweisen als auch durch ihre Blüten beeindrucken. Beides ist bei dieser Art gleichermaßen bewundernswert.*

UNTEN: Angelica archangelica *gibt eine stattliche, mannshohe Pflanze ab, mit großen Blättern und kugelförmigen Blüten. Setzen Sie diese Art an eine exponierte Stelle Ihres Kräutergartens.*

Catalpa bignonioides 'Aurea' (Goldtrompetenbaum)
Sommergrüner Baum mit auffallend großen, hübschen goldgelben, später grünlichgelben Blättern. Grüne Arten sind für den kleinen Garten zu groß; aber 'Aurea' kann als vielstämmig strauchartig erzogene Sorte gekauft werden. *4,5 x 4,5 m.*

Cordyline australis
Siehe Pflanzen für den exotischen Garten.

Cornus controversa 'Variegata' (Pagodenhartriegel)
Ein kleiner Baum mit weit ausgebreiteten, quirlförmig angeordneten Ästen. Die Blätter haben einen auffallenden, silbrig getönten Rand. *4,5 x 4,5 m.*

LINKS: *Der Stechapfel, dessen botanische Bezeichnung heute meist* Brugmansia *(statt* Datura*) ist, gilt als ideal für die Sommer-Veranda. Diese Staude muß vor Winterfrösten geschützt werden.*

RECHTS: *'Charity' ist eine überaus beeindruckende Hybride der Gattung Mahonie mit bemerkenswerten gelben Blütentrauben, die selbst in der kältesten Jahreszeit erstrahlen.*

Crambe cordifolia (Meerkohl)
Staude; sie eignet sich für einen großen Garten; mit Bedacht eingesetzt, wird sie überaus stattlich wirken. Sie trägt tief gebuchtete glänzende Blätter und bringt vom Früh- bis Hochsommer kleine weiße Blüten hervor, die an Schleierkraut erinnern. *1,8 x 1,8 m.*

Datura, syn. *Brugmansia* (Stechapfel)
Empfindliche Staude, die an frostgeschützter Stelle überwintern muß, aber in großen Kübeln gern für den Sommer auf die Veranda gesetzt wird. Sie hat große herabhängende Blätter und trompetenartige, duftende Blüten – meist weiß, aber es gibt auch rote und rosa Varianten. *1,8 x 1,2 m* (als Kübelpflanze).

Fatsia japonica
Siehe Pflegeleichte Pflanzen.

Gunnera manicata
Siehe Pflanzen für den exotischen Garten.

Juniperus virginia 'Skyrocket' (Raketenwacholder)
Konifere. Kann in der Baumschule auch unter dem Namen *Juniperus scopulorum* 'Skyrocket' angeboten werden. Sie hat einen säulenförmigen schmalen Wuchs mit aufrechten, eng anliegenden Ästen und blaugrauen Nadeln. *4,5 m x 75 cm.*

Kniphofia-Hybriden
Siehe Pflegeleichte Pflanzen.

Mahonia 'Charity'
Siehe Wertvolle immergrüne Pflanzen.

Paulownia tomentosa (Blauglockenbaum)
Ein großer Baum, für einen kleinen Garten vollkommen ungeeignet; aber er kann auch als großer Strauch kultiviert werden. Ein jährlich harter Rückschnitt bis nahe der Basis ist angezeigt, wenn die Blätter zu groß werden. *2,4–3 x 1,8 m* bei fachgerechter Erziehung.

Phormium-Hybriden (Neuseeländer Flachs)
Siehe Wertvolle immergrüne Pflanzen.

Salix matsudana 'Tortuosa' (Korkenzieherweide)
Großstrauch bis Kleinbaum mit spiralförmig gewundenen Ästen und korkenzieherartigen Zweigen. Die Blätter sind verdreht und lanzettlich. Er sieht mit kahlen Ästen am besten aus. *4,5 x 4,5 m.*

Yucca (Palmlilie)
Siehe Wertvolle immergrüne Pflanzen; eine einfarbige Form ist ebenso geeignet wie eine panaschierte.

RECHTS: *Die Korkenzieherweide (*Salix matsudana *'Tortuosa') kann im Winter wie im Sommer gleichermaßen faszinieren.*

Trennwände und Sichtschutz

Hier geht es nicht um hoch aufgeschossene, zur Einfriedung eines größeren Grundstücks dienende Nadelgehölze, sondern vielmehr um solche Pflanzen, die inmitten eines Gartens eine Trennwand bilden bzw. einen Sichtschutz bieten können und gleichzeitig eine angenehme Zierde sind.

Grundsätzlich ist zu sagen, daß ein Sichtschutz das ganze Jahr über seine Aufgabe erfüllen muß. Deshalb denkt man natürlich an immergrüne Pflanzen. Doch bisweilen tut auch ein Schirm aus sommergrünen Pflanzen gute Dienste. Denken Sie beispielsweise für die Gemüseecke an eine Jerusalemartischocke (*Helianthus tuberosus*), die uns gegen Ende der Saison zudem noch herrliche Knollenfrüchte beschert.

Achten Sie bei Sträuchern darauf, daß sie möglichst schon in Bodennähe Seitentriebe hervorbringen. Bei einer kleinen Einzäunung oder einem Spalier dürften viele der Pflanzen geeignet sein, die wir im Abschnitt *Kletterpflanzen und Sträucher an einer Mauer* vorstellen. Das Spalier mit einer zartduftenden Heckenkirsche (*Lonicera*) bietet einen hübschen Blickfang. Auch wird der Duft dieser Pflanze Sie erfreuen. Da die besten Heckenkirschen sommergrün sind, dürften Sie in diesem Fall nicht auf Sichtschutz im Winter zählen. Freilich gibt es auch immergrüne und halbimmergrüne Arten, zum Beispiel *Lonicera japonica*. Auch solche Pflanzen sind dankbar – sie spenden Sichtschutz im Winter und Wohlgeruch im Sommer.

Gittersteinmauern und Spaliere

Gelegentlich lassen sich häßliche Bauteile, wie zum Beispiel ein Vorratsbehälter, mit zwei oder drei gut ausgesuchten Sträuchern verbergen. Alternativ können Sie auch Spaliere oder Gittersteinmauern errichten. Gehen Sie dabei mit Bedacht vor, denn Spaliere und Mauern dürfen nicht als Fremdkörper wirken. Dann erziehen Sie daran die Kletterpflanzen oder auch dafür geeignete Sträucher. Solche »Doppelwände« erfüllen ihren Zweck oft am besten, gibt es doch eine reiche Auswahl an Kletterern für das Spalier (einschließlich des dankbaren Efeus) bzw. Sträuchern für die Mauer.

Sichtschutz für die Garage

Eine freistehende Garage kann einen kleinen Garten vollkommen beherrschen. Um deren Konturen auf natürlichem Weg ein wenig aufzulösen, können Sie ihr zum Beispiel ein »Kleid« aus Kletterpflanzen anpassen.

Auch immergrüne Sträucher erweisen sich als vorzügliche Hilfe. So können Sie Pflanzen wie *Lonicera nitida* 'Baggesen's Gold' oder auch den Heckenliguster (*Ligustrum ovalifolium* 'Aureum') als Hecke erziehen. Schneiden Sie diese aber erst, wenn sie die gewünschte Höhe erreicht haben. Dabei sollten Sie nicht den Ehrgeiz zeigen, ihnen ein formstrenges Aussehen zu geben. Besser ist es, ihre natürliche Gestalt zu erhalten.

Oben: Griselinia littoralis *'Dixon's Cream'*.
Links: Griselinia littoralis.

LINKS: Polygonum baldschuanicum *(syn.* Fallopia baldschuanicum*) ist im Vergleich zu anderen schnellwüchsigen Sträuchern, die sich für einen Sichtschutz eignen, nahezu unschlagbar.*

UNTEN: Ligustrum ovalifolium *'Aureomarginatum' (syn. 'Aureum') ist eine schnellwüchsige Heckenpflanze mit panaschierten Blättern, und zwar attraktiver als die Form mit reingrünen Blättern.*

Arundo donax (Riesenschilf)
Gras. Von hoch aufgeschossenem horstigen, fast bambusartigen Wuchs mit wechselständigen, lanzettlichen, graugrünen Blättern. Es gibt auch eine panaschierte Form. *2,4 x 1,8 m.*

Buxus (Buchsbaum)
Achten Sie darauf, nicht eine Zwergform des Buchsbaums zu kaufen, wenn Sie einen höheren Sichtschutz planen. *Buxus* ist der klassische Strauch für eine formstrenge Erziehung – als Formschnitt oder für den Heckenwuchs.

Griselinia littoralis
Siehe Pflegeleichte Pflanzen.

Ilex
Siehe Wertvolle immergrüne Pflanzen.

Ligustrum ovalifolium 'Aureum'
Siehe Pflanzschemata nach Farbtönen.

Lonicera nitida 'Baggesen's Gold'
Siehe Pflanzschemata nach Farbtönen.

Miscanthus sacchariflorus
Hohes Gras mit schilfartigen Blättern; bildet auffällig dichte Horste. *2,4 x 1 m.*

Polygonum baldschuanicum (heute auch *Fallopia baldschuanicum*)
Ein kräftiger, schnell wachsender sommergrüner Kletterstrauch, ideal um einen im Garten befindlichen Schandfleck (z.B. einen Schuppen) von ihm direkt überwachsen zu lassen. Schon in wenigen Jahren wird er seine Aufgabe erfüllt haben. Die Pflanze bringt eine Fülle kleiner weißer oder zartrosafarbener Blüten an deutlich verzweigten Blütenständen hervor (Hochsommer bis Frühherbst). Die Größe und Ausbreitung dieses Strauchs ist von der Beschaffenheit der Stützhilfe abhängig.

Langlebige Pflanzen für Kübel und Töpfe

Die Auswahl von Stauden und Gehölzen zur Kübelbepflanzung ist nahezu unbegrenzt. Und jedes Jahr kommen neue Sorten ins Angebot; auch warten die Züchter mit älteren, in Vergessenheit geratenen nicht winterharten Stauden auf, womit sie das Angebot noch erweitern wollen.

Auf dieser Doppelseite präsentieren wir Ihnen eine Auswahl von langlebigen Pflanzen, die zur Kübelbepflanzung geeignet sind. Es handelt sich dabei um Arten und Sorten, die im Sommer wie im Winter zum Grundbestand Ihres Gartens zählen können.

Agapanthus (Schmucklilie)
Siehe Pflanzschemata nach Farbtönen.

Camellia (Kamelie)
Siehe Wertvolle immergrüne Pflanzen.

Ceratostigma willmottianum
Siehe Blätter und Beeren im Herbst.

Choisya ternata 'Sundance'
Siehe Pflanzschemata nach Farbtönen.

Clematis, großblütig (Waldrebe)
Sommergrüne Kletterpflanze mit großen Blüten in vielfältigen Farben. Die starkwüchsigen Arten sind für die Kultur in Töpfen nicht geeignet. Vorzugsweise sollten Sie die Waldrebe in einem Halbfaß kultivieren (*siehe* Folgeseite).

Cotoneaster 'Hybridus Pendulus' (Zwergmispel)
Sommergrüner Strauch, veredelt für einen hängenden Wuchs; bringt im Frühsommer weiße Blüten hervor, im Herbst rote Beeren. *1,8 x 1 m.*

Laburnum (Goldregen)
Kleiner sommergrüner Baum mit goldgelben Blütentrauben im späten Frühling und Frühsommer. *2,4 x 1,6 m.*

Laurus nobilis (Lorbeerbaum)
Immergrüner Strauch. Ein Küchenkraut mit kleinen Blüten und schwärzlich purpurfarbenen Beeren; kann formstreng gestutzt werden und hat so ein attraktives Aussehen. Wuchshöhe ca. *1,8 m.*

Mahonia 'Charity'
Siehe Wertvolle immergrüne Pflanzen.

OBEN: Choisya ternata *'Sundance' ist vorzüglich als Gartenpflanze und wirkt in einem großen Kübel sehr attraktiv.*
GANZ OBEN: *Schmucklilien sind gute Kübelpflanzen, müssen in kalten Wintern aber geschützt werden. Hier ist 'Delft' abgebildet.*
RECHTS: *Die Waldrebe 'Nelly Moser' (oben) und 'Lasurstern'.*

Miscanthus sinensis 'Zebrinus' (Chinaschilf)
Gras. Die aufrechten Stengel stehen in einem dichten Horst, der sich an der Spitze zu schmalen überhängenden Blättern öffnet, häufig mit einem ausgeprägt gelben Mittelstreifen; kann etwa 1,2 m hoch werden, wenn es in einem großen Kübel oder Halbfaß gezogen wird.

Rhododendron (Alpenrose)
Immergrüner Strauch (einige Arten sind sommergrün). Viele Arten sind zwergwüchsig und eignen sich darum gut für

die Kübelbepflanzung. Eine sachgerechte Düngung ist wichtig, um gute Ergebnisse zu erzielen. Farbe und Größe dieser Sträucher variieren von Sorte zu Sorte.

Rosmarinus officinalis
Siehe Wertvolle immergrüne Pflanzen.

Salix caprea 'Pendula' (Hängekätzchenweide)
Sommergrüner Baum mit Trauerhabitus. Die Krone ist schirmartig mit straff festen Zweigen, die herabhängen; im Frühjahr bilden sich hübsche Kätzchen.

Taxus baccata (Gewöhnliche Eibe)
Nadelgehölz. Eine sehr beliebte Eibe, aber entscheiden Sie sich für eine goldfarbene Sorte wie zum Beispiel 'Aurea'. Sie hat eine breit kegelförmige Krone, später ist sie unregelmäßig rundkronig. Eher säulenförmig mit eng anliegenden Ästen ist *Taxus baccata* 'Fastigiata Aurea'.

Viburnum tinus
Siehe Wertvolle immergrüne Pflanzen.

Yucca
Siehe Wertvolle immergrüne Pflanzen.

LINKS:
Alpenrose *'Loder's White' in einem Tontopf, der hübsch bemalt ist.*

EINE WALDREBE IM HALBFASS ANPFLANZEN

Eine Waldrebe im Halbfaß kann bei fachmännischer Anpflanzung ein eindrucksvolles Bild abgeben. Vielleicht entscheiden Sie sich für mehrere Sorten, die zur gleichen Zeit blühen, oder für solche mit unterschiedlicher (und darum längerer) Blütezeit. In diesem Fall ist der Rückschnitt mit einiger Arbeit verbunden.

1 Füllen Sie das Halbfaß mit einem lehmhaltigen Substrat. Dieser Kübel sollte die schwere Topferde reichlich aufnehmen können. Das wird der Pflanze gut bekommen und gibt Stützstäben sicheren Halt.

2 Pflanzen Sie in ein Halbfaß dieser Größe sodann drei bis vier Waldreben. Dabei setzen Sie den Wurzelballen so in die Erde, daß die Pflanze leicht zur Mitte geneigt ist.

3 Dann werden die Stäbe oben mit einer Schnur zusammengebunden. Dafür eignen sich auch die im Fachhandel erhältlichen Klemmen aus Plastik. Wenn der Wuchs die Spitze erreicht hat, wachsen die Triebe wieder abwärts, was die Pflanze noch üppiger aussehen läßt.

Kletterpflanzen und Sträucher an einer Mauer

Auch in kleineren Gärten findet sich immer noch Platz für Kletterpflanzen und Sträucher – an Zäunen und Mauern, die zur Einfriedung des Areals dienen, an Spalieren und natürlich an den Außenmauern des Hauses. Diese Pflanzen werden dabei teils ganztägig Sonne haben, teils werden sie überwiegend im Schatten stehen. Doch für jeden dieser Standorte gibt es ein passendes Gewächs.

Ist jeder Meter Ihres Gartens kostbar, bietet es sich an, Ihre Pflanzen in die Höhe wachsen zu lassen. Kletterpflanzen und Sträucher an einer Mauer beanspruchen an der Basis normalerweise wenig Raum. Bei sorgfältiger Bestimmung des Pflanzorts und angemessenen Schnitt- und Erziehungsmaßnahmen ist es sogar möglich, vor Ihre Kletterer und Sträucher noch weitere Pflanzen zu setzen.

Es handelt sich bei den hier vorgeschlagenen Kletterpflanzen um langlebige Gehölze. Doch sollten Sie auch noch einjährige Kletterer einsetzen, um so für Abwechslung zu sorgen. Einjährige Pflanzen lassen sich in aller Regel am Spalier erziehen.

Bei den Größenangaben handelt es sich um Richtwerte, und zwar für kleinere Gärten. Viele Kletterpflanzen orientieren sich an ihrem Stützwerk. Waldreben können bis zu 9 m hoch werden, aber sie geben sich auch mit einem 1,2 m hohen Zaun zufrieden und wachsen dann in die Breite.

Actinidia kolomikta (Buntblättriger Strahlengriffel)
Kletterpflanze für Mauern und Pergolen mit blaß- bis dunkelgrünen herzförmigen Blättern, die weißliche, rosa oder rote Spitzen aufweisen. *3 m.*

Ceanothus (Säckelblume)
Strauch für die Erziehung an einer Mauer, mit blauen Blütenrispen vom späten Frühjahr bis in den Herbst (je nach Art). Einige sind immer-, andere sommergrün. Nicht alle Säckelblumen sind uneingeschränkt winterhart. Sie benötigen einen sonnigen Standort. *3 m.*

RECHTS: *Die Waldrebe ist nach wie vor eine der beliebtesten Kletterpflanzen (hier die Sorte 'The President').*

Clematis (Waldrebe)
Ein sommergrüner Kletterer. Bei der Erziehung am Spalier oder an der Mauer entscheiden Sie sich für eine großblütige Hybride. Schnellwüchsige Arten wie die Bergwaldrebe (*Clematis montana*) wachsen gut an einem Zaun oder klettern in einen Baum. Waldreben vertragen Sonne und Halbschatten. *3 m.*

Euonymus fortunei
Siehe Wertvolle immergrüne Pflanzen.

LINKS: *Der Buntblättrige Strahlengriffel.*

Garrya elliptica
Immergrüner Strauch für einen geschützten Standort, da nur bedingt winterhart. Lange Kätzchen im Vorfrühling; verträgt Sonne und Schatten. *2,4 m.*

Hedera (Efeu)
Wählen Sie für eine Pergola oder einen Torbogen großblättrige Sorten wie den Kaukasischen Efeu (*Hedera colchica* 'Dentata Variegata'), kleinblättrige Sorten des Gewöhnlichen Efeu (*Hedera helix*) für eine Mauer oder einen Zaun. Efeu verträgt Schatten und Sonne. *3 m.*

Humulus lupulus 'Aureus' (Gemeiner Hopfen)
Mehrjährige Kletterpflanze mit goldfarbenen Blättern. Sie eignet sich für eine Pergola oder einen Torbogen; gedeiht in der Sonne oder im Halbschatten. *3 m.*

Hydrangea petiolaris (Kletterhortensie)
Ein schnellwüchsiger Kletterer mit weißen Blüten in Schirmrispen (Frühsommer). Er gedeiht im Schatten oder Halbschatten und benötigt als Kletterhilfe eine hohe Mauer oder einen Baum. *6 m.*

Jasminum nudiflorum (Winterjasmin)
Siehe Farben für die kalte Jahreszeit. Diese Kletterpflanze gedeiht im Schatten oder Halbschatten und eignet sich für die Erziehung an einer Mauer, ggf. mit einem Spalier als Kletterhilfe. *3 m.*

Jasminum officinale (Zimmerkletterjasmin)
Kletterpflanze mit gelblichweißen Blüten im Sommer; eignet sich in geschützten Lagen für Pergolen und Torbögen. *3 m.*

Lonicera japonica
Immergrüne Kletterpflanze mit weißen oder blaßgelben Blüten, vom Frühsommer bis zur Mitte des Herbstes. 'Aureoreticulata' hat gelblich geäderte Blätter; am besten geeignet für die Erziehung an einer Pergola oder an einem Zaun. *6 m.*

Lonicera periclymenum (Waldgeißblatt)
Sommergrüne Kletterpflanze mit gelblichweißen oder rosaweißen Blüten. Einige Sorten blühen im späten Frühjahr und Frühsommer, andere vom Hochsommer bis in den Frühherbst. *3 m.*

Polygonum baldschuanicum
Siehe Trennwände und Sichtschutz.

Pyracantha (Feuerdorn)
Strauch, geeignet für eine Mauer, mit weißen Blüten im Frühsommer und roten oder orangefarbenen Beeren; gedeiht in der Sonne wie im Schatten. *3 m.*

GANZ OBEN: Garrya elliptica.
LINKS: *Winterjasmin.*
RECHTS: *Feuerdorn.*

Rosa (Rose)
Um Kletterrosen und Rambler muß man nicht viel Worte machen. Es gibt sie in großer Auswahl, von denen sich einige vorzüglich für die Pergola, den Torbogen oder die Mauerbepflanzung eignen. Viele sind stark duftend. Sie benötigen Sonne oder Halbschatten. *3 m.*

Vitis coignetiae (Rostrote Weinrebe)
Sommergrüne Kletterpflanze mit großen Blättern, die eine hübsche Herbstfärbung annehmen. Sie kann sehr hoch in einen Baum wachsen, eignet sich aber auch für eine Pergola; verträgt Sonne und Schatten.

Wisteria (Wisterie)
Ein sommergrüner Kletterer mit langen herabfallenden blauen oder weißen Blütentrauben im späten Frühjahr und Frühsommer. Die Chinawisterie (*Wisteria sinensis*) und die Japanwisterie (*Wisteria floribunda*) haben einen ausladenden Wuchs. Beide Arten eignen sich gut für eine Pergola oder Hauswand. Wisterien vertragen Sonne oder Halbschatten. *3 m* (auch wesentlich höher).

Duftende Pflanzen

Ein Garten ohne duftende Pflanzen ist wie eine Speise ohne Würze. Wenn alles wohlgerichtet scheint, spricht doch erst das »gewisse Etwas« unsere Sinne an, bei den Pflanzen wie bei den Speisen.

Vermeiden Sie es, zu viele Pflanzen derselben Duftnote an ein und denselben Platz zu setzen. Es verhält sich hierbei wie beim Würzen einer Speise. Eine zu kräftige Duftnote wird die zarte dann nämlich unterdrücken. Mehrere Arten bzw. Sorten dieser Eigenschaft sollten zudem in wohlüberlegter Abfolge blühen. Mit anderen Worten: Von zwei eng zusammenstehenden Duftsträuchern sollte die Blüte des einen beendet sein, wenn die des anderen beginnt.

Führen Sie auch Pflanzen, die tagsüber blühen, mit solchen zusammen, die des nachts ihren Duft verströmen – beispielsweise eine Rose mit einer nachtblühenden Art der Gattung *Nicotiana* (Tabak).

Lohnenswert sind auch Pflanzen, deren Blätter ihren Wohlgeruch erst entfalten, wenn man an ihnen entlang streicht oder sie zerreibt.

In der folgenden Auswahl finden Sie Ziergehölze, die schon für sich allein ausdrucksstark sind – dazu gehören Rosen (*Rosa*) und Geißblatt (*Lonicera*). Beide sind dekorativ und gleichzeitig wohlriechend. Doch sollten Sie bei Ihrem Pflanzenschema ferner an nachtblühende Arten denken. Auch wenn diese tagsüber gänzlich unscheinbar erscheinen, sind sie durch den herrlichen Duft, den sie nach Einbruch der Dunkelheit entfalten können, doch eine wertvolle Ergänzung.

Chimonanthus praecox
Siehe Farben für die kalte Jahreszeit.

Choisya ternata (Orangenblume)
Siehe Wertvolle immergrüne Pflanzen. Die einfarbige Sorte ist ebenso wertvoll wie die mit panaschierten Blättern.

Cytisus battandieri
Großer sommergrüner Strauch mit gelben, nach Ananas duftenden Blüten im späten Frühjahr und zeitigen Sommer. In kalten Gegenden nicht verläßlich winterhart; eignet sich gut für die Erziehung an einer Mauer. *3 x 2,4 m.*

Daphne mezereum (Seidelbast)
Sommergrüner Strauch mit roten, purpurnen oder weißen Blüten vom Spätwinter bis Mitte des Frühlings. *1,2 x 1 m.*

Hamamelis mollis
Siehe Farben für die kalte Jahreszeit.

Jasminum officinale
Siehe Kletterpflanzen und Sträucher an einer Mauer.

Lavandula
Siehe Lösungen mit schnellwachsenden Pflanzen.

Lonicera periclymenum
Siehe Kletterpflanzen und Sträucher an einer Mauer.

Mahonia 'Charity'
Siehe Wertvolle immergrüne Pflanzen.

Rosa (Rose)
Die am stärksten duftende Gattung. Seien Sie großzügig bei der Auswahl für Ihren Duftgarten! Der Wuchs ist je nach Art sehr verschieden.

OBEN: *Sorten der Gartenlevkoje* (Matthiola incana) *bestechen durch ihren Duft.*
LINKS: *Die Sorte 'Rubra' des Seidelbasts bezaubert durch ihren Frühlingsduft.*

EINJÄHRIGE PFLANZEN

Wenn Sie viele Sommerbeetpflanzen einsetzen möchten, berücksichtigen Sie beispielsweise auch die Gartenlevkoje (*Matthiola incana*; mit kräftigem Mitteltrieb) und den Ziertabak (*Nicotiana*-Hybriden). Aber seien Sie umsichtig. Viele der kompakten, tagsüber blühenden Sorten verfügen nicht über den kräftigen Wohlgeruch der größeren, abends duftenden Pflanzen. Nachts duftende Levkojen (z.B. *Matthiola bicornis*) sind tagsüber vollkommen unscheinbar. Am besten setzen Sie sie als Lückenfüller in eine Rabatte. So können Sie kaum enttäuscht werden.

Philadelphus (Sommerjasmin)
Sommergrüner Strauch; verschiedene Arten und Hybriden, die alle weiße, duftende Blüten aufweisen (Frühsommer).

Sarcococca hookeriana und *humilis*
Siehe Schattenliebende Pflanzen.

OBEN: *Der Gartenflieder gehört zu den sehr intensiv duftenden Sträuchern. Obwohl diese Pflanzen zum Teil sehr groß werden, sind sie für einen kleinen Garten doch überwiegend geeignet.*

Skimmia japonica
Siehe Blätter und Beeren im Herbst.

Spartium junceum (Spanischer Ginster)
Sommergrüner Strauch mit duftenden gelben Blüten in Trauben im Sommer; im Herbst kleine schwarzbraune Hülsen. *2,4 x 1,8 m.*

Syringa vulgaris (Gartenflieder)
Sommergrüner Strauch mit stark duftenden Blütenrispen in den Farben Blau, Purpur, Malve und Weiß im Frühling und Frühsommer. *2,4 x 1,5 m.*

Viburnum × bodnantense
Siehe Farben für die kalte Jahreszeit.

Wisteria
Siehe Kletterpflanzen und Sträucher an einer Mauer.

DUFTENDES BLATTWERK

Setzen Sie für Ihre Terrasse auch duftblättrige Pflanzen wie Duftpelargonien (*Pelargonium*) ein. Einige können Sie auch an den vorderen Rabattenrand pflanzen. Viele Kräuter, wie der Gartensalbei (*Salvia officinalis*), die Zitronenmelisse (*Melissa officinalis*) oder der Zitronenstrauch (*Aloysia citriodora*), sind dankbare Kübelpflanzen.

Sträucher mit duftendem Laub sind die Orangenblume (*Choisya ternata*), Rosmarin (*Rosmarinus officinalis*) oder der Lorbeerbaum (*Laurus nobilis*).

Auch Arten des Fieberbaums (*Eucalyptus*) sind wegen ihrer wohlriechenden Blätter beliebt; sie vertragen aber keinen Frost und sollten in Kübeln wachsen.

RECHTS: *Wisterien werden zwar überwiegend wegen ihres Schmuckwertes gepflanzt, doch sind sie auch duftend.*

Anziehungspunkte für Kleintiere

Sie müssen keineswegs zum unkontrollierten Wuchs einer natürlichen Wiesenlandschaft mit ihren vielen Unkräutern zurückkehren, um Ihren Garten für die heimischen Kleintiere attraktiv zu machen.

Mit Sträuchern und Steingartengewächsen, einjährigen Pflanzen sowie Stauden werden Sie Vögel, Bienen, Schmetterlinge, Wespen, Käfer etc. in Ihren Garten rufen. Natürlich können auch ungebetene Gäste kommen. Aber die hübschen und nützlichen Kleintiere werden Sie reich entschädigen. Denn diese helfen Ihnen, das Ungeziefer zu bekämpfen.

Wenn Sie bestimmte Kleintiere in Ihrem Garten heimisch machen wollen, müssen Sie natürlich auch bestimmte Lebensräume schaffen, beispielsweise einen kleinen Teich für die Wassertierchen. Vieles spricht auch dafür, das Gras in einem Teil Ihres Gartens lange sich selbst zu überlassen. Und wenn Sie die Brennesseln hinter Ihrem Schuppen stehenlassen, schaffen Sie so die Nahrungsgrundlage für viele Raupen, aus denen später hübsche Schmetterlinge werden.

Es gilt der Grundsatz: Geeignete Nischen für die Kleintierwelt führen Ihnen im allgemeinen nützliche Insekten zu wie die Schwebfliegen oder Marienkäfer. Das hilft Ihnen, Blattläuse und anderes Ungeziefer unter Kontrolle zu halten.

LINKS: Aucuba japonica *'Variegata'*.

OBEN: *Die Rotblättrige Heckenberberitze (*Berberis thunbergii *'Atropurpurea Nana')*.

Sträucher

Aukube (*Aucuba*): Vögel
Blauraute (*Perovskia*): Bienen
Blutjohannisbeere (*Ribes sanguineum*): Bienen
Buntdachblume (*Leycesteria formosa*): Vögel
Efeu (*Hedera*): Bienen, Schmetterlinge
Escallonie (*Escallonia*): Bienen
Faulbaum (*Rhamnus frangula*): Bienen, Schmetterlinge
Feuerdorn (*Pyracantha*): Vögel, Bienen
Fingerkraut (*Potentilla*): Bienen
Flieder (*Syringa*): Bienen, Schmetterlinge
Geißklee (*Cytisus*): Bienen
Johanniskraut (*Hypericum*): Vögel
Lavendel (*Lavandula*): Bienen
Liguster (*Ligustrum*): Schmetterlinge
Mahonie (*Mahonia*): Vögel
Säckelblume (*Ceanothus*): Bienen
Sauerdorn (*Berberis*): Vögel, Bienen, Schmetterlinge
Schneeball (*Viburnum*): Vögel, Bienen
Schneebeere (*Symphoricarpos*): Vögel, Bienen
Schönfrucht (*Callicarpa*): Vögel
Seidelbast (*Daphne*): Vögel, Bienen
Skimmie (*Skimmia*): Vögel, Bienen
Stechginster (*Ulex*): Bienen
Stechpalme (*Ilex*): Vögel
Strauchveronika (*Hebe*): Schmetterlinge
Torfmyrte (*Pernettya*): Vögel
Waldgeißblatt (*Lonicera periclymenum*): Schmetterlinge
Weigelie (*Weigela*): Bienen
Zistrose (*Cistus*): Bienen
Zwergmispel (*Cotoneaster*): Bienen, Vögel

Beet- und Steinbeetpflanzen
Glattblattaster (*Aster novi-belgii*): Bienen, Schmetterlinge
Goldene Tellergarbe (*Achillea filipendulina*): Bienen, Schmetterlinge
Goldrute (*Solidago*): Vögel, Bienen, Schmetterlinge
Große Japanfetthenne (*Sedum spectabile*): Bienen, Schmetterlinge
Katzenminze (*Nepeta*): Bienen
Kaukasusskabiose (*Scabiosa caucasica*): Bienen, Schmetterlinge

Ein- und Zweijährige Pflanzen
Judassilberling (*Lunaria annua*): Vögel
Schwefelsteinrich (*Alyssum saxatile*): Schmetterlinge
Kornblume (*Centaurea cyanus*): Bienen, Schmetterlinge
Nachtviole (*Hesperis matronalis*): Bienen
Skabiose (*Scabiosa annua*): Bienen, Schmetterlinge

LINKS: *Die Fetthenne (Sedum 'Autumn Joy').*

OBEN: *Der Schwefelsteinrich*

UNTEN: *Die Goldrute.*

WEITERE ANZIEHUNGSPUNKTE

Eine kräftige Hecke ist für die Kleintierwelt um vieles attraktiver als ein Zaun oder eine Mauer. Beispielsweise ist die stachelblättrige immergrüne Stechpalmhecke (*Ilex*) ein trefflicher Verweilort für kleine Vögel und stellt ihnen auch gute Nistmöglichkeiten zur Verfügung.

Holzstapel können vielen nützlichen Insekten Schutz bieten, und Kleinsäuger werden hier ihre Jungen großziehen.

Frühjahr

In dieser Zeit des Aufbruchs braucht der Gartenfreund keine Ermunterung. Wenn die Tage länger werden, die Luft weniger kalt ist und pralle Knospen sowie Vogelgezwitscher die Phantasie anregen, ist die Zeit des Wartens vorüber – nun gilt es, zu vermehren und anzupflanzen. Das zeitige Frühjahr aber ist noch eine Zeit der Vorsicht, da der Winter dann selten schon wirklich zu Ende ist. Bei Gartenneulingen ist die zu frühe Aussaat und Anpflanzung eine der häufigsten Ursachen für Enttäuschungen. Oftmals werden Pflanzen, die Wochen später ins Freie gebracht wurden, die früher gesetzten überholen, da sie nun eine größere Wachstumsbereitschaft entwickeln.

VORSEITE: *Auch kleine Frühlingsblumen bieten einen hübschen Anblick, zum Beispiel diese Gruppe von Narzissen, Lungenkraut und Strahlenanemonen.*

OBEN: *Tulpen gehören zu den schönsten Frühlingsblumen, sehen zusammen mit Vergißmeinnicht aber noch besser aus.*

STECKZWIEBELN SETZEN

Die größten Zwiebeln werden aus Samen gezogen, doch wenn Sie ihnen nicht die erforderliche Sorgfalt widmen, bleibt das Ergebnis trotzdem enttäuschend. Steckzwiebeln sind eine beinahe narrensichere Methode zur Zwiebelzucht; schon bei geringem Aufwand sollten Sie eine vernünftige Ernte erzielen.

1 Drücken Sie mit der Rückseite Ihrer Harke eine flache Furche, wobei eine Gartenschnur für die genaue Ausrichtung sorgt. Die Steckzwiebeln sollten etwa 15 cm Abstand zueinander haben.

2 Füllen Sie die Furche dann wieder mit Erde. Wenn Vögel versuchen, die Zwiebeln herauszuziehen, legen Sie zum Schutz ein Netz aus, oder Sie drücken die Knollen immer wieder etwas tiefer fest, bis sie Wurzeln geschlagen haben.

SCHALOTTEN ANPFLANZEN

Schalotten lassen sich gut einlegen, können aber auch gelagert und wie Speisezwiebeln verwendet werden. Sie werden meist aus Zwiebeln gezogen, die von der vorjährigen Ernte zurückbehalten wurden.

1 Schalotten werden wie Steckzwiebeln in etwa 15 cm Abstand gesetzt; da sie aber größer sind, muß die Furche etwas tiefer sein. Drücken Sie die Zwiebel so in den Boden der Furche, daß nur die Spitze zu sehen ist, und harken Sie etwas bei.

2 Schalotten lassen sich schon früh ernten; außer in sehr kalten Regionen kann man sie schon im Spätwinter setzen. Wenn Sie diesen frühen Zeitpunkt versäumt haben, aber trotzdem schnell ernten wollen, sollten Sie die Zwiebeln zuerst in Töpfe geben.

3 Behalten Sie die Töpfe in einem Frühbeetkasten oder im Gewächshaus, bis die Triebe 3-5 cm groß sind. Dann lassen sich die Schalotten ins Freibeet auspflanzen. Der Abstand von Pflanze zu Pflanze sollte ca. 15 cm betragen.

Frühgemüse im Freien aussäen

Die frühe Aussaat mag ein Glücksspiel sein. Bei kaltem Wetter können die Samen faulen; manche Gemüse beginnen unter sehr kalten Bedingungen nach dem Keimen zu schießen. Beschränken Sie sich bei der frühen Aussaat auf winterharte Pflanzen wie Dicke Bohnen und frühe Erbsen. Sie können Ihr Glück auch mit anderen Gemüsen versuchen. Ob Sie damit Erfolg haben, muß sich zeigen.

1 Erbsen sät man am besten in mehreren Reihen aus, so daß sie sich gegenseitig Halt geben können; dabei sollte jede zweite oder dritte Reihe begehbar sein. Auch Dicke Bohnen werden oft in mehreren Reihen angebaut. Heben Sie dafür eine 5-8 cm tiefe Furche aus.

2 Setzen Sie die Samen mit der Hand. Erbsen werden häufig in drei versetzte Reihen mit 4 cm Abstand gesät; Sie können den Abstand aber ohne Schaden auch verdoppeln. Dicke Bohnen sät man in zwei Reihen in einem Abstand von etwa 25 cm.

3 Jetzt können Sie die Saatrille wieder mit Erde füllen. Wenn der Boden trocken ist, müssen Sie ihn gut wässern, bis die Sämlinge durchbrechen. Sollten Sie Probleme mit Mäusen und anderen Samenfressern haben, legen Sie Netze oder Fallen aus.

Ein früher Beginn

Erbsen und Bohnen keimen in warmer Erde gut, sind im zeitigen Frühjahr wegen schwankender Bodentemperaturen aber weniger zuverlässig. Am sichersten gehen Sie, wenn Sie Ihre Erbsen im Frühbeetkasten oder im Gewächshaus aussäen und erst auspflanzen, wenn die Jungpflanzen kräftig sind.

1 Das Stück einer alten Regenrinne eignet sich vorzüglich für die Aussaat. Verschließen Sie die Enden und füllen Sie die Rinne mit Erde.

2 Setzen Sie die Samen in 5-8 cm Abstand und bedecken Sie sie anschließend. Ihre Saat muß warm und feucht gehalten werden.

3 Wenn Ihre Sämlinge ausgepflanzt werden können, lassen Sie sie langsam aus der Regenrinne in eine vorbereitete Furche hineingleiten.

DAS GEMÜSEBEET DÜNGEN

Wenn Ihre Ernte gut sein soll, muß das Beet regelmäßig gedüngt werden. Anders als im Ziergarten findet hier kaum ein natürlicher Kreislauf statt. Das Gemüse wird entfernt, und das Laub kann sich nicht an Ort und Stelle wieder zersetzen und Nährstoffe liefern. Erst eine kräftige organische Düngung verbessert die Bodenstruktur und die Fähigkeit des Bodens, Nährstoffe zu speichern. Doch solange Sie organischen Dünger und Gartenkompost nicht in großer Menge einsetzen, dürften chemische Beigaben für eine reiche Ernte unabdingbar sein.

1 Am schnellsten können Sie Volldünger auf Ihrem Gemüsebeet mit einem Streuer ausbringen. Er läßt sich auf die gewünschte Abgabemenge einstellen, was Sie vorher überprüfen sollten.

2 Wenn Sie den Dünger mit der Hand verteilen, sollten Sie die Menge für 1 m² abwiegen. So läßt sich beurteilen, wieviel Sie insgesamt benötigen. Sie können ihn auch in einen Behälter füllen und diesen dann als Meßbecher nutzen.

VERSCHIEDENE DÜNGER

Während der Wachstumsperiode werden manche Gemüse Beigaben eines speziellen Düngers oder eines schnell wirkenden Volldüngers benötigen. Verfahren Sie so, wenn das Wachstum diese Unterstützung zu erfordern scheint.

Frühlingskohl profitiert häufig von einem stickstoffhaltigen Dünger. Er regt den Wuchs frischer junger Blätter an, sobald das Wetter besser wird. Anderen Früchten, zum Beispiel Tomaten, tut ein kräftiger Kalidünger gut.

3 Markieren Sie mit Schnüren 1 m breite Streifen und teilen Sie dann mit Stäben ein Quadrat ab. Ist dieses mit Dünger versehen, wird mit dem hinteren Stab das nächste markiert.

4 Benutzen Sie Ihr Maß, um jeweils die richtige Menge Dünger zu nehmen (halten Sie sich an die Angaben des Herstellers auf der Verpackung), und streuen Sie ihn gleichmäßig etwa 15-25 cm über dem Boden aus.

5 Dann harken Sie den Dünger in den Boden ein. So ist gewährleistet, daß er gleichmäßiger verteilt wird und seine Wirkung schneller entfalten kann.

GARTENFOLIE

Gartenfolie gibt es heute aus Materialien, die früheren Generationen von Gärtnern nicht zur Verfügung standen. Sie sind ein gutgehender Verkaufsartikel des Fachhandels, was ihre Nützlichkeit unterstreicht. Die Folie wärmt den Boden fast wie eine Haube und schützt ein wenig vor Frost. Auch hält sie Hasen fern und allerlei schädliche Kleintiere. Sie können sie unmittelbar nach der Aussaat einsetzen oder als Schutz für die Jungpflanzen.

1 Bringen Sie Ihr Saatgut aus und bedecken Sie die Fläche dann mit Folie. Beschweren Sie sie fürs erste mit Steinen, bis Sie die Ränder gesichert haben.

2 Sie können den Folienrand ins Erdreich drücken und so für Halt sorgen, oder beschweren Sie den Rand einfach mit Erde. Diese Folien sind wasserdurchlässig und dehnen sich etwas aus, wenn die Pflanzen wachsen.

3 Es gibt im Fachhandel vielerlei Pflöcke, die die Folie festhalten. Sie sind der Befestigung mit Erde vorzuziehen, denn so ist es einfacher, die Folie zum Jäten oder für andere Arbeiten kurzzeitig zu entfernen.

WACHSENDE FOLIEN

Auch andere schützende Abdeckungen führen zum Erfolg. Zum Beispiel gibt es sehr feine, haltbare Netze (*siehe* ganz oben), die zwar nur wenig Frostschutz bieten, aber die meisten Tiere und Schädlinge fernhalten; auch perforierte Kunststoffolien (*siehe* oben) werden angeboten; sie lassen gut den Regen durch und können mit den Pflanzen »mitwachsen«. Zum Jäten und zum Ausdünnen werden die Folien entfernt. Achtung! Unter einer Folie gedeiht das Unkraut leider ebensogut wie das Gemüse.

WINTERHARTE EINJÄHRIGE PFLANZEN AUSSÄEN

Winterharte einjährige Pflanzen sind wohl am einfachsten zu kultivieren – sie stellen keine Ansprüche an den Boden und gedeihen, wo sie gedeihen sollen. Fällt ihr Standort sonnig aus und wenn Sie dünne, zu dicht stehende Sämlinge vermeiden, wird sich der Erfolg wie von selbst einstellen.

1 Es lohnt sich, den Boden vorzubereiten: Entfernen Sie das Unkraut und harken Sie den Boden glatt, so daß er eine feinkrumige Struktur bekommt.

2 Wenn Sie lediglich Schnittblumen anbauen, ist die Aussaat in Reihen sinnvoll. Doch wenn Sie ein buntes Beet mit winterharten einjährigen Pflanzen haben möchten, sollten Sie Ihr Muster vorher auf den Boden »malen«.

3 Ziehen Sie mit der Kante der Harke flache Furchen; ändern Sie aber in jedem Abschnitt die Richtung, um eine zu monotone Struktur zu vermeiden. Halten Sie sich an den empfohlenen Abstand zwischen den Reihen.

4 Verteilen Sie die Samen möglichst gleichmäßig. Bei trockenem Wetter sollten Sie die Furchen erst wässern, so daß sich der Boden vollsaugen kann.

5 Zur späteren Orientierung setzen Sie ein Etikett in den Boden. Dann können Sie wieder Erde über die Furchen harken.

6 Wenn der Boden trocken (und kein Regen angesagt) ist, müssen Sie ihn solange gründlich wässern, bis sich die Sämlinge entwickelt haben.

BREITWÜRFIG SÄEN

Durch die Aussaat in Reihen ist das Vereinzeln der Pflänzchen und Jäten einfacher – besonders wenn Sie nicht sicher sind, wie die Sämlinge aussehen, und es deshalb schwer ist, sie vom Unkraut zu unterscheiden. Manchmal wird das Saatgut aber auch breitwürfig ausgebracht (zufällig verteilt), um eine »freie« Blumenpracht zu erhalten. Das ist besonders bei gemischten einjährigen Pflanzen angezeigt, zum Beispiel, wenn Sie das Aussehen eines naturnahen Gartens schaffen möchten.

Verteilen Sie den Samen so gleichmäßig wie möglich und harken Sie ihn dann ein – erst in die eine Richtung und dann im rechten Winkel dazu.

Gladiolen anbauen

Gladiolen (*Gladiolus*) sind allgemein beliebt und leicht zu kultivieren; ihr Standort muß aber sorgfältig ausgewählt werden. Als Schnittblumen können Sie Ihre Gladiolen auf einer kleinen Fläche in Reihen kultivieren; sie sehen aber am besten aus, wenn sie in Gruppen zwischen anderen Pflanzen wachsen.

1 Gladiolen als Schnittblumen können Sie in Reihen anordnen. Heben Sie eine breite Furche aus, die tief genug ist, um die Knollen mit 8-10 cm Erde bedecken zu können. So haben Ihre späteren Pflanzen einen sicheren Halt und müssen weniger abgestützt werden.

2 Setzen Sie Ihre Knollen in dem auf der Verpackung angegebenen Abstand. Hier werden sie in Doppelreihen ausgebracht. Das macht das spätere Abstützen besonders bei hohen Sorten einfacher. Anschließend füllen Sie die Furche wieder mit Erde auf.

3 Wenn Sie Ihre Knollen in ein Beet zwischen andere Pflanzen setzen wollen, sollten Sie ein rundes Loch ausheben, dort eine Anzahl Knollen auslegen und anschließend die Erde wieder auffüllen. Bei schweren Böden können Sie etwas Sand oder feinen Kies beigeben.

4 Allzuleicht gerät die genaue Plazierung der Knollen im Boden in Vergessenheit; deshalb sollten Sie zusätzlich zum Etikett um sie herum ein paar kleine Stöcke in den Boden stecken. Das hilft, um sich später besser orientieren zu können.

KNOLLENPFLANZEN

Die meisten anderen sommerblühenden Knollen werden wie Gladiolen gesetzt, wobei für stark frostempfindliche Pflanzen die Zeit jetzt noch nicht gekommen ist. Ihre zarten Triebe könnten strengen Frost nicht überstehen.

Als Richtlinie für die Setztiefe gilt, daß die Knollen in Höhe ihrer doppelten Dicke mit Erde bedeckt sein sollten. Also: Wenn die Knolle 3 cm dick ist, kommen 6 cm Erde darüber; es gibt allerdings einige Ausnahmen.

Manche Knollen können bei langer Lagerung sehr trocken und runzlig werden. Solche Knollen sollten sich einen Tag mit Wasser vollsaugen dürfen, bevor sie in den Boden kommen (hier: Anemonenknollen).

Sträucher anpflanzen

Das Frühjahr ist die richtige Zeit, um Sträucher anzupflanzen. In Töpfen und Containern kultivierte Sträucher können Sie fast immer auspflanzen; doch ist das zeitige Frühjahr besonders geeignet, weil der Boden nun feucht, aber gleichzeitig warm genug für eine neue Wurzelbildung ist.

1 Entfernen Sie das Unkraut, auch alle tiefwurzelnden Pflanzen, die später nämlich schwer zu entfernen sind, wenn sie mit den Wurzeln des Strauchs verwachsen. Graben Sie viel Gartenkompost oder verrotteten Stallmist unter.

2 Heben Sie ein Loch von etwa dem doppelten Durchmesser des Wurzelballens aus. Um die Tiefe des Pflanzlochs zu prüfen, stellen Sie den Strauch an seinen Platz; so können Sie feststellen, ob er vorschriftsmäßig in den Boden kommt.

3 Bei trockenen Wurzeln müssen Sie die Pflanze gründlich wässern und dann für eine Stunde stehen lassen. Sollten die Wurzeln im Topf zu dicht zusammengepreßt worden sein, legen Sie einige der kleineren frei.

4 Dann stellen Sie den Strauch in das Loch und füllen es mit Erde bis zur vorhandenen Bodenmarke auf. Drücken Sie die Erde dabei gut fest, damit keine Lufteinschlüsse entstehen.

5 Für einen guten Start sollten Sie nach dem Anpflanzen einen Volldünger in der angegebenen Menge auftragen. Halten Sie dabei ausreichend Abstand zum Stamm; anschließend gut wässern.

6 Bei Ballenpflanzen sind die Wurzeln beim Kauf in Jute oder Kunststoff verpackt. Halten Sie sich auch bei diesen Pflanzen an die vorhandene Bodenmarke.

7 Wenn Sie den Strauch ins Pflanzloch gestellt haben, öffnen Sie die Verpackung und ziehen diese vorsichtig heraus, ohne dabei den Ballen zu beschädigen.

8 Dann füllen Sie Erde auf und drücken sie fest, um Lufteinschlüsse zu vermeiden. Düngen und wässern Sie wie bei in Töpfen gezogenen Pflanzen.

9 Es lohnt sich, nach dem Anpflanzen zu mulchen. So wird die Feuchtigkeit im Boden gehalten; mancher Mulch sieht im übrigen auch dekorativ aus.

Krautige Beetpflanzen setzen

Krautige Beetpflanzen in Töpfen lassen sich zu jeder Jahreszeit anpflanzen, die meisten Gärtner ziehen aber das Frühjahr vor, damit sie noch zur Blütenpracht des Sommers beitragen können. Wenn Sie sie über den Versandhandel beziehen, können sie als Ballenpflanzen eintreffen. Nehmen Sie die Anpflanzung vor, bevor Ihre Ankömmlinge neue Triebe entwickeln (oder wenn sie noch sehr klein sind).

1 Wenn Sie ein Beet bepflanzen, sollten Sie Ihre Pflanzen zuerst probeweise auslegen, um ggf. Standortkorrekturen vornehmen zu können. Spätere Korrekturen sind mit viel Mühe verbunden.

2 Wässern Sie Ihre Pflanzen etwa eine Stunde lang, bevor Sie mit der Arbeit beginnen, und nehmen Sie sie erst unmittelbar vor der Anpflanzung aus den Töpfen.

Krautige Ballenpflanzen

Wenn Sie es mit Ballenpflanzen zu tun haben, sollten Sie sie bis zum Auspflanzen an einem kühlen, schattigen Ort aufbewahren. Sie müssen dabei die ganze Zeit über feucht gehalten werden.

Entfernen Sie die Verpackung erst beim Einpflanzen. Breiten Sie dabei die Wurzeln so gut es möglich ist im Pflanzloch aus. Dann füllen Sie das Loch mit Erde.

Bis Ballenpflanzen sich etabliert haben, sind sie anfälliger als die in Töpfen gezogenen; deshalb sollten Sie sie gut pflegen, vor allem ausreichend wässern.

3 Für die Anpflanzung muß der Boden unkrautfrei sein. Dann heben Sie die Pflanzlöcher auf dem Beet aus. Das meiste können Sie mit Ihrer Pflanzschaufel erledigen; nur bei großen Pflanzen müssen Sie mit einem Spaten arbeiten.

4 Schließlich füllen Sie die Erde auf, wobei die Pflanze wieder ihre ursprüngliche Bodentiefe erhalten sollte. Drücken Sie die Erde gut fest, um große Lufteinschlüsse zu vermeiden, was die Wurzeln austrocknen lassen könnte.

5 Der letzte Arbeitsschritt besteht darin, Ihre Pflanzen gründlich zu wässern, außer bei feuchtem Wetter (oder wenn Regen angesagt ist).

EINEN NEUEN RASEN AUSSÄEN

Einen Rasen neu auszusäen hat den Vorteil, daß er gewöhnlich preiswerter ist als Rollrasen und daß Sie die Samenmischung nach eigener Wahl bestimmen können. Einige Rollrasenhändler stellen auch Mischungen nach Ihren Wünschen zusammen, aber das kann teuer kommen. Gründliche Bodenvorbereitung ist für die Rasenqualität von großer Bedeutung; sie sollte schon mehrere Wochen vor der Aussaat beginnen. Wenn Sie im Frühjahr dazu nicht genug Zeit haben, sollten Sie erst im Herbst aussäen.

1 Graben Sie den Boden gründlich um und entfernen Sie alle, besonders die tiefwurzelnden mehrjährigen Unkräuter. Dazu können Sie den Boden glatt harken und Pflöcke einschlagen, die unter der Oberkante markiert sind. Prüfen Sie mit der Wasserwage, ob sie die gleiche Höhe haben.

2 Lassen Sie dem Boden eine Woche Zeit, damit er sich setzen kann. Anschließend treten Sie ihn gleichmäßig fest, um so die größeren Lufteinschlüsse zu entfernen. Am besten treten Sie dabei mit Ihren Füßen erst in einer Richtung über die Fläche, dann im rechten Winkel dazu.

3 Nun harken Sie den Boden, um ihm eine feinkrumige Struktur zu geben. Er sollte jetzt einige Wochen ruhen, damit ggf. im Boden verbliebene Unkrautsamen keimen können. Die herangewachsenen Unkräuter können dann leicht aus dem lockeren Boden gezogen werden.

4 Markieren Sie mit Schnüren 1 m breite Streifen und teilen Sie dann mit Stäben ein Quadrat ab. Wenn Sie die Aussaat in diesem Quadrat vorgenommen haben, wird mit dem hinteren Stab das nächste markiert usw.

5 Wählen Sie ein kleines Gefäß, in das genug Saatgut für 1 m^2 paßt (bringen Sie am Gefäß eine Markierung an, wenn es dabei nur zum Teil gefüllt ist). Anschließend verteilen Sie mit schwungvollen Handbewegungen die Samen so gleichmäßig wie möglich auf der markierten Fläche.

6 Wenn Sie neuen Rasen auf einer großen Fläche aussäen wollen, sollten Sie sich einen Streuwagen mieten, mit dem Sie über das Gelände fahren können. Aber überprüfen Sie immer erst die Abgabemenge. Zuletzt harken Sie das Saatgut leicht in den Boden ein und wässern den Boden gut, ggf. mit einer Berieselungsanlage.

Einen Rollrasen auslegen

Mit einem Rollrasen kommen Sie am schnellsten zu Ihrem neuen Rasen – Sie können ihn schon nach kurzer Zeit betreten. Auch die Bodenvorbereitung ist weniger anspruchsvoll. Er ist gewöhnlich teurer als das Saatgut; doch viele Gärtner lassen sich diesen Komfort gern etwas kosten.

1 Bereiten Sie den Boden wie bei der Aussaat vor; sie müssen ihn aber nicht für einige Wochen ruhen lassen, um das Unkraut sichtbar zu machen; denn der Rollrasen hindert es am Keimen. Beim Auslegen des Rasens müssen Sie an einer geraden Kante beginnen.

2 Bei der nächsten Reihe sollten Sie sich auf eine Latte stellen; so wird Ihr Gewicht besser verteilt. Legen Sie die Reihe etwas versetzt aus, ähnlich wie beim Mauern mit Backsteinen. Wenn Sie lange Rollen nehmen, haben Sie den Vorteil, daß es weniger Ansatzstellen gibt.

3 Drücken Sie jede Reihe gut fest (Sie können, wie hier gezeigt, den Rücken einer Harke nehmen). Dann schieben Sie die Latte nach vorne, um die nächste Reihe auszulegen.

OBEN: *Ein Rasen kann den Eindruck räumlicher Tiefe vermitteln. Hier besticht der geschwungene »Auslauf« der Rasenfläche.*

4 Bürsten Sie gesiebte sandige Erde oder eine Mischung aus Torf und Sand in die Ansatzstellen zwischen den Reihen; so werden sich die einzelnen Bahnen besser miteinander verbinden.

5 Wenn der Rasen ausgelegt ist, stechen Sie die Kanten aus. Legen Sie für einen sauberen Abstich an runde Kanten ein Seil aus, an gerade ein Stück Holz. Arbeiten Sie am besten mit einem Kantenstecher.

FRÜHJAHRSSCHNITT BEI STRÄUCHERN

Schneiden Sie Ihre Sträucher nur dann zurück, wenn Sie sicher sind, daß sie den Frühjahrsschnitt auch vertragen. Andernfalls würden Sie Triebe kürzen, die in diesem Jahr Blüten tragen. Sind Sie nicht sicher, sollten Sie ein Gartenhandbuch zu Rate ziehen oder einen Fachmann fragen.

1 Schneiden Sie Sträucher, die Sie wegen ihrer Wintertriebe gepflanzt haben, kurz vor der Wachstumsperiode zurück. Dazu gehören Sorten des Weißen und des Gelben Hartriegel (*Cornus*). Pflanzen sollten Sie nur dann zurückschneiden, wenn sie sich etabliert haben.

2 Schneiden Sie alle Triebe auf ein nach außen weisendes Auge ca. 5 cm über dem Boden oder über dem Astgerüst zurück.

3 Auch wenn der Rückschnitt sehr drastisch ausgefallen ist – schnell werden neue Triebe nachwachsen und im nächsten Winter für einen prächtigen Anblick sorgen. Pflanzen, die Sie jedes Jahr zurückschneiden wollen, müssen Sie gut düngen und mulchen.

4 Einige beliebte graublättrige Sträucher, zum Beispiel *Santolina chamaecyparissus* oder *Helichrysum angustifolium*, müssen regelmäßig zurückgeschnitten werden. So bleiben sie kompakt und bewahren ihr hübsches Aussehen.

5 Ein Strauch, den Sie von jungen Jahren an regelmäßig zurückschneiden, verlangt den Rückschnitt auf ein Auge nahe der Basis. Das kann bei manchen Sträuchern 10 cm über dem Boden sein, bei älteren, verholzten Pflanzen muß allerdings ein höheres Astgerüst stehenbleiben.

6 Ein Strauch mag nach dem Rückschnitt nackt und kahl aussehen; er wird aber schon nach einem Monat neue Triebe hervorgebracht haben und so sein gefälliges Aussehen schnell zurückgewinnen.

7 Ohne Rückschnitt bildet *Buddleia davidii* ihre Blüten an den Spitzen ihrer langen, aufgeschossenen Triebe. Schneiden Sie im Frühjahr alle Triebe auf zwei Augen des vorjährigen Wuchses zurück.

8 Auch hier ist ein kräftiger Rückschnitt vorgenommen worden, doch wird er das Aussehen der Pflanze später im Jahr deutlich verbessern.

WEISSE BEERENSTRÄUCHER

Einige mit der Brombeere verwandte Sträucher werden wegen ihrer weißen Wintertriebe geschätzt. Die Triebe ragen wie Himbeerruten empor und werden am besten jedes Jahr zurückgeschnitten, und zwar bis dicht über dem Boden. Schnell wachsen dann neue Triebe nach und die Pflanze wird im nächsten Winter wieder attraktiv aussehen.

Rosen zurückschneiden

Versuche haben gezeigt, daß Sie mit den großblumigen Teehybriden und büschelblütigen Floribundarosen gute Ergebnisse erzielen, wenn Sie sie einfach mit der Gartenschere oder gar mit einem Heckentrimmer auf gleiche Höhe schneiden, ohne daß Sie auf die unten angegebenen Details achten. Trotzdem wird von den meisten Rosenfreunden noch die traditionelle Methode bevorzugt. Haben Sie keine Angst, ein oder zwei falsche Schnitte zu machen – Ihre Rosen werden weiterhin reich blühen.

1 Der leichte Rückschnitt ist für etablierte Teehybriden am besten. Kürzen Sie die Triebe etwa um die Hälfte auf ein nach außen weisendes Auge. So wird es Ihnen gelingen, die Mitte des Busches offen zu halten.

2 Sie können Floribundarosen ebenso behandeln. Doch wenn Sie einige Triebe stärker und andere etwas weniger kürzen, erreichen Sie eine längere Blütezeit. Schneiden Sie die ältesten Triebe bis in Basisnähe zurück, den Wuchs des letzten Jahres aber nur um ein Drittel.

3 Es ist unerheblich, mit welchen Rosen Sie es zu tun haben, stets sollten Sie alle toten oder kranken Triebe bis auf das gesunde Holz einkürzen.

Knollen von Begonien und Gloxinien setzen

Begonien mit ihren Wurzelknollen können als Topfpflanzen oder aber auch im Garten wachsen. Jetzt sollte ihre Anzucht im Gewächshaus beginnen. Auf diese Art erhalten Sie gut entwickelte Pflänzchen für den Garten, die viel früher blühen werden als diejenigen Knollen, die direkt in den Boden gesetzt wurden.

Auch Gloxinien, die nur im Haus oder im Gewächshaus kultiviert werden können, sollten jetzt gepflanzt werden.

1 Wenn Sie Ihre Begonien als Topfpflanzen ziehen, sollten Sie am Anfang kleine Töpfe nehmen, um so Platz zu sparen. Füllen Sie die Töpfe locker mit einer Torfmischung, wie sie für Samen und Stecklinge verwendet wird.

2 Wenn die Knollen kleine Triebe haben, ist die Oberseite gut erkennbar; ansonsten kommt die Seite mit einer kleinen Vertiefung nach oben. Drücken Sie die Knolle einfach in die Erde und stellen Sie sie anschließend an einen warmen, hellen Platz.

3 Wenn die Begonien für das Freiland vorgesehen sind, vielleicht für Kübel oder Pflanzenkörbe, sollten Sie sie in Anzuchtschalen setzen (statt in Töpfe). So sparen Sie viel Platz.

4 Gloxinienknollen setzt man in der gleichen Weise, da sie aber als Topfpflanzen wachsen, möchten Sie sie vielleicht gleich in den endgültigen Topf (Durchmesser: 13-15 cm) setzen. Drücken Sie die »haarige« Seite (die Überreste der alten Wurzeln) in die Erde.

LINKS: *'Pin up' ist eine hervorragende Begonie mit einer einzelnen Knolle, die im ersten Jahr aus Samen zur Blüte gebracht werden kann oder als trockene Knolle überwintert.*

Stecklinge ein- und umtopfen

Topfen Sie Stecklinge ein, zum Beispiel Pelargonien und Fuchsien, damit ihr Wachstum nicht beeinträchtigt wird. Bei höheren Temperaturen dürften sie jetzt kräftig wachsen.

1 Topfen Sie die Stecklinge ein, sobald sie kräftige Wurzeln entwickelt haben. Verwenden Sie dazu einen 8-10 cm großen Topf und eine Topferde für junge Pflanzen. Sie sollten Ihre Pflanzen gründlich wässern und dann einige Tage, während sie sich erholen, nicht dem direkten Sonnenlicht aussetzen.

2 Stecklinge, die schon länger Wurzeln haben und vor ein oder zwei Monaten eingetopft wurden, benötigen ggf. größere Töpfe. Prüfen Sie vorher, ob die Wurzeln den Topf ausfüllen. Wenn die Stecklinge viele weiße Wurzeln aufweisen, sollten Sie sie umtopfen.

3 Nehmen Sie einen Topf, der deutlich größer ist, und füllen Sie die gleiche Art Topferde um den Wurzelballen. Sie müssen sie gut andrücken, damit keine Lufteinschlüsse zurückbleiben, und anschließend gut wässern.

Buschige Fuchsien erziehen

Junge Fuchsien sprechen auf Schnitt und Erziehung gut an. Damit können Sie beginnen, wenn sich drei Blattpaare gebildet haben.

1 Pinzieren Sie die Wachstumsspitze Ihres Fuchsienstecklings, sobald sich drei Blattpaare entwickelt haben, damit Sie eine buschige Form erzielen.

2 Nach wenigen Wochen bilden sich neue Triebe; für einen buschigen Wuchs sollten Sie auch die Spitzen dieser Seitentriebe pinzieren. Wiederholen Sie dieses im Frühjahr mehrfach, um so formschöne Pflanzen zu bekommen.

PLATZ SPAREN IM GEWÄCHSHAUS

Platz ist zu dieser Zeit des Jahres im Gewächshaus häufig wenig.

Wenn Sie Ihre Stecklinge hauptsächlich für den Garten ziehen, sollten Sie ihnen eher kleine Töpfe geben, statt sie in größere zu setzen.

Damit es nicht zu einer Behinderung des Wachstums kommt, müssen Sie die jungen Pflanzen regelmäßig düngen.

Sobald es warm genug ist, stellen Sie sie in einen frostfreien Frühbeetkasten. Lassen Sie zwischen den Pflanzen genug Platz, damit das Laub nicht zu dicht steht.

Sämlinge pikieren

Sobald Ihre Sämlinge groß genug sind, müssen Sie sie pikieren. Bleiben sie zu lange in ihren Aussaatschalen oder -töpfen, wachsen sie zu dicht zusammen und sind ohne Beschädigung nur schwer zu trennen. Einige Pflanzen pikiert man am besten in eigene Töpfe (*siehe* nächste Seite), was aber viel Platz und viel Erde kostet. Deshalb werden die meisten Beetpflanzen in Schalen pikiert. Sie können anstelle der Schalen auch Multitöpfe verwenden (*siehe* Abb.). Dabei hat jede Pflanze ihren eigenen Sektor mit Erde und ist von den anderen getrennt. Der Vorteil dieser Methode besteht darin, daß die Wurzeln weniger gestört werden, wenn man die Pflanzen später in den Garten ausbringt.

1 Nehmen Sie eine Multitopfplatte, die zur Pflanzengröße paßt. Kleine Sämlinge wie die vom Leberbalsam oder von faserwurzeligen Begonien benötigen nicht so große Fächer wie zum Beispiel Dahlien. Füllen Sie die einzelnen Fächer locker mit einem geeigneten Substrat.

2 Dann streichen Sie das Substrat mit einem Holzstab glatt, aber drücken Sie es nicht fest. Es setzt sich von allein, wenn die Stecklinge eingepflanzt und gewässert worden sind.

3 Lösen Sie die Sämlinge aus der Schale (oder dem Topf) möglichst einzeln. Fassen Sie dabei behutsam ihre Keimblätter. Diese öffnen sich zuerst; gewöhnlich sind sie kleiner und einfacher geformt als die späteren Laubblätter.

4 Anschließend nehmen Sie ein Pflanzholz (oder ersatzweise zum Beispiel einen Bleistift) zu Hilfe, um ein Loch vorzubereiten, das die Wurzeln aufnehmen kann, ohne sie zu schädigen.

5 Schließlich drücken Sie das Substrat direkt an den Wurzeln vorsichtig an (aber nicht zu fest!) und wässern die Sämlinge gründlich. Nehmen Sie die Pflanzen für die nächsten Tage aus dem direkten Sonnenlicht.

OBEN: *Weißes Steinkraut und goldener Sonnenhut gehören zu den farbenprächtigen einjährigen Pflanzen, die jetzt pikiert werden sollten.*

In Töpfe pikieren

Einige Pflanzen, zum Beispiel Beetpelargonien und Topfpflanzen für das Gewächshaus oder die Wohnung, werden am besten in separate Töpfe pikiert und nicht in Schalen oder in Multitöpfe.

1 Füllen Sie kleine Töpfe mit Substrat und drücken Sie es mit dem Boden eines anderen Topfes leicht fest.

2 Lockern Sie die Erde mit Ihrem Pflanzholz. Halten Sie den Sämling dabei an den Blättern, nicht am Stengel.

3 Bereiten Sie in der Mitte des Topfes ein Loch vor, das der Wurzel ausreichend Platz bietet.

4 Während Sie den Sämling noch an einem Blatt festhalten, drücken Sie das Substrat an den Wurzeln mit dem Pflanzholz oder den Fingern leicht an. Anschließendes Wässern festigt die Erde dann zusätzlich.

5 Wässern Sie aber vorsichtig, so daß sich das Substrat setzen kann, ohne daß die Pflanze ausgewaschen wird. Dann stellen Sie die Sämlinge für einige Tage an einen warmen, feuchten Platz ohne direkte Sonneneinstrahlung.

6 Etiketten für die einzelnen Töpfe zu schreiben ist ein langweiliges Geschäft. Doch ohne diese Etikettierung ist die Verwirrung später groß, wenn Sie es mit vielen Töpfen und verschiedenen Sorten zu tun haben. Stellen Sie die einzelnen Sorten zusammen und versehen Sie sie jeweils mit einem Etikett.

Kleine Sämlinge pikieren

Sämlinge werden gewöhnlich einzeln pikiert, es gibt jedoch auch Ausnahmen. Da beispielsweise die Sämlinge der Lobelie sehr klein sind, pikiert der Gärtner gleich mehrere in einem Arbeitsschritt (*siehe* oben). Nehmen Sie fünf oder sechs auf einmal, die genaue Zahl ist dabei allerdings nicht so wichtig. Winzige Sämlinge in kleinen Gruppen zu pikieren ist praktisch und zeitsparend, aber nur bei bestimmten Pflanzen anzuraten.

Wenn die Sämlinge groß genug sind, um ausgepflanzt zu werden, sehen sie aus wie eine einzige Pflanze.

GEMÜSE IM FREIEN AUSSÄEN

Jetzt beginnt die Gemüseaussaat für Rote Bete, Mangold, Sommerkohl, Salat, Silberzwiebeln, Schwarzwurzeln, Weiße Rüben etc., ebenso die weitere Aussaat von Kopfsalat, Erbsen, Rettich, Spinat, Karotten und Blumenkohl. In milden Klimaten können jetzt auch Gartenbohnen ausgesät werden.

1 Geben Sie dem Boden mit der Harke eine feinkrumige Struktur und glätten Sie ihn anschließend für die Aussaat.

2 Schwere Böden, besonders wenn sie trocken sind, lassen sich mit der Harke manchmal nur schwer feinkrumig machen. Dann treten Sie die größten Brocken einfach mit den Füßen klein.

3 Wenn der Boden schließlich fein genug und glatt geharkt ist, entfernen Sie alle größeren Steine (ggf. auch die verbliebenen Grünabfälle).

4 Gemüse, das in Reihen kultiviert wird, sät man am besten in Furchen aus, so zum Beispiel Rote Bete. Arbeiten Sie grundsätzlich mit einer Gartenschnur, damit die Furchen gerade sind.

5 Anschließend ziehen Sie mit der Rückseite Ihrer Hacke eine flache Furche. Dabei sollten Sie sich grundsätzlich nach der auf der Samenpackung angegebenen Tiefe richten.

6 Bei trockenem Boden müssen Sie vor der Aussaat die Furchen ein paar Minuten wässern; andernfalls würden die Samen beim späteren Wässern ausgewaschen oder »zusammengespült«.

7 Hernach verteilen Sie die Samen gleichmäßig in der Furche. Es ist Ihnen anzuraten, dabei sorgfältig vorzugehen; so sparen Sie sich später Zeit, wenn Sie die Sämlinge vereinzeln müssen.

8 Dann entfernen Sie die Gartenschnur und füllen die Furchen wieder mit Erde auf. Bei geeignetem Schuhwerk müssen Sie sich für diese Arbeit nicht einmal bücken.

9 Sie können die Erde auch in die Furchen zurückharken, sollten dann aber in Richtung der Furchen arbeiten und nicht quer zu ihnen, andernfalls »verharken« Sie den Samen.

FLÜSSIGAUSSAAT

Die Flüssigaussaat ist eine Technik, die der Gärtner gern für den Samen bestimmter Pflanzen einsetzt; dazu gehören Pastinaken, frühe Karotten, Zwiebeln und die Petersilie.

1 Streuen Sie Samen auf ein feuchtes Küchenpapier und legen Sie diese Aussaat an einen warmen Ort. Überprüfen Sie jeden Tag die Keimung; vor allem: halten Sie Ihre Keimlinge stets feucht.

2 Sobald die Auskeimung begonnen hat (aber bevor sich die Blätter öffnen), waschen Sie den Samen in einem Sieb und mischen Sie ihn dann mit einem speziellen Saatgel.

3 Ziehen Sie eine Furche wie üblich und in der vorgeschriebenen Tiefe.

4 Füllen Sie Ihr Saatgut im Gel in eine Plastiktüte und verschließen Sie diese. Dann schneiden Sie eine Ecke ab; die Öffnung darf aber nicht zu groß sein. Schließlich bringen Sie Ihr Saatgut aus, indem Sie die »Paste« gleichmäßig in die Furche ausdrücken.

FERTIGE AUSSAAT-STREIFEN VERWENDEN

Gelegentlich bietet der Fachhandel Aussaatstreifen an, bei denen die Samen in einem abbaubaren Material eingebettet sind. Dieses Aussaatverfahren ist teuer, spart aber die Zeit, die sonst beim Vereinzeln aufgewendet werden muß.

Bereiten Sie nach den Empfehlungen des Herstellers eine Furche vor und legen dort anschließend den Streifen hinein. Danach füllen Sie die Furche wieder mit Erde und halten den Boden feucht.

Der Samen ist durch das ihn umgebende Material geschützt (manchmal enthält es auch Nährstoffe). So mag diese Methode der Aussaat für Sie der komfortabelste Weg sein, um an die gewünschten Sämlinge zu kommen.

UNTEN: *Karotten profitieren von einer sorgfältig ausgeführten Aussaat. Hier sollen die Zwiebeln die Karottenfliege fernhalten.*

KARTOFFELN AUSSÄEN

In den meisten Regionen der gemäßigten Zone können jetzt die Kartoffeln ausgesät werden. Denn es vergehen einige Wochen, bis die frostempfindlichen Triebe aus dem Boden kommen. In kalten Lagen sollte das Saatgut aber vorkeimen (siehe unten) und erst einige Wochen später ausgebracht werden. In Regionen mit vielen Spätfrösten ist die Verwendung von Hauben oder Gartenfolien anzuraten.

1 Nehmen Sie eine Hacke, einen Spaten oder eine Harke, um breite, flache oder V-förmige 10-15 cm tiefe Furchen anzulegen. Der Abstand der Reihen sollte für die frühe Ernte 45 cm, für die zweite frühe Ernte 70 cm und für die Haupternte 75 cm betragen.

2 Dann setzen Sie die Knollen in einem Abstand von 30-45 cm. Achten Sie aber darauf, daß die Triebe bzw. die Augen (aus denen Triebe wachsen) nach oben zeigen. Bei größeren Knollen sollten Sie an jeder Pflanze nur drei Sprosse lassen und die anderen entfernen.

KARTOFFELKNOLLEN VORKEIMEN LASSEN

Vorkeimen bedeutet einfach, daß man die Knolle vor der Aussaat dazu veranlaßt auszutreiben. Die langen Triebe die Ihre Kartoffeln hervorbringen, wenn sie einige Zeit im Dunkeln gelagert wurden, sind aber nicht zu gebrauchen; die Triebe müssen kurz und kräftig sein. Legen Sie die Knollen dazu in einer Schale ins Licht, vielleicht nahe einem Fenster, wo keine Frostgefahr besteht.

Dieses Verfahren ist anzuraten, wenn Ihre Kartoffeln schnell wachsen sollen Vorgekeimte Knollen brechen für gewöhnlich ein bis zwei Wochen schneller aus der Erde.

3 Anschließend bedecken Sie die Knollen mit der ausgehobenen Erde und schließen so die Furche wieder.

4 Wenn Sie sich nicht die Mühe machen wollen, Ihr Saatgut anzuhäufeln, können Sie es auch unter einer schwarzen Plastikplane ausbringen. Stecken Sie die Ränder der Folie dabei gut im Boden fest.

5 Ritzen Sie dann dort, wo Sie Kartoffeln hinsetzen wollen, kreuzförmige Schlitze in die Folie.

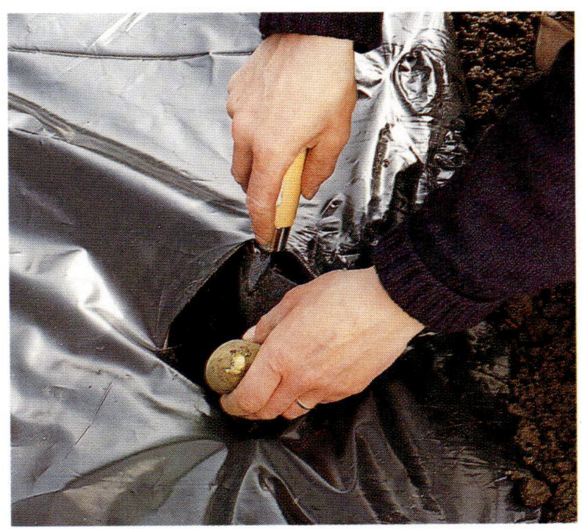

6 Abschließend bringen Sie die Knollen 3-5 cm in die Erde. Die Triebe werden ihren Weg später allemal durch die Schlitze finden.

Kohl und Blumenkohl aussäen

Kohl und Blumenkohl werden in der Regel nicht an ihrem endgültigen Standort ausgesät, sondern in Frühbeetkästen (oder in Töpfe bzw. Multitöpfe im Gewächshaus). Später werden sie ausgepflanzt. Sie können sich auch junge Pflanzen kaufen, sollten Sie es versäumt haben, selbst auszusäen.

1 Wenn Sie Ihre Sämlinge in den Gemüsegarten auspflanzen möchten (z.B. aus einem Frühbeetkasten), sollten Sie sie vorher eine Stunde wässern, wenn der Boden trocken ist.

2 Lockern Sie die Erde mit einer Gabel oder einem Handspaten. Wenn möglich, heben Sie Ihre Pflanzen einzeln heraus; wenn sie nicht vereinzelt wurden, kann das allerdings schwierig sein.

3 Arbeiten Sie beim Anpflanzen mit Ihrem Handspaten und drücken Sie die Erde anschließend gut fest. Das geht am besten, wenn Sie den Spaten neben der Pflanze in den Boden stechen und die Erde dann gegen die Wurzeln drücken.

4 Der Boden läßt sich auch mit dem Griff des Handspatens festdrücken, wenn Sie nicht die Hände nehmen möchten; bei nasser Erde beschmutzen Sie allerdings den Griff. Nach dem Auspflanzen gilt es, gründlich zu wässern.

5 Die Kohl- und Blumenkohlsämlinge werden oft in Multitöpfen gezogen, so daß die Pflanzen beim Ausbringen keinen so starken Schock erleiden. Hier ist die behutsame Entnahme des Sämlings durch unterstützenden Druck auf den Boden des Topfes gewährleistet.

Schutz für frühe Erdbeeren

Erdbeeren benötigen keinen Frostschutz; ein Haubenschutz läßt sie aber früher reifen, hält sie im übrigen sauber und schützt vor Vögeln und anderen Tieren.

Bedecken Sie die Pflanzen so früh wie möglich, lassen Sie aber eine Öffnung für die bestäubenden Insekten, wenn die Pflanzen in der Blüte stehen. Die meisten Hauben haben ein Belüftungssystem, das an warmen Tagen geöffnet werden sollte. Bei einem Folientunnel wird das Schutzdach zur Bestäubung an einer Seite angehoben.

OBEN: *Pflanzen Sie Kohl im jeweils angegebenen Abstand, da seine Größe variiert.*

SEEROSEN ANPFLANZEN

Jetzt ist die Zeit gekommen, Ihren Teich zu bepflanzen, sei es, daß Sie einen neuen einrichten oder einen bestehenden mit neue Pflanzen anreichern wollen. Seerosen (*Nymphaea*) sind teurer als die Wasserpflanzen, die Sie ans Ufer Ihres Teiches setzen; gehen Sie mit ihnen darum besonders pfleglich um.

1 Für die Pflanzen am Ufer des Teichs eignen sich gut Körbe; für Tiefwasserpflanzen wie Seerosen tut ein Putzeimer gute Dienste. Verwenden Sie dazu schwere Erde, die nicht zu viele Nährstoffe enthält. Sie erhalten diese Erde beim Spezialisten für Wasserpflanzen.

2 Geben Sie der Erde aber niemals normalen Dünger bei; das würde der Algenbildung Vorschub leisten (und das Wasser entsprechend grün färben). Ein spezieller Langzeitdünger ist das beste; achten Sie darauf, daß er vorzugsweise für Wasserpflanzen bestimmt ist.

SAUERSTOFFBILDENDE PFLANZEN VERWENDEN

Viele sauerstoffbildende Pflanzen, zum Beispiel die Wasserpest (*Elodea*), bleiben unter der Oberfläche und haben deshalb fast keinen Schauwert. Doch sind sie nützlich, weil sie Sauerstoff an das Wasser abgeben und somit zur Gesundheit der Teichfauna und -flora beitragen.

Manche sauerstoffbildende Pflanzen werden als Stecklinge im Bündel verkauft, ggf. auch beschwert, damit sie gut versinken. Stecken Sie sie einfach in einen Behälter mit Erde – dann werden sie schnell Wurzeln bilden.

Einige der dekorativeren Pflanzen wie *Myriophyllum*, das über Wasser einen fedrigen Wuchs zeigt, sollten Sie am besten in Körbe setzen (wie Uferpflanzen).

3 Schließlich nehmen Sie die Seerose aus ihrem Behälter und pflanzen sie in der ursprünglichen Tiefe ein.

4 Darauf geben Sie eine Lage Kies, damit die Fische nicht mit der Erde in Berührung kommen. Der Kies sorgt auch dafür, daß die Erde beim Absenken des Eimers nicht ausschwemmt.

5 Dann wässern Sie die Pflanze und lassen den Korb eine Weile stehen. So sorgen Sie dafür, daß das Wasser nicht schlammig wird, wenn Sie die Seerose in den Teich stellen.

6 Stellen Sie die Seerose im Teich zuerst an eine Flache Stelle, besonders wenn sich gerade neue Blätter entwickeln. Nach ein oder zwei Wochen können Sie sie dann in tieferes Wasser setzen.

ANPFLANZUNG FÜR DAS TEICHUFER

Die Uferpflanzen werden im flacheren Wasser am Ufer des Teichs gepflanzt. Bei den meisten Teichen ist der Ufersaum erhöht, so daß Sie Ihre Pflanzen dorthin stellen können – in der Regel in Körben, die zu diesem Zweck gekauft werden; Sie können Ihre Pflanzen auch auf Backsteine stellen, aber das macht nur Sinn, wenn diese sich in Ihr Teichambiente gut einfügen.

1 Füllen Sie einen Pflanzkorb mit Gartenerde, die nicht zu viele Nährstoffe enthält, oder mit einem speziellen Kompost. Es gibt auch Auskleidungen, die verhindern sollen, daß Erde durch die offenen Seiten des Korbes austritt.

2 Nehmen Sie die Pflanze aus ihrem Behälter und pflanzen Sie sie in der ursprünglichen Tiefe in den Korb, wobei Sie ggf. mit dem Handspaten etwas Erde zugeben (oder wegnehmen); drücken Sie diese anschließend gut fest.

FISCHE EINSETZEN

Lassen Sie Ihre Fische niemals direkt in den Teich. Sie müssen sich zunächst akklimatisieren: Legen Sie darum die Plastiktüte, in der Sie sie transportiert haben, erst für eine Stunde ins seichte Wasser. So kann sich die Wassertemperatur langsam angleichen. Dann dürfen Sie die Fische ins freie Wasser schwimmen lassen.

OBEN: *Wählen Sie Ihre Seerosen immer passend zur Größe Ihres Teichs. Manche eignen sich für einen kleinen Teich, andere benötigen viel Platz.*

3 Geben Sie eine Lage Kies bei, damit die Fische nicht mit der Erde in Berührung kommen und diese beim Absenken des Korbes an Ort und Stelle bleibt.

4 Wenn die Erde trocken ist, sollten Sie erst wässern, und den Korb dann so in den Uferbereich stellen, daß er mit etwa 3-5 cm Wasser bedeckt ist.

Wohlriechende Wicken anpflanzen

Wohlriechende Wicken (*Lathyrus odoratus*), die im Herbst gesät wurden und im Frühbeetkasten überwintert haben (oder Mitte bis Ende des Winters im Gewächshaus), werden jetzt ausgepflanzt; es ist aber noch nicht zu spät, sie jetzt erst zu säen. Sie blühen dann im Spätsommer. Damit Sie an ihnen über einen längeren Zeitraum Ihre Freude haben, sollte die Aussaat zu verschiedenen Zeiten stattfinden.

1 Bringen Sie die Kletterhilfen schon vor dem Auspflanzen an. Für schöne Blüten an langen, aufrechten Stengeln ist der Kordon am besten; ihn zu errichten, ist aber sehr arbeitsintensiv. Stellen Sie am Ende der Doppelreihe T-förmige Pfosten auf. Dazwischen spannen Sie Drähte und befestigen daran im Abstand von 25 cm leicht nach innen geneigte Rohrstöcke von etwa 2 m Länge.

2 Für einen besonderen Blickfang mit vielen dicht an dicht stehenden Blüten macht sich ein Zelt aus Rohrstöcken gut. Stellen Sie die Rohre gegeneinander und binden Sie diese oben zusammen.

3 Es lassen sich auch Draht- oder Kunststoffnetze an Rohrstöcken befestigen. So errichten Sie einen Turm und plazieren die hohen Pflanzen als Blickfang im Hintergrund eines Beetes.

4 Graben Sie am Ende jedes Rohrstocks (oder etwa 25 cm davon entfernt) ein Loch in die Erde, das groß genug ist, den Wurzelballen der Wicke unversehrt aufzunehmen.

5 Wohlriechende Wicken werden auch als Bündel verkauft. Sie müssen sie aber trennen und einzeln einpflanzen. Breiten Sie die Wurzeln gut aus und vergessen Sie am Ende nicht das Wässern.

6 Stützen Sie Ihre Pflanzen schon frühzeitig ab. Auch ein kleines Netzwerk mag hilfreich sein oder ein Rohrstock mit mehreren kleinen Metallringen (*siehe* Abb.).

7 Bei direkter Aussaat ins Freiland setzen Sie an jeder Stelle zwei oder drei Samen. Aber kultivieren Sie nach der Keimung nur ein Pflänzchen.

Beetpflanzen abstützen

Es gibt Beetpflanzen, die windanfällig sind; so wird manche schöne Pflanze durch das Wetter niedergedrückt oder sogar geknickt. Das frühe Abstützen bedeutet, daß die Pflanze in aller Regel an der Stützhilfe empor- und über sie hinauswächst. So wird diese Stütze nahezu unsichtbar.

1 Spezielle Stützhilfen wie diese hier eignen sich gut für niedrige Beetpflanzen, die im Ensemble zusammenstehen und viele biegsame oder zerbrechliche Blütenstengel aufweisen.

2 Stützhilfen, die man kombinieren kann, eignen sich gut bei Pflanzen mit unterschiedlicher Höhe. Sie lassen sich passend für die jeweils erforderlichen Gegebenheiten herrichten.

3 Auch viele Stöckchen im Boden, die eine Pflanze von mehreren Seiten stützen, können hilfreich sein. Vielleicht sehen sie am Anfang nicht gut aus; aber wenn die Pflanze gewachsen ist, werden Sie diese Hilfen nicht mehr sehen.

4 Für die Gartennelke eignen sich kurze Rohrstöcke. Wenn Sie ein kräftiges Rohr zur Hand haben, binden Sie die gesamte Pflanze daran fest. Mit kleinen Röhrchen können Sie einzelne Blütentriebe abstützen.

OBEN: *Pflanzen mit hohen Blütenähren, die sehr anfällig für Windschäden sind, zum Beispiel der Rittersporn* (Delphinium), *werden mit großen Rohrstöcken abgestützt. Bringen Sie solche Stützen schon frühzeitig an und binden Sie die Ähren dann während des Wachstums locker ein.*

Vermehrung mit Stecklingen

Stecklinge, die von den neuen, diesjährigen Trieben genommen werden, bewurzeln sich schnell und problemlos; auf diese Weise können Sie die meisten Ihrer Pflanzen vermehren. Die untenstehende Liste enthält eine Auswahl beliebter Gartenpflanzen, bei denen Sie so vorgehen können.

1 Die genaue Länge eines Schnittlings ist von Sorte zu Sorte verschieden; gewöhnlich wird der Trieb unter dem vierten Blatt oder Blattpaar abgeschnitten. Manche Gärtner weichen von diesem Richtwert aber auch ab.

2 Schneiden oder ziehen Sie das unterste Blattpaar ab (wenn die Pflanze schuppenartige Nebenblätter hat, auch diese). Entfernen Sie den Trieb an der Basis, und zwar direkt unter einem Blattgelenk.

PFLANZEN FÜR DIE STECKLINGSVERMEHRUNG

Nachfolgend werden einige der beliebtesten Pflanzen genannt, die durch Mitte des Frühjahrs genommene Stecklinge vermehrt werden können.

Wenn Sie eine Pflanze vermehren wollen, aber nicht wissen, ob das mit Stecklingen möglich ist, sollten Sie es einfach mal ausprobieren. Die Chancen sind gut, daß sich einige bewurzeln.

Bartblume (*Caryopteris*)
Forsythie (*Forsythia*)
Fuchsie (*Fuchsia*)
Lavendel (*Lavandula*)
Pelargonie (*Pelargonium*)
Salbei (*Salvia*, strauchige Arten)
Scheinweigelie (*Kolkwitzia*)
Strohblume (*Helichrysum*)
Waldrebe (*Clematis*)

3 Für eine schnellere Wurzelbildung tauchen Sie das Ende des Stecklings in ein Bewurzelungshormon; viele Stecklinge bilden zwar auch ohne diese Hilfe problemlos neue Wurzeln, aber die meisten Bewurzelungshormone enthalten zusätzlich ein Fungizid gegen Fäulnis.

4 Geben Sie den Steckling in ein vorbereitetes Loch und drücken Sie die Erde anschließend gut fest. Aber drücken Sie den Steckling nicht mit Gewalt ins Pflanzloch. Wenn Sie viele Stecklinge setzen wollen, gruppieren Sie sie entlang des Topfrands; die Blätter sollten sich dabei aber nicht berühren.

5 Dann wässern Sie gut und stellen Sie den Topf in den Anzuchtkasten. Sie können die Stecklinge auch mit einer Plastiktüte schützen, die sie gut zubinden müssen. Stecklinge brauchen eine hohe Luftfeuchtigkeit. Stellen Sie aber sicher, daß die Blätter nicht die Tüte berühren.

Einen Hängekorb bepflanzen

Hängekörbe sind für ziemlich kleine Pflanzen am besten geeignet. Stellen Sie Ihre Körbe an einen hellen, frostfreien Platz, bis die Pflanzen ins Freie gebracht werden können – vielleicht im späten Frühjahr oder im frühen Sommer. Idealen Schutz bietet ein Gewächshaus, aber auch eine geschützte Veranda eignet sich gut. Hier werden sich Ihre Pflanzen gut erholen, bevor sie dann ein paar Wochen später dem Wind, der trockeneren Erde und der rauheren Luft im Freien ausgesetzt werden.

1 Stellen Sie den Korb für einen stabilen Stand bei der Bepflanzung in einen großen Topf oder in einen Eimer. Am besten eignet sich ein Drahtkorb. Denn so können die Pflanzen aus den Seiten herauswachsen wie auch von oben herabhängen.

2 Geben Sie der Topferde etwas wasserspeichernde Kristalle bei; das erweist sich für den Fall als nützlich, daß Sie vergessen haben sollten, Ihre Pflanzen zu wässern. Die Wasserspeicher sind bei trockenem und heißem Wetter aber kein Ersatz für das regelmäßige Wässern.

3 Sie können sich spezielle Auskleidungen für Körbe besorgen und Schlitze hineinschneiden; meist wird der Korb aber bis auf Höhe der ersten Pflanzen mit Moos ausgekleidet. Füllen Sie den Korb bis zu dieser Höhe mit Topferde und setzen Sie die Pflanzen ein.

4 Dann kleiden Sie den Korb mit zusätzlichem Moos aus und füllen weitere Erde auf. In die Mitte des Korbs sollten Sie eine große Pflanze setzen. Ggf. müssen Sie noch etwas Erde von ihrem Wurzelballen entfernen.

5 Schließlich bestücken Sie den Rand mit Pflanzen. Haben Sie es dabei mit Hängepflanzen zu tun, setzen Sie sie etwas schräg ein. So werden die Pflänzchen leicht nach außen weisen und schnell über-, dann herabhängen können.

6 Wässern Sie anschließend gründlich und stellen Sie den Korb an einen geschützten Platz, bis sich die Pflanzen erholt haben. Wenn Sie ihn nicht aufhängen können, lassen Sie ihn auf der Unterlage, auf der Sie ihn bepflanzt haben.

Empfindliches Gemüse aussäen

Mitte des Frühjahrs ist die Zeit gekommen, um frostempfindliches Gemüse auszusäen. Wenn dieses Gemüse zu früh ausgesät wird, kann es zu schnell zum Auspflanzen bereit sein. Folglich nimmt es dann Schaden, weil es zu lange in kleinen Töpfen zurückgehalten werden muß. Gemüse, das jetzt zur Aussaat gelangt, sollte einige Wochen im warmen sprießen dürfen und anschließend noch etwa eine Woche im Frühbeetkasten abgehärtet werden. In wärmeren Klimaten können alle hier erwähnten Gemüse ins Freie ausgesät werden, nachdem die Frostgefahr gebannt ist.

1 Säen Sie Stangenbohnen etwa sechs bis acht Wochen vor den letzten Nachtfrösten. Füllen Sie dazu einen Topf von 15-20 cm bis auf 6 cm unter dem Rand mit Kompost. Anschließend setzen Sie drei Samen in den Topf, geben noch 5 cm Kompost darüber und wässern.

2 Stellen Sie die Töpfe an einen warmen Ort und geben Sie ihnen viel Licht, sobald die Samen keimen. Wenn alle Samen aufgegangen sind, vereinzeln Sie Ihre Pflänzchen auf ein oder zwei Sämlinge.

3 Jetzt können Sie auch Freiland- oder Gewächshausgurken aussäen. Füllen Sie dazu kleine Töpfe bis auf 3 cm unter dem Rand mit einem Saatsubstrat. Dann legen Sie in jeden Topf gut verteilt zwei oder drei Samen, bedecken sie mit Substrat und wässern anschließend.

4 Halten Sie die Töpfe für die Keimung feucht und warm. Wenn mehr als ein Samenkorn aufgeht, vereinzeln Sie Ihre Pflänzchen. In jedem Topf sollte zuletzt nur ein Sämling übrigbleiben.

5 Auch Gemüsekürbisse und Zucchini können jetzt ausgesät werden. Behandeln Sie dieses Saatgut wie Ihren Gurkensamen. Weil die Samenkörner aber größer sind, sollten Sie auch größere Töpfe nehmen und diese Körner etwa 3 cm tief in den Boden setzen.

6 Zuckermais sollte, außer in sehr milden Gegenden, am besten in Töpfen gezogen und später ausgepflanzt werden. Sie können dazu normale Töpfe verwenden; manche Gärtner bevorzugen aber Töpfe aus Torf (die den Wurzeln nach dem Auspflanzen nicht den Weg versperren werden). Torftöpfe sollten Sie in eine Aussaatschale stellen.

VERMEHRUNG MIT BLATTSTECKLINGEN

Manche Zimmerpflanzen, zum Beispiel Usambaraveilchen (*Saintpaulia*) und Drehfrüchte (*Streptocarpus*), können mit Blattstecklingen vermehrt werden. Das ist nahezu das ganze Jahr über möglich; dennoch ist das Frühjahr dafür die beste Zeit. Hier werden zwei Methoden dieser Vermehrung vorgestellt.

1 Blattstecklinge beim Usambaraveilchen bestehen aus ganzen Blättern, jeweils mit dem Stengel. Entscheiden Sie sich für junge, aber ausgewachsene, gesunde Blätter und schneiden Sie diese nahe der Stengelbasis ab.

2 Dann kürzen Sie den Stengel auf etwa 3 cm Länge und führen das Blatt so in den Boden, daß die Blattspreite das Substrat berührt. Stecken Sie einzelne Stecklinge in kleine Töpfe (oder mehrere zusammen in einen größeren).

3 Halten Sie die Stecklinge feucht (aber nicht naß) und sorgen Sie für hohe Luftfeuchtigkeit. Wenn Sie keinen Anzuchtkasten haben, stecken Sie den Topf in eine Plastiktüte, die das Blatt aber nicht berühren darf. Sie sollten die Tüte regelmäßig wenden, um so die Kondensation zu reduzieren.

4 Die Drehfrucht läßt sich aus Blattstücken vermehren, die man Blattteilstecklinge nennt. Nehmen Sie ein gesundes, entwickeltes Blatt, das nicht zu alt ist, und schneiden Sie es in 5-8 cm große Stücke.

5 Stecken Sie die Blattstücke zu etwa einem Drittel in das Substrat, und zwar so, daß die Seite, welche ursprünglich zum Stengel gezeigt hat, nach unten weist. Stellen Sie Ihre Stecklinge anschließend an einen warmen, hellen Platz (aber ohne direkte Sonneneinstrahlung).

EINEN KRÄUTERTOPF BEPFLANZEN

Ein Kräutertopf bietet einen hübschen Anblick, sollte aber am besten jedes Jahr neu bepflanzt werden. Denn wenn strauchartige mehrjährige Kräuter zu groß werden, kann es schwierig sein, sie wieder herauszunehmen. Gehen Sie besonders umsichtig mit einer großen strauchartigen Pflanze um, die Sie oben in einen sich verjüngenden Kräutertopf setzen. Hat die Pflanze erst einmal ihr großes Wurzelwerk entwickelt, kann sie wegen der Verjüngung des Topfes fast nicht mehr entfernt werden.

1 Bepflanzen Sie einen Kräutertopf am besten schrittweise. Füllen Sie zuerst eine gute Topferde auf, und zwar bis in Höhe der ersten Pflanzlöcher.

2 Was das Anpflanzen von kleinen Pflanzen anbelangt, so nehmen Sie sie aus ihren Töpfen und stecken Sie ihre Wurzelballen in die Pflanzlöcher. Ggf. entfernen Sie einige Wurzeln, so daß der Ballen in das Loch paßt.

3 Dann füllen Sie weitere Erde auf und bepflanzen die nächste Reihe. Wenn der Topf nicht sehr groß ist, sollten Sie oben nicht zu viele Kräuter einsetzen. Eine einzelne gut gewachsene Pflanze sieht oftmals viel besser aus.

4 Große Steinguttöpfe, phantasievoll bepflanzt, können ebenso gut aussehen wie Kräutertöpfe. Auch ein altes Halbfaß mag geeignet sein. Pflanzen Sie in der Mitte ein großes strauchiges Kraut, zum Beispiel einen Lorbeerbaum (*Laurus nobilis*).

5 Mit der Zeit wird dieser Lorbeerbaum den gesamten Platz einnehmen; so erhalten Sie einen hübschen Solitär. Doch vorerst können Sie am Rand des Topfes einige kleinere Kräuter hinsetzen; aber Vorsicht mit Minze, sie ist später nämlich nur schwer wieder zu entfernen.

MINZE ZIEHEN

Wenn Minze (*Mentha*) sich etabliert hat, ist sie nur noch sehr schwer unter Kontrolle zu halten. Sie breitet sich mit unterirdischen Trieben auch zwischen anderen Pflanzen aus und überbrückt sogar Wege. Am besten beschränkt man den ihr zur Verfügung stehenden Platz gleich von Anbeginn.

1 Der Kultursack ist für den Anbau von Minze ideal. Sie kann einige Jahre wachsen, läßt sich dann aber leicht herausnehmen und wieder neu anpflanzen. Wenn Minze in großen Töpfen wächst, mag es erforderlich werden, einen Teil der Wurzeln zu entfernen.

2 Sie können eine einzige Minzesorte in den Kultursack setzen, sich aber auch für eine Auswahl von vier bis sechs Sorten entscheiden. Letzteres sieht nicht nur gut aus, sondern erweitert auch noch Ihre Würzpalette.

3 Wenn Sie Minze im Beet anpflanzen möchten, sollten Sie sie in einen großen Topf setzen. Stellen Sie sicher, daß der Boden des Topfes Entwässerungslöcher aufweist; anschließend füllen Sie Erde oder ein Substrat in das Behältnis ein und setzen die Minze in die Mitte.

4 Für ein gefälliges Aussehen sollten Sie den Topf so eingraben, daß sein Rand von der umgebenden Erde bedeckt ist und so verborgen bleibt. Nehmen Sie die Pflanze in jedem oder in jedem zweiten Frühjahr heraus und teilen Sie sie, um so ihre Vitalität zu erhalten.

WEITERE WUCHERNDE KRÄUTER

Minze ist das am stärksten wuchernde Kraut, doch es gibt noch weitere Kräuter, die im Beet überhand nehmen können. Dazu gehören der Rainfarn (*Tanacetum vulgare*) und Waldmeister (*Galium odoratum*, syn. *Asperula odorata*). Kultivieren Sie diese Kräuter in einem Eimer oder in einem großen Topf. Dort sind sie am besten aufgehoben.

ZUCKERMAIS AUSSÄEN

Zuckermais (*Zea mays*) bringt in warmen Gegenden, wo er direkt im Garten ausgesät werden kann, eine zuverlässige Ernte. In kühleren Klimaten mit einer kürzeren Vegetationszeit sollte die Aussaat aber unter Glas stattfinden, so daß die Pflanzen vor den Herbstfrösten heranreifen können. Bei nicht optimalen Wachstumsbedingungen sollten Sie sich für eine für kühlere Klimate gezüchtete Sorte entscheiden.

1 Säen Sie erst aus, wenn kein Frost mehr zu erwarten ist und die Bodentemperatur 10 °C erreicht hat. In kühleren Gegenden sollten Sie den Boden ein bis zwei Wochen mit einer Folie oder Haube aufwärmen.

2 Die Aussaat erfolgt 3 cm tief und mit 8 cm Abstand. Später vereinzeln Sie die Sämlinge auf den empfohlenen Abstand. Sie sollten den Zuckermais in kleinen Rechtecken und nicht in einzelnen Reihen aussäen.

3 Decken Sie den Boden mit einer mitwachsenden Folie oder mit einem Faservlies ab. Diese Abdeckung kann ausliegen, bis die Pflanzen zu groß werden und durch sie beschädigt würden.

4 In Gegenden, wo die Aussaat im Freien zu gefährlich ist, sollten Sie die Pflanzen in Multi- oder in Torftöpfen ziehen. Ist kein Frost mehr zu erwarten, können Sie sie vorsichtig abhärten und dann ausbringen.

FREILANDTOMATEN ANPFLANZEN

Warten Sie mit dem Pflanzen von Freilandtomaten, bis Mitte Mai – bis Sie auch Ihre Sommerbeetpflanzen ausbringen. Nehmen Sie nur die für das Freiland empfohlenen Sorten.

1 Pflanzen Sie Ihre Tomaten in dem für die Sorte empfohlenen Abstand – manche wachsen hoch und groß, andere bleiben klein und kompakt. Ihre Pflänzchen müssen gut abgehärtet sein.

2 In kühleren Gegenden sollten Sie Ihre Pflanzen für einige Wochen mit einer Haube oder Folie abdecken.

3 Sobald der Schutz entfernt werden kann, sollten Sie Ihre Pflanzen abstützen. Einige kleine Sorten kommen evtl. auch ohne Stützhilfe aus.

TOMATEN IN KULTURSÄCKEN ZIEHEN

Tomaten gedeihen auch gut in Kultursäcken; das ist ungemein praktisch für die Kultur auf einer Terrasse, im Gewächshaus oder auch anderswo.

Wenn Sie Tomaten in Kultursäcken auf einem harten Untergrund ziehen, ist das Abstützen das größte Problem. Es gibt aber spezielle Stützhilfen eigens für Tomaten in Kultursäcken. Ihre Anschaffung lohnt sich, da sie auch einige Jahre halten.

Wenn der Kultursack auf der Erde aufliegt, stoßen Sie die Stützhilfe einfach durch den Sack hindurch in den Boden.

Feuer- und Stangenbohnen anpflanzen

Im gemäßigten Klima können Sie Feuer- und Stangenbohnen im späten Frühjahr aussäen; bei kühlem Klima sollten Sie bis zum Frühsommer warten (oder mit der Kultur im Haus beginnen).

1 Setzen Sie an jedem Rohrstock zwei Samenkörner 5 cm in den Boden. Wenn beide keimen, entfernen Sie den schwächeren Sämling. Warten Sie mit der Aussaat, bis die Bodentemperatur mindestens 12° C beträgt.

2 Warten Sie mit dem Ausbringen Ihrer Pflanzen, bis kein Frost mehr zu erwarten steht. Wenn die Pflanzen etwas gewachsen sind, können Sie sie bequem an die Kletterhilfen heranführen.

ABSTÜTZEN DER BOHNEN

Feuer- und Stangenbohnen stützt man meist mit Rohrstöcken oder mit Netzen ab. Diese müssen aber weitmaschig sein (und werden im Fachhandel so auch angeboten). Spannen Sie ein Bohnennetz straff zwischen gut verankerte und stabile Pfosten. Eine beliebte Methode des Abstützens mit Rohrstöcken ist die Zeltstellung (*siehe* rechts), eine andere, die Rohre sich oben kreuzen zu lassen (*siehe* rechts außen).

Der Fachhandel bietet auch vorgefertigte Stützhilfen an, die gute Dienste leisten, aber auch teuer sein können.

Halbkörbe und Wandschalen verwenden

Die meisten Menschen lieben den traditionellen Hängekorb. Doch vor Enttäuschungen ist man nicht sicher. Auch wenn der Korb an allen Seiten gleichmäßig bepflanzt wurde, werden Sich die Pflanzen mauerwärts viel schwächer entwickeln als die an der Sonnenseite, wenn Sie den Korb nicht jeden Tag drehen, um so für einen gleichmäßigen Wuchs zu sorgen. Ein an der Mauer befestigter Halbkorb (oder eine Wandschale) kann ebenso effektvoll sein. Da er natürlich so bepflanzt wird, daß er von vorne gut aussieht, wird er ebenso gut zur Geltung kommen, wie ein konventioneller Korb.

1 Einen kleinen Wandtopf können Sie zum Bepflanzen von der Mauer abnehmen. Aber niemals sollten Sie die Anpflanzung vornehmen, bevor Sie sich Ihre Befestigung an der Wand geschaffen haben.

2 Geben Sie zur Verbesserung der Drainage eine Lage Tonscherben oder Kies in den Topf und füllen Sie dann Topferde ein.

3 Wenn Sie sich für einen Halbkorb aus Metall entschieden haben, verkleiden Sie ihn mit Moos und füllen Sie ihn dann bis zur Höhe der ersten Pflanzen mit Topferde.

4 Anschließend bepflanzen Sie die Seiten. Danach geben Sie weiteres Moos in den Korb und füllen weitere Topferde zu.

5 Pflanzen Sie in die Mitte des Korbs große, auffällige Pflanzen. So sorgen Sie für einen Blickfang.

6 Wenn Sie einen verzierten Wandtopf bepflanzen, der für sich selbst zur Geltung kommen soll, sollte der Wuchs weniger spektakulär ausfallen.

WANDSCHALEN INS FREIE BRINGEN

Da Halbkörbe und Wandschalen nur schwer im Gewächshaus oder an anderen geschützten Orten unterzubringen sind, sollten Sie mit der Bepflanzung warten, bis keine weiteren Fröste mehr zu erwarten sind. Wenn Sie ihnen aber zwei Wochen im Gewächshaus bzw. im Frühbeetkasten ermöglichen können, wird das positive Wirkungen zeitigen – das Aussehen der Pflanzen und ihr Wachstum werden davon profitieren.

RECHTS: *Für diesen üppigen Wuchs wurde ein echter alter Futtertrog verwendet. Gut bepflanzte große Wandtöpfe können einen ebenso schönen Anblick bieten.*

BEETPFLANZEN ABHÄRTEN

Das Abhärten ist für alle im Haus oder im Gewächshaus gezogenen Pflanzen überaus wichtig; so werden sie kräftig und bleiben gesund. Aber wenn empfindliche Pflanzen nach einem beschützten Standort auf der Fensterbank oder im Gewächshaus direkt der heißen Sonne oder den kalten, beißenden Winden im Freien ausgesetzt werden, müssen Sie mit Verlusten rechnen.

Pflanzen, die Sie im Fachgeschäft oder Gartencenter kaufen, sollten vor dem Kauf abgehärtet sein.

1 Stellen Sie Ihre Pflanzen vor dem Auspflanzen ein bis zwei Wochen in einen Frühbeetkasten. Abends und an kalten Tagen sollten Sie die Abdeckung schließen, ansonsten aber offen lassen. Wenn Frost droht, müssen Sie den Kasten abdecken oder aber die Pflanzen wieder ins Gewächshaus bringen.

2 Wenn Sie keinen Frühbeetkasten zur Verfügung haben, können Sie auch Hauben oder andere Schutzvorrichtungen verwenden. Belüften Sie diese, wann immer möglich. So können sich die Pflanzen akklimatisieren, während sie gleichzeitig noch vor dem stärksten Wind und der Kälte geschützt bleiben.

3 Wenn Sie weder einen Frühbeetkasten haben, noch eine andere Schutzvorrichtung einsetzen können, stellen Sie Ihre Schalen und Töpfe an einem geschützten Ort ins Freie und decken sie mit einem Gartenvlies ab. Ist Frost angesagt, müssen Sie Ihre Pflanzen wieder ins Haus stellen.

Gewächshaustomaten anpflanzen

Gewächshaustomaten wurden schon immer im Beet gezogen, wobei die Erde regelmäßig ausgetauscht worden ist. Dann kam die Ringkultur in Mode. In neuerer Zeit haben auch die Kultursäcke an Beliebtheit gewonnen. Kommerziell werden auch andere Anbaumethoden der Kultur im Gewächshaus praktiziert; im Folgenden beschränke ich mich auf die drei für den Hobbygärtner geeignetsten Methoden. Alle drei haben ihre Vor- und Nachteile. Wählen Sie den Weg, der Ihnen am einfachsten erscheint. Bei alledem ist das allerwichtigste aber, daß Sie Ihren Tomaten regelmäßige Pflege angedeihen lassen.

1 Graben Sie soviel gut verrotteten Stallmist oder Gartenkompost unter, wie Sie erübrigen können, und harken Sie einen Volldünger unter, bevor Sie Ihre Tomaten anpflanzen. Auch wenn sie schon früher gepflanzt werden könnten, ist jetzt die beste Zeit, weil nach dem Ausbringen der Beetpflanzen im Gewächshaus mehr Platz ist.

2 Die meisten Gewächshaussorten wachsen hoch und benötigen deshalb eine Kletterhilfe. Behelfen Sie sich mit langen Rohrstöcken, wenn Sie nur wenige Pflanzen zu versorgen haben, ansonsten sind Schnüre besser geeignet (*siehe* Folgeseite).

3 Bei der Ringkultur befinden sich die wasseraufnehmenden Wurzeln in einem feuchten Aggregat und die nährstoffaufnehmenden in speziellen bodenlosen Töpfen mit Topferde. Heben Sie einen 15-25 cm tiefen Graben aus und verkleiden Sie ihn mit Kunststoff (das verringert die Ansteckungsgefahr bei bodenbürtigen Krankheiten).

4 Anschließend füllen Sie den Graben mit feinem Kies oder mit grobem Sand auf, stellen Ihre speziellen Töpfe für die Ringkultur darauf und füllen diese dann mit hochwertiger Topferde.

5 Jetzt können Sie die Tomaten in den Ring pflanzen und eine Stützhilfe anbringen. Wässern Sie zu Beginn nur innerhalb des Rings. Wenn sich die Pflanze etabliert hat und einige Wurzeln in den Untergrund vorgedrungen sind, wässern Sie nur noch diesen.

6 Mit Kultursäcken zu arbeiten, ist weniger aufwendig als die Ringkultur, aber hierbei müssen Sie regelmäßig düngen; auch das Wässern kann schwieriger sein. Als Stützhilfe stecken Sie einen Rohrstock durch den Sack oder verwenden Sie Schnüre.

OBEN: *Wenn Sie Ihre Tomaten jetzt anpflanzen, ist diese schöne Fruchtbildung möglich. Um tatsächlich gute Ergebnisse zu erzielen, sollte Ihre Sorte für das Gewächshaus empfohlen sein.*

TOMATEN AN SCHNÜREN ZIEHEN

Schnüre sind für Ihre Tomaten eine einfache sowie Arbeit und Kosten sparende Kletterhilfe. Spannen Sie einen Draht in der gewünschten Höhe über dem Beet und einen zweiten dicht über dem Boden. Der untere Draht wird gewöhnlich an stabil verankerten Pfählen an den jeweiligen Enden einer Reihe befestigt.

Anschließend bringen Sie über jeder Pflanze senkrechte Schnüre zwischen den Drähten an.

Sie müssen die Pflanzen nicht an ihrer Kletterhilfe festbinden; es ist ausreichend, die Schnur in einer Schleife um die Wachstumsspitze zu legen, um sie nach oben auszurichten.

GURKEN ANPFLANZEN UND ERZIEHEN

Wie bei den Tomaten gibt es auch für Gurken verschiedene Wege, sie einzupflanzen und zu erziehen. Sie können Gurken in Kultursäcken auf den Gewächshausgestellen kultivieren, wobei Sie zwischen den Säcken und dem Dach Bambusrohre anbringen und entlang des Daches Schnüre spannen. Erziehen Sie den Wuchs an diesen Schnüren; dann werden die Gurken entlang des Daches herabhängen. Ein handelsüblicher Kultursack kann zwei Gurkenpflanzen aufnehmen; setzen Sie Ihre Pflanzen aber nicht zu dicht.

Diese Methode ist einfach und bequem. Aber wenn Sie sich den Aufwand sparen wollen, die Kultursäcke stets feucht zu halten, können Sie die Gurken auch direkt ins Beet pflanzen und die waagerechten Schnüre an der Wand des Gewächshauses spannen.

SOMMER

Der Frühsommer ist eine Zeit intensiver Gartenarbeit. Nun können in kühleren Gegenden auch die empfindlichen Pflanzen ausgebracht werden. Selbst das Unkraut scheint jetzt schneller zu wachsen, als Sie es jemals für möglich gehalten haben. Mit der Mitte des Sommers und dem Spätsommer brechen Zeiten an, in denen Sie den Lohn ihrer früheren Anstrengungen erhalten. Die Zeit der Muße ist gekommen, wiewohl in einem Garten stets Arbeiten zu erledigen sind, so auch jetzt. Während eines trockenen Sommers kann beispielsweise Wassermangel Sie auf Trab halten; begnügen Sie sich in einem solchen Fall aber nicht mit sparsamem Gießen. Das könnte die Wurzeln Ihrer Pflanzen an die Oberfläche ziehen und anfällig machen.

VORSEITE: *Rosen sind ein nahezu unverzichtbarer Bestandteil des sommerlichen Gartens; doch sorgen Sie dafür, daß sie auch bestmöglich zur Geltung kommen.*

OBEN: *In Kübeln können die Sommerfarben auch zu den entlegensten Plätzen im Garten gelangen.*

Kartoffeln schützen und anhäufeln

Kartoffeln häufelt man an, um die Knollen nahe der Oberfläche so vor Licht zu schützen. Denn werden sie dem Licht ausgesetzt, färbt sich ihre Schale grün, und sie werden vollständig ungenießbar.

1 Kartoffeln können sich gewöhnlich von leichten Frostschäden erholen. Doch wenn Frost angesagt ist, nachdem die Triebe durch den Boden gestoßen sind, sollten Sie die Pflanzen in jedem Fall mit Zeitungspapier oder Gartenfolie schützen. Befestigen Sie diese Abdeckung und entfernen Sie sie am nächsten Morgen wieder (bzw. wenn der Frost vorüber ist).

2 Häufeln Sie die Kartoffeln an, sobald die Triebe 15 cm groß sind, wobei Sie die Erde auf jeder Seite der Reihe mit einer Hacke zusammenschieben.

3 Diese Arbeit setzen Sie mit weiterer Entwicklung Ihrer Pflanzen fort, bis die angehäufelte Erde einen ca. 15 cm hohen Hügel bildet.

Sämlinge vereinzeln

Das Vereinzeln ist eine lästige, aber notwendige Arbeit. Vom jeweiligen Abstand zwischen den Pflanzen hängt die Größe der einzelnen Früchte bzw. der Ernteertrag ab. Der genaue Abstand richtet sich häufig danach, ob Sie an der gesamten Ernte interessiert sind oder nur an der besten Qualität.

1 Folgen Sie bei der Aussaat den Hinweisen auf der Samenpackung. Es sollte auch der richtige Abstand nach dem Vereinzeln vermerkt sein.

2 Die Vereinzelung geschieht schrittweise. Nach dem ersten Arbeitsgang sollten die Pflanzen noch doppelt so dicht stehen, wie es endgültig vorgesehen ist; so bewahren Sie sich für Ausfälle noch eine Reserve.

3 Aber wenn die Pflanzen dann miteinander in Konkurrenz treten, vereinzeln Sie sie noch einmal und stellen so den endgültigen Abstand her.

ZWERGBLUMENKOHL AUSSÄEN

Zwergblumenkohl aus Sommersorten wird im Frühjahr oder im frühen Sommer ausgesät, aber in einem geringeren Abstand, als es ansonsten üblich ist. Säen Sie alle 15 cm einige Samen aus und vereinzeln Sie diese später, sollte mehr als ein Korn keimen. Die Köpfe sind viel kleiner als gewöhnlich; der Gesamtertrag kann aber dennoch gut sein.

MEHRFACHAUSSAAT

Manche Gärtner ziehen bestimmte Gemüse, zum Beispiel Karotten, Rote Bete, Zwiebeln und Porree, gern in kleinen Gruppen. Gewöhnlich kommen dann in jedes Segment eines Multitopfes vier bis sechs Samenkörner (*siehe* ganz oben), die auch ohne Vereinzelung ausgepflanzt werden. Das Gemüse bleibt dann gewöhnlich kleiner und weniger wohl geformt als dasjenige, das in Reihen gesät und wie üblich vereinzelt wurde. Der Gesamtertrag kann aber zufriedenstellend sein, nur muß der für diese Art der Kultivierung empfohlene Abstand unbedingt eingehalten werden.

SÄMLINGE UMPFLANZEN

Versuchen Sie nicht, überzählige Sämlinge des Wurzelgemüses (z.B. Weiße Rüben) umzupflanzen; aber bei anderen Gemüsen, zum Beispiel Salat oder Kohl, können Sie durchaus so verfahren.

Das Geheimnis des Erfolgs besteht darin, die Pflanzreihen eine Stunde vor dem Umpflanzen gründlich zu wässern und dann die Sämlinge mit möglichst viel Erde an den Wurzeln herauszuheben (prüfen Sie, ob die Feuchtigkeit die Tiefe der Wurzeln tatsächlich erreicht hat). Dann wässern Sie gut und halten die Pflanzen in den nächsten Tagen von direkter Sonneneinstrahlung fern.

LINKS: *Bei einem geringen Abstand kann der Gesamtertrag manchmal größer sein, auch wenn jede einzelne Pflanze für sich kleiner bleibt.*

Tröge und Blumenkästen

Überall außer in den kältesten Gegenden können jetzt die empfindlichen Beetpflanzen ausgebracht werden. Kübel und Tröge, üppig mit Sommerbeetpflanzen bestückt, garantieren freundliche Farben. Sie können sie in die Teile des Gartens bringen, die sonst wenig Reiz hätten. Setzen Sie auch Blumenkästen ein; denn diese können das Äußere eines Hauses verschönern.

1 Tröge und Blumenkästen können auf die gleiche Weise bepflanzt werden – nur sollten Sie bei einem Blumenkasten mehr Hängepflanzen einsetzen. Stellen Sie sicher, daß Entwässerungslöcher vorhanden sind (über die Sie eine Schicht Tonscherben oder Kies legen).

2 Füllen Sie den Kasten oder den Trog zur Hälfte mit einer guten Topferde. Ein Blumenkasten sollte nicht zu schwer sein, wenn er von Trägern gehalten wird. In diesem Falle entscheiden Sie sich für eine leichtere, auf Torf basierende Mischung.

3 Die meisten Menschen schätzen eine gemischte Bepflanzung, mit Hängepflanzen und Blüten- sowie Blattpflanzen. Legen Sie Ihre Pflanzen aus, bevor Sie sie tatsächlich in die Erde setzen, damit Sie sich ihr Aussehen besser vorstellen können.

4 Wenn das Arrangement Ihnen gelungen erscheint, können Sie die Pflanzen einsetzen. Drücken Sie die Erde am Wurzelballen gut fest. Da die Pflanzen im Trog und Kasten dichter als im Beet sitzen, achten Sie besonders darauf, daß die eine Pflanze die andere nicht ersticken kann.

5 Wässern Sie den Boden nach dem Anpflanzen gründlich und sorgen Sie dafür, daß die Erde nie austrocknet. Bei warmem Wetter bedeutet das, täglich zu gießen, gelegentlich auch noch öfter.

SORTENREINE BEPFLANZUNG

Vieles spricht für eine Mischkultur; doch manchmal kann auch eine sortenreine Bepflanzung besonders gut aussehen. Die Begonie ist für diesen Zweck beliebt, aber Sie können natürlich auch mit anderen Pflanzen experimentieren.

Die Pflanzen erreichen bei der sortenreinen Bepflanzung alle die gleiche Höhe. Das macht es besonders wichtig, ein jeweils passendes Behältnis auszuwählen. Kompakte Begonien sehen zum Beispiel in einem großen Trog verloren aus, kommen aber in einem kleinen Blumenkasten gut zur Geltung.

KÜBEL UND TERRASSENTÖPFE BEPFLANZEN

Alle für Blumenkästen und Tröge geeigneten Pflanzen können auch in großen Kübeln und Terrassentöpfen wachsen, die durch ihre Tiefe auch größeren Pflanzen eine Heimstätte bieten; ihre runde Form verlangt gewöhnlich eine ins Auge fallende Pflanze als Mittelpunkt. Hängepflanzen eignen sich auch für einen schlichten Behälter. Aber wenn Sie einen verzierten Topf verwenden, müssen Sie mit solchen Pflanzen zurückhaltend umgehen, denn immerhin soll auch der Topf gut zur Geltung kommen.

1 Gefüllte Kübel und Töpfe können sehr schwer sein; deshalb sollten Sie sie an ihrem Standort bepflanzen. Geben Sie in das Behältnis zuerst eine Schicht Tonscherben, kleine Rindenstücke etc.

2 Für die meisten Pflanzen eignet sich lehmige Topferde. Wenn der Topf aber einen Standort bekommen soll, bei dem das Gewicht eine Rolle spielt, sollten Sie eine Torfmischung wählen.

3 Wählen Sie für die Mitte des Behälters eine hohe oder kräftige Pflanze wie *Cordyline australis* oder eine Fuchsie, auch eine mit großen Blüten, wie das *Osteospermum* (*siehe* Abb.).

4 Buschigere, aber niedrigere Pflanzen dienen dann zur Auffüllung. Bei einer Blattpflanze als Mittelpunkt sollten Sie für leuchtende Blüten sorgen, aber für solche mit hübschem Laub, wenn im Zentrum eine Blütenpflanze steht.

5 Bleibt der Boden auffallend sichtbar, sollten Sie ihn mit einem hübschen Mulch aus zerkleinerter Rinde oder Kokossplittern bedecken. Er dient zugleich als Feuchtigkeitsspeicher; wässern Sie gründlich.

OBEN: *Bei einem ausgefallenen Krug kann sogar eine Mohnblume* (Papaver) *eindrucksvoll sein.*

Zweijährige Pflanzen und Stauden aussäen

Zweijährige Pflanzen, zum Beispiel Goldlack (*Cheiranthus*) und Vergißmeinnicht (*Myosotis*), lassen Sich gut aus Samen ziehen. Diese Pflanzen erfordern sehr wenig Pflege, da man sie im Freien aussäen kann. Für Lupinen, Akelei und andere Beetstauden gilt das gleiche; einige können sogar im folgenden Sommer blühen, andere benötigen noch ein weiteres Jahr, um sich voll zu etablieren.

1 Bereiten Sie den Boden gründlich vor, wobei Sie möglichst alles Unkraut entfernen. Die Konkurrenz der Unkräuter stellt für die Sämlinge häufig die größte Gefahr dar. Wenn der Boden von Unkraut befreit ist, geben Sie ihm mit der Hacke eine feinkrumige Struktur.

2 Dann ziehen Sie mit der Kante einer Hacke oder Harke Furchen in der erforderlichen Tiefe (nach den Angaben des Herstellers). Die Furchen benötigen kaum Abstand, weil die Sämlinge ohnehin umgepflanzt werden, sobald sie groß genug sind.

3 Wässern Sie die Furchen vor der Aussaat, wenn der Boden sehr trocken ist. Anschließend verteilen Sie die Samen möglichst dünn und gleichmäßig. So ist das spätere Vereinzeln und Umpflanzen einfacher.

OBEN: *Goldlack gehört zu den beliebtesten zweijährigen Pflanzen; er läßt sich aus Samen jetzt ziemlich problemlos ziehen.*

4 Bedecken Sie die Samen, indem Sie die Erde mit Ihren Gartenschuhen vorsichtig darüberschieben (oder mit der Rückseite Ihrer Harke). Vergessen Sie nicht, ein Etikett anzubringen.

5 Sobald die Sämlinge groß genug sind, können Sie sie vereinzeln, damit sie nicht zu dicht wachsen.

STRÄUCHER ZURÜCKSCHNEIDEN

Viele Sträucher gedeihen gut, auch ohne daß sie regelmäßig zurückgeschnitten werden. Doch manche der im Frühjahr oder im frühen Sommer blühenden Sträucher profitieren von einem Rückschnitt nach der Blüte. Dazu gehören Geißklee (*Cytisus*), Flieder (*Syringa*) und der Sommerjasmin (*Philadelphus*).

1 Sommerjasmin (*siehe* Abb.) und frühjahrsblühende Spiersträucher wie der Schneespierstrauch (*Spiraea × arguta*) oder die Frühlingsspiere (*Spiraea thunbergii*) müssen zurückgeschnitten werden. Der Rückschnitt hält sie kompakt; die beste Zeit dafür ist nach der Blüte.

2 Kürzen Sie die Triebe um ein Drittel, wobei Sie die ältesten herausschneiden sollten. Sie können diese alten Äste bis auf einen niedrigeren neuen Trieb zurückschneiden oder bis direkt über dem Boden, wenn der Trieb sehr alt und der Strauch einen sehr dichten Wuchs aufweist.

ALTEN FLIEDER VERJÜNGEN

Alte Exemplare des Gartenflieders (*Syringa vulgaris*) verkahlen oft von der Basis her und tragen ihre Blüten sehr weit oben. Sie können sie verjüngen, indem Sie sie in einer Höhe von 30-90 cm absägen. Der Strauch wird nach diesem drastischen Rückschnitt in den nächsten ein bis zwei Jahren nicht blühen, sollte aber aus dem alten Holz wieder neu austreiben und sich gut erholen können.

3 Geißklee und Ginster (*Genista*) neigen dazu, mit zunehmendem Alter an der Basis zu verkahlen, wobei die Blüten soweit oben erscheinen, daß die Pflanzen nicht mehr formschön wirken. Schneiden Sie sie direkt nach der Blüte zurück, wenn sich die Samenkapseln zu bilden beginnen.

4 Kürzen Sie alle Triebe um die Hälfte des neuen Wuchses. Aber schneiden Sie nicht in das alte Holz zurück, weil sich dort nur schwer neue Triebe bilden. Es wird nicht möglich sein, eine vernachlässigte Pflanze bis zur Basis zu verjüngen – beginnen Sie deshalb frühzeitig mit einem regelmäßigen Rückschnitt.

5 Verwelkte Blüten des Fliederstrauchs sollten Sie vorsichtig entfernen. Schneiden Sie die welken Rispen direkt nach der Blüte auf das erste Blattpaar unter der Blüte zurück (aber nicht tiefer; Sie könnten sonst Augen wegschneiden, aus denen sich neue Blütentriebe entwickeln).

DÜNGEN UND WÄSSERN IM GEWÄCHSHAUS

Das Wässern im Gewächshaus ist das ganze Jahr über eine anstrengende Aufgabe. Denken Sie deshalb über das Installieren eines Bewässerungssystems nach. Die meisten Topfpflanzen reagieren gut, wenn sie während der Vegetationsphase regelmäßig gedüngt werden. Leider läßt sich ein Nährstoffmangel immer erst feststellen, wenn die Pflanzen schon Wuchsstörungen zeigen.

1 Sie sollten Ihre Pflanzen wässern, bevor sie deutliche Trockenheitsschäden (z.B. welke Blätter) aufweisen. Bei buschigen Pflanzen ist es lange nicht möglich, durch den Augenschein zu urteilen; häufig können Sie den Wassermangel eher an der Erde erfühlen. Aber absolut zuverlässig ist diese Methode auch nicht.

2 Feuchtigkeitsanzeigen für einzelne Töpfe können für den Anfänger hilfreich sein, wenn nur wenige Pflanzen zu pflegen sind. Aber praktikabel ist diese Methode kaum, sollte das ganze Gewächshaus voller Pflanzen stehen.

3 Eine recht zuverlässige Methode, die Wasserzufuhr zu regulieren, stellen feuchtigkeitsspeichernde Matten dar, die Sie für Ihre Topfpflanzen im Sommer verwenden können. Es gibt fertige Systeme zu kaufen, die durch das Leitungswasser gespeist werden. Hier wurde mit einer Regenrinne als Wasserspeicher improvisiert.

4 Wenn Sie Ihre Pflanzen mit der Hand wässern, sollten Sie (außer bei Sämlingen) keinen Sprühkopf verwenden. So können Sie das Wasser nämlich direkt über die Wurzeln gießen. Dosieren Sie den Wasserstrahl ggf. mit einem Finger oder stecken Sie ein Stück Stoff in die Tülle, um den Strahl abzuschwächen.

5 Eine automatische oder halbautomatische Berieselungsanlage eignet sich für große Gewächshäuser. Ihr Nachteil ist, daß das Wasser nicht punktgenau dorthin gelenkt werden kann, wo es benötigt wird; das System ist deshalb vor allem für Topfpflanzen nicht sonderlich geeignet, sorgt aber allemal für eine höhere Luftfeuchtigkeit.

6 Beim Wässern können Sie zugleich einen flüssigen Dünger beigeben. Sie müßten allerdings regelmäßig daran denken. Es gibt lösliche Pulver- und Flüssigdünger, die im gewünschten Verhältnis verdünnt werden können.

7 Dünger gibt es auch als Stäbchen oder in Tablettenform, die in die Topferde getan werden. Die meisten dieser Dünger geben ihre Nährstoffe über mehrere Monate hinweg ab – eine bequeme Düngemethode, wenn Sie nicht regelmäßig Flüssigdünger geben wollen.

VERSCHIEDENE DÜNGER

Wenn Sie für Ihre vielerlei Pflanzen nicht verschiedene Dünger einsetzen mögen, verwenden Sie einen Volldünger. Das ist besser, als einige überhaupt nicht zu düngen.
Manche Dünger sind entweder für Blattpflanzen oder für Blütenpflanzen ausgewiesen, eignen sich aber doch für die meisten Pflanzen beider Kategorien. Wenn Sie einen solchen Dünger für Blatt- und Blütenpflanzen verwenden, dürfte kein Schaden entstehen.

Manche Liebhaber ziehen es vor, für bestimmte Pflanzen spezielle Dünger zu verwenden, zum Beispiel für Usambaraveilchen; diese vertragen aber durchaus auch die Dünger, die für die anderen Topfpflanzen bestimmt sind.

Dünger, die für nahrungshungrige Pflanzen wie Tomaten oder Chrysanthemen bestimmt sind, sollten Sie bei anderen Pflanzen nur mit Vorsicht einsetzen – sie könnten zu stark sein.

BIOLOGISCHER PFLANZENSCHUTZ

Das Gewächshaus ist der ideale Ort, um biologische Methoden des Pflanzenschutzes einzusetzen – die Nützlinge gedeihen in der geschützten Umgebung besonders gut und werden Ihre Schädlinge alsbald in Schach halten.

1 Für eine ganze Anzahl von Schädlingen ist der biologische Pflanzenschutz in mehrfacher Form möglich. *Encarsia formosa* ist eine kleine Schlupfwespe, die die Larven der Weißen Fliege befällt und schließlich tötet. Es gibt Raubwespen und Milben, die Schildläuse und Blasenfüße angreifen etc.

2 Wenn Rüsselkäfer die Wurzeln Ihrer Pflanzen angreifen und schließlich zerstören, versuchen Sie in Zukunft, diese Schädlinge mit parasitären Älchen zu bekämpfen. Sie werden einfach dem Gießwasser beigegeben und gelangen so in die Erde der einzelnen Töpfe.

MIT BIOLOGISCHEM PFLANZENSCHUTZ ARBEITEN

Biologischer Pflanzenschutz gelingt am besten bei warmem Wetter; manche Methoden sind für das Freiland nicht geeignet. Setzen Sie Pestizide mit Vorsicht ein, da Sie Ihre Nützlinge ebenso vernichten können wie die Schädlinge und Sie so das Gleichgewicht zwischen beiden zerstören.

Zusammen mit biologischen Pflanzenschutzmitteln erhalten Sie beim Kauf immer einige Schädlinge – sie sind wichtig, damit sich der Nützling weiter vermehren kann.

ABMOOSEN VERKAHLENDER PFLANZEN

Manche winterharte Pflanzen, zum Beispiel Magnolien und Alpenrosen (*Rhododendron*), können im Freien abgemoost werden. Diese Technik wird aber meist im Haus oder im Gewächshaus bei solchen Pflanzen angewandt, die von der Basis aus verkahlen. Auf diese Art wird gewöhnlich der Gummibaum (*Ficus elastica*) behandelt, aber auch andere Pflanzen, zum Beispiel *Dracaena*, lohnen den Versuch.

Pflanzen können fast zu jeder Zeit abgemoost werden; der Frühsommer eignet sich dazu aber am besten. Denn jetzt können Ihre Pflanzen im Licht und in der Wärme am kräftigsten wachsen.

1 Das Abmoosen geschieht über dem verkahlten Bereich der Pflanze (unter den Blättern). Wenn Sie diese Technik an einer mehrstämmigen Pflanze anwenden, um so Ihren Bestand zu vergrößern, müssen Sie einige Blätter entfernen.

2 Schneiden Sie die Pflanze unter einem Blattansatz etwa 3 cm lang schräg nach oben ein, wobei Sie den Trieb nicht mehr als bis zur Hälfte durchtrennen dürfen, weil er sonst brechen könnte.

3 Dann ziehen Sie eine Plastikmanschette über den Trieb und verschließen das untere Ende dieser Manschette kurz unter dem Einschnitt mit einem Klebeband.

4 Geben Sie ein Bewurzlungshormon in die Wunde, um die Wurzelbildung zu beschleunigen. Anschließend sollten Sie feuchtes Sumpfmoos (*Sphagnum*) in die Wunde drücken, damit sie offen bleibt.

5 Umwickeln Sie den Trieb an der Wundstelle reichlich mit feuchtem Moos, dann ziehen Sie den Plastikbeutel darüber und verschließen ihn mit Klebeband. Halten Sie das Moos feucht und überprüfen Sie die Wurzelbildung nach einigen Monaten. Sobald sich ausreichend Wurzeln gebildet haben, entfernen Sie den Plastikbeutel, trennen den Trieb direkt unter den Wurzeln ab und topfen ihn ein.

TOPFPFLANZEN TEILEN

Sobald eine Pflanze ihren Topf ausfüllt, läßt sie sich durch Teilung erneuern. Nicht alle Pflanzen reagieren darauf positiv – am besten solche mit Faserwurzeln, zum Beispiel die Korbmarante (*Calathea*) und die meisten Farne. Manche Pflanzen blühen allerdings besser, wenn sie schon leicht festgewachsen sind. Ggf. lesen Sie dazu näheres in einer Pflanzenenzyklopädie nach.

Grundsätzlich lassen sich Zimmer- und Gewächshauspflanzen das ganze Jahr über teilen; das späte Frühjahr und der Anfang des Sommers sind dafür aber eine besonders geeignete Zeit.

1 Wässern Sie die Pflanze mindestens eine halbe Stunde, bevor Sie sie teilen. Wenn sie sich nicht herausnehmen läßt, drehen Sie den Topf um und schlagen dann den Topfrand leicht gegen eine feste Fläche.

2 Entfernen Sie die Topfscherben über den Entwässerungslöchern (aber heben Sie sie für die nächste Umtopfung auf) und auch etwas Erde, um die Wurzeln freizulegen. Das erleichtert das Teilen.

3 Die meisten Pflanzen lassen sich mit den Händen auseinanderziehen; wenn der Wurzelballen aber schwer zu teilen ist, nehmen Sie eine Handgabel zu Hilfe.

4 Dann teilen Sie den Ballen in kleinere Stücke. So erhalten Sie viele Pflanzen. Vielleicht reichen Ihnen aber auch 2-3 Teilmengen, die dann größer sind und u.U. besser in Ihre Planung passen. Ggf. müssen Sie auch noch einige der längeren Wurzelstränge kürzen, damit die Pflanzen in ihre neuen Töpfe passen.

5 Topfen Sie die erhaltenen Teilstücke möglichst schnell wieder ein. Dabei sollten Sie die gleiche Sorte Topferde verwenden. Abschließend drücken Sie den Boden gut fest, wässern den Topf und setzen ihn in den nächsten Tagen nicht der direkten Sonne aus.

UNKRAUTBEKÄMPFUNG

Unkraut werden Sie nie vollständig vernichten, Sie können es aber unter Kontrolle halten. Selbst schwer auszurottendes Unkraut läßt sich zurückdrängen, wenn man nur hartnäckig genug ist; gegen einjährige Unkräuter schreiten Sie ein, indem Sie die Sämlinge entfernen, bevor sie blühen und Samen hervorbringen. Ist das Unkraut erst einmal reduziert, können Sie Ihren Garten durch Mulchen und sofortiges Entfernen nachwachsender Sämlinge nahezu unkrautfrei halten. Bei einem vernachlässigten Garten wird eine wirksame Unkrautbekämpfung in aller Regel mehrere Jahre dauern.

1 Tief wurzelnde mehrjährige Unkräuter werden am besten ausgehoben. Lockern Sie die Wurzeln dabei mit einer Grabgabel und ziehen Sie anschließend die gesamte Pflanze heraus. Wenn Sie nicht alle Wurzeln erreichen, können neue Pflanzen nachwachsen.

2 Das Aushacken ist eine der besten Methoden der Unkrautbekämpfung, muß aber regelmäßig durchgeführt werden. Auch wenn der Boden sehr trocken ist, sollten Sie es mit der Hacke versuchen. Für Ihre Beete und Rabatten gilt dasselbe wie für Ihren Gemüsegarten.

3 Herbizide sind von Nutzen, wenn Sie eine Fläche schnell und einfach von Unkraut befreien müssen. Es gibt Herbizide, die nur die grünen Teile einer Pflanze zerstören und darum äußerst wirksam speziell gegen einjährige Unkräuter sind.

4 Manche Herbizide greifen die gesamte Pflanze mitsamt ihrer Wurzeln an. So lassen sich große Flächen besprühen. Wahrscheinlich ist es für Ihren Garten aber völlig ausreichend, lediglich gezielt gegen einzelne Unkräuter vorzugehen.

5 Das Mulchen ist ein sehr wirksames Unkrautbekämpfungsmittel. Im Obst- und Gemüsegarten stellen verschiedene Arten von Kunststoffabdeckungen die kostengünstigste Unkrautbekämpfungsmethode dar.

6 Ein Mulch aus organischem Material sieht gefälliger aus als eine Folie. Weist er mindestens 5 cm Dicke auf, kann er das Nachwachsen des Unkrauts weitestgehend verhindern.

SOMMERSCHNITT BEI APFELSPALIEREN UND -KORDONS

Speziell erzogene Apfelbäume werden gewöhnlich zweimal im Jahr zurückgeschnitten – im Sommer und im Winter. Der Sommerschnitt kontrolliert den diesjährigen Wuchs und erhält die Form, beim Winterschnitt werden die zu dichten Fruchttriebe der älteren Pflanzen ausgelichtet. Im späten Frühjahr schneidet man den neuen Wuchs am Ende der Haupttriebe bis zu seinem Ursprung zurück; der Sommerschnitt ist aber der wichtigste zur Bewahrung der Form.

SPALIER

1 Kürzen Sie die neu belaubten Triebe, die sich direkt am Stamm entwickelt haben, auf drei Blätter über dem basalen Blattbüschel. Sie sollten dies aber erst tun, wenn die Blätter dunkelgrün sind und die Rinde anfängt, sich braun zu färben, und an der Basis verholzt. In kalten Regionen kann es bis zum Anfang des Herbstes dauern, bis die Triebe reif genug sind.

2 Wenn der Trieb aus einem Zapfen wächst, der von einem früheren Rückschnitt zurückgeblieben ist, und nicht direkt an einem Haupttrieb, sollten Sie ihn auf ein Blatt über dem basalen Blattbüschel zurückschneiden.

KORDON

1 Ein Kordon wird genau wie ein Spalier zurückgeschnitten, wobei natürlich die Grundform der Pflanze unterschiedlich ist. Schneiden Sie die Triebe, die direkt vom Leittrieb ausgehen, auf drei Blätter über dem basalen Blattbüschel zurück.

2 Kürzen Sie Triebe, die von Zapfen ausgehen, welche nach einem früheren Rückschnitt stehen geblieben sind, auf ein Blatt über dem basalen Büschel.

KOPFSTECKLINGE

Durch Kopfstecklinge lassen sich eine Vielzahl von winterharten wie auch empfindlichen Sträuchern vermehren. Wenn Sie sie in der Mitte oder zum Ende des Sommers nehmen, werden sich die meisten schnell bewurzeln; für die winterharten Pflanzen benötigen Sie nicht einmal einen Anzuchtkasten.

1 Wählen Sie Triebe, die bis auf die Triebspitze vollständig ausgereift sind Die Basis sollte sich bereits verhärten, nur die Spitze kann noch weich sein. Die Stecklinge schneidet man gewöhnlich auf eine Länge von 5-10 cm.

2 Entfernen Sie die unteren Blätter, so daß sie ein Stück blattfreien Trieb haben, welcher dann in die Erde kommt.

3 Es lohnt sich, ein Bewurzelungshormon einzusetzen. Tauchen Sie dazu die Schnittfläche in das Hormon; bei einem Pulver sollten Sie den Trieb vorher anfeuchten, damit das Hormon besser haften kann.

4 Stecklinge von winterharten Pflanzen werden sich zu dieser Jahreszeit im Freien bewurzeln, gedeihen aber besser im Frühbeet- oder Anzuchtkasten.

5 Drücken Sie die Erde gut fest, damit keine Lufteinschlüsse zurückbleiben, was dazu führen könnte, daß die neuen Wurzeln austrocknen.

6 Bringen Sie ein Etikett an. Das ist besonders wichtig, wenn Sie es mit Stecklingen von verschiedenen Sträuchern zu tun haben.

EINIGE STRÄUCHER, DIE SIE DURCH KOPFSTECKLINGE VERMEHREN KÖNNEN

Buddleie
Escallonia
Feuerdorn
Fingerkraut
Forsythie
Fuchsie
Griselinia
Hortensie
Kamelie
Orangenblume
Rosmarin
Säckelblume
Sommerjasmin
Strauchveronika
Weigelie
Zistrose
Zwergmispel
(*abgebildet*)

7 Schließlich müssen Sie gründlich wässern. Dabei sollten Sie dem Wasser ein Fungizid beigeben; es verhindert das Verrotten der Stecklinge. Stellen Sie sicher, daß die Erde auch später nicht austrocknet.

Absenker von Sträuchern

Das Absenken wird gewöhnlich bei Sträuchern angewandt, deren niedrige Triebe sich leicht zum Boden führen lassen und dort verankert werden können. Aber auch einige Beetpflanzen lassen sich absenken. Im Vergleich zu den Stecklingen erhält man durch Absenker weniger, aber größere Pflanzen.

1 Nehmen Sie einen langen Trieb, der sich leicht zum Boden führen läßt, und entfernen Sie seine Blätter dort, wo er in Kontakt mit der Erde kommen soll.

2 Biegen Sie den Trieb zum Boden und graben Sie ein ca. 10 cm tiefes Loch. Dieses soll zur Elternpflanze hin abgeschrägt sein, auf der gegenüberliegenden Seite aber senkrecht.

3 Schneiden Sie den Trieb leicht ein, wo er in die Erde kommt. Dann befestigen Sie ihn so im Boden, daß er durch die senkrechte Seite des Loches aufrecht gehalten wird.

4 Jetzt können Sie die Erde wieder auffüllen und festdrücken. Wenn Sie den Boden feucht halten, bilden sich Wurzeln. Nach 12-18 Monaten können Sie die Pflanze abtrennen.

Bartiris teilen

Die Bartiris (Hybriden von *Iris germanica*) können Sie bei zu großem Rhizomgeflecht nach der Blüte teilen.

1 Heben Sie das Rhizom mit der Grabgabel aus der Erde. Die älteren Teile schneiden Sie heraus und entsorgen sie. Behalten Sie zum Neupflanzen nur den diesjährigen Wuchs.

2 Kürzen Sie die Blätter auf 5-8 cm. Die Rhizomstücke sollten Sie nicht zu tief pflanzen, so daß die Wurzeln bedeckt sind, die Oberseite aber frei bleibt.

NELKEN ABSENKEN

Rabattennelken lassen sich wie Sträucher absenken, sie bewurzeln aber viel schneller. Nehmen Sie dazu einige lange, nichtblühende Triebe und entfernen Sie alle Blätter mit Ausnahme der obersten vier oder fünf. Dann schneiden Sie alle Triebe jeweils unterhalb des untersten Blattpaares leicht ein und befestigen sie mit dem Einschnitt nach unten im Boden.

Sommerpflege bei Gewächshaustomaten

Tomaten, die im Gewächshaus gezogen werden, erfordern regelmäßige Pflege, zum Beispiel das Entfernen von Seitentrieben, Düngen und Einbinden. Achten Sie auch auf Anzeichen von Schädlingen und Krankheiten, was Güte und Ertrag der Ernte beeinträchtigen kann.

1 Ihre Pflanzen finden häufig guten Halt an einer Schnur, die ggf. mit einer zusätzlich um die Triebspitze gelegten lockeren Schlaufe nach oben geführt wird.

2 Für die Sicherung Ihrer Pflanze am Rohrstock schlagen Sie das Gartenband zweimal um das Rohr und dann um den Stamm (nicht zu fest), bevor Sie den Knoten binden.

3 Geizen Sie die Seitentriebe aus, solange sie noch klein sind. Sie lassen sich sauber entfernen, wenn Sie sie seitlich wegziehen.

4 Um eine gute Bestäubung zu gewährleisten, sollten Sie Ihre Pflanzen täglich etwas schütteln oder mit Wasser besprühen. Das fördert die gute Verteilung der Pollen.

5 Die unteren Blätter färben sich im Alter häufig gelb. Zur Ernährung der Pflanze tragen sie nicht bei, deshalb können sie entfernt werden. So gelangt auch mehr Licht an die Früchte.

6 Sie können das Wachstum Ihrer Pflanzen stoppen, indem Sie jeweils die Triebspitzen pinzieren, sobald sich ausreichend viele »Etagen« von Fruchtbüscheln gebildet haben (in ungeheizten Gewächshäusern evtl. nach vier, in warmen nach sechs oder sieben).

7 Tomaten sprechen auf eine Düngung gut an. Manche stickstoffhaltigen Dünger regen das Wachstum an, aber wenn sich die Früchte entwickeln, eignet sich am besten ein stark kalihaltiger Dünger.

Weitere Gewächshausfrüchte

Auch Auberginen, Gurken, Melonen und andere Gewächshausfrüchte erfordern zu dieser Jahreszeit einige Pflege, wenn Sie eine gute und reiche Ernte gewährleisten möchten.

1 Auberginen wachsen buschiger, wenn Sie die Triebspitze pinzieren, sobald die Pflanze 30 cm hoch ist. Dabei sollte sich an jedem Seitentrieb nur eine Frucht entwickeln. Pinzieren Sie diese Triebe jeweils drei Blätter oberhalb der reifenden Frucht. Sie dürfen Ihre Pflanzen niemals austrocknen lassen. Sorgen Sie nach Möglichkeit auch für eine hohe Luftfeuchtigkeit und düngen Sie regelmäßig.

2 Viele moderne Gurkensorten bringen nur weibliche Blüten hervor. Doch gibt es auch Sorten, die männliche und weibliche Blüten tragen (die weiblichen haben eine kleine Embryofrucht hinter ihren Kronblättern). Pinzieren Sie bei diesen Pflanzen die männlichen Blüten, bevor sie die weiblichen bestäuben können. Andernfalls dürften Ihre Gurken weniger schmackhaft werden.

MELONEN

Binden Sie die Seitentriebe der Melonen an waagerechte Drähte und kürzen Sie diese Triebe jeweils auf zwei Blätter oberhalb der reifenden Früchte. Manche Melonen müssen bestäubt werden, wozu Sie den Blütenstaub der männlichen Blüten mit einem kleinen Pinsel auf die weiblichen Blüten übertragen. Ggf. müssen Sie den reifenden Früchten mit einem Netz zusätzlichen Halt geben.

LUFTBEFEUCHTUNG

Wasser, das Sie auf den Boden des Gewächshauses gießen oder sprühen, erhöht die Luftfeuchtigkeit. Für das gute Gedeihen Ihrer Auberginen und Gurken ist diese Maßnahme besonders wichtig; freilich profitieren die meisten Pflanzen an heißen Tagen von einer feuchten Atmosphäre, auch die meisten Topfpflanzen. An sehr heißen Tagen sollte diese Befeuchtung mehrmals täglich geschehen. So sorgen Sie für ein feuchtheißes Mikroklima wie in den Tropen.

Sommerpflege bei Freilandtomaten

Freilandtomaten erfordern weniger Pflege als Gewächshaussorten. Aber Düngen und Wässern sind notwendige Routinearbeiten, wenn Sie eine gute Ernte erzielen wollen. Das regelmäßige Wässern verhindert zudem auch das Aufplatzen der Früchte, was gelegentlich vorkommen mag. Denn bei heißem Wetter entwickeln die Früchte eine feste Haut, die dann nicht schnell genug mitwachsen kann, wenn, bedingt durch eine nachfolgende Regenperiode, der Wachstumsschub einsetzt. Geben Sie dem Wasser einen Flüssigdünger bei, und zwar in der vom Hersteller empfohlenen Menge und Häufigkeit. Das gute Gedeihen Ihrer Freilandtomaten hängt im übrigen von der Sortenwahl, der Pflege und dem Klima ab. In kühleren Gegenden neigen die Pflanzen zu einer enttäuschenden Ernte; doch bei ausreichender Wärme erhalten Sie fast mit Sicherheit mehr Früchte, als Sie verzehren können.

1 Wenn Sie Ihre Tomaten als Kordon ziehen (mit nur einem Hauptstamm, der von einem Rohrstock gestützt wird), müssen die neuen Seitentriebe sofort entfernt werden.

2 Bei der Freilandkultur ist es besonders wichtig, alle Pflanze fachmännisch zu sichern. Andernfalls dürfte die erste Windböe erheblichen Schaden anrichten und die Produktivität der Kultur beeinträchtigen.

3 Sobald die Pflanze Ihre Fruchtbüsche in der Anzahl, die für Ihre Gegend üblich ist, gebildet hat, sollten Sie die jeweilige Triebspitze pinzieren (vier bis sechs »Etagen« an Fruchtbüscheln, je nach den klimatischen Verhältnissen Ihrer Region).

4 Viele Buschformen erbringen kleine Früchte, aber diese in großer Zahl. Da Sie kaum den gesamten Wuchs einbinden können, werden einige Triebe auch herabhängen und auf dem Boden liegen. Legen Sie ggf. Stroh aus, damit die Früchte so vom Erdreich ferngehalten werden. So verringern Sie das Fäulnisrisiko.

SCHALOTTEN ERNTEN

Schalotten sind gewöhnlich schon vor den Zwiebeln reif; früh gepflanzt, fällt die Ernte in die Mitte des Sommers. Sollten Sie sie aber spät gesetzt haben, kann es bis zum späten Sommer dauern.

1 Heben Sie die Schalotten mit der Grabgabel aus der Erde und lassen Sie sie noch einige Tage auf dem Boden liegen. So können sie trocknen, bevor sie eingelagert werden.

2 Bei feuchtem Wetter sollten die Schalotten auf Schalen an einem trockenen, warmen und hellen Platz liegen, oder auf einem Maschendraht mit Ziegelsteinunterlage etc.

ZWIEBELN AUSREIFEN LASSEN UND ERNTEN

Ernten Sie Ihre Zwiebeln, wenn das Laub strohfarben, brüchig und ausgetrocknet ist. Sie sind besser zu lagern, wenn sie nach der Ernte noch etwas der Sonne ausgesetzt werden und gut trocknen können.

1 Der Reifevorgang läßt sich noch beschleunigen, wenn man den oberirdischen Teil einer Pflanze kurz vor der Ernte »niederlegt«. So profitieren die Zwiebeln bestmöglich von der Sonne.

2 Sobald das Laub strohfarben, brüchig und trocken geworden ist, können Sie die Zwiebeln aus der Erde nehmen. Lassen Sie sie aber noch einige Tage liegen, und zwar so, daß ihre Wurzeln zur Sonne ausgerichtet sind.

3 Um das Ausreifen vollkommen abzuschließen, legen Sie Ihre Zwiebeln auf einem oberhalb des Bodens ausgespannten Netz oder einem Maschendraht aus, so daß die Luft frei zirkulieren kann.

4 Bei feuchtem Wetter sollten Sie die Zwiebeln bis zu ihrer Lagerung mit einer Haube bedecken.

FUCHSIENSTECKLINGE NEHMEN

Fuchsien bewurzeln sich leicht; wenn Sie jetzt Stecklinge nehmen, schaffen Sie sich ein Pflanzengut, das in einem hellen, aber kühlen, frostfreien Raum gut überwintern kann. So haben Sie neue Pflanzen für den nächsten Sommer; Sie können davon im nächsten Frühjahr aber auch weitere Stecklinge nehmen.

1 Stecklinge können grundsätzlich solange abgenommen werden, wie neuer Wuchs hervorgebracht wird; aber jetzt ist die beste Zeit für die Abnahme und Bewurzelung. Reißen Sie dazu Seitentriebe von etwa 10 cm Länge ab, und zwar so, daß eine »Zunge« des Haupttriebs erhalten bleibt.

2 Dann geben Sie der Zunge einen sauberen »Abschnitt« und entfernen die untersten Blätter. Bei Stecklingen ohne Zunge sollten Sie den Steckling auf ein Blattgelenk einkürzen.

3 Auch wenn die Stecklinge sich gewöhnlich ohne Hilfe bewurzeln, wird ein Bewurzelungshormon diesen Prozeß beschleunigen. Dann setzen Sie Ihre Stecklinge in einen 8-10 cm großen Topf mit feuchtem Substrat.

4 Schließlich versehen Sie Ihre Stecklinge mit Etiketten, wässern das Substrat und stellen den Topf in einen Frühbeetkasten. Wenn sich die Wurzeln gebildet haben, sollten Sie Ihre jungen Pflanzen umtopfen; schützen Sie sie vor Frost.

PELARGONIENSTECKLINGE NEHMEN

Von Pelargonien, die an einem frostfreien Ort überwintern, lassen sich im nächsten Frühjahr gut Stecklinge nehmen. Viele Fachleute ziehen es allerdings vor, die Stecklinge jetzt zu nehmen und sie an einem hellen, frostfreien Platz überwintern zu lassen.

RECHTS: *Pelargonien gehören zu den beliebtesten Sommerblumen.*

1 Nehmen Sie die Stecklinge nicht von Blütentrieben (andernfalls müßten Sie die Blüten abschneiden). Dabei schneiden Sie den Trieb direkt über dem dritten Blattgelenk unter der Spitze ab. So werden Ihre Stecklinge eine gute Länge bekommen.

2 Dann schneiden Sie das unterste Blattpaar mit einem scharfen Messer ab und entfernen ggf. alle Blüten oder Knospen. Kürzen Sie die Stecklinge auf das unterste Blattgelenk ein, und tauchen Sie die Schnittfläche dann in ein Bewurzelungshormon. Sie bewurzeln sich gewöhnlich aber auch ohne diese Hilfe.

3 Setzen Sie fünf Stecklinge in einen Topf mit feuchtem Substrat, und drücken Sie es fest an. Dann stellen Sie den Topf an einen hellen, warmen Ort ohne direkte Sonneneinstrahlung. Damit Ihre Stecklinge nicht faulen, dürfen Sie nicht zuviel Wasser beigeben; nach der Wurzelbildung umtopfen.

Dahlien und Chrysanthemen

Dahlien (*Dahlia*) und Chrysanthemen (*Chrysanthemum*) entfalten ihre volle Pracht zum Ende des Sommers sowie im Herbst, wenn für die meisten Blumen die beste Zeit schon vorbei ist. Manche Sorten bringen ihren reichen Blütenflor ganz natürlich hervor, diejenigen aber, die wegen großer Blüten gezogen werden, müssen Sie gewöhnlich selektiv entknospen. Doch alle Pflanzen benötigen viel Dünger. Achten Sie besonders auch auf Schädlingsbefall oder Krankheiten, wovon sie leicht betroffen sind.

1 Um größere Blüten zu bekommen, müssen Sie bei jungen Dahlien die Seitenknospen unter der Terminalknospe pinzieren. Auch viele Chrysanthemen können entknospt werden, das Vorgehen hängt jedoch von der jeweiligen Sorte ab; deshalb sollten Sie sich rechtzeitig beim Fachhandel informieren oder in einem Handbuch nachschlagen.

2 Gegen Schädlinge und Krankheiten sollten Sie schon bei den ersten Anzeichen vorgehen. Häufig läßt sich die Ausbreitung noch eindämmen, indem lediglich die befallenen Blätter entfernt und anschließend vernichtet werden. Diese Chrysantheme (*siehe* Abb.) zeigt deutliche Anzeichen eines Befalls durch die Minierfliege.

3 Dahlien und Chrysanthemen profitieren von regelmäßigem Düngen. Auch wenn Sie einen Langzeitdünger eingesetzt haben, der für den Sommer reichen soll, werden die Pflanzen auf eine Beigabe jetzt gut reagieren. Nehmen Sie einen schnellwirkenden Volldünger oder einen stark kalihaltigen, aber keinen mit zu hohen Stickstoffanteilen.

Blumenzwiebeln für das Frühjahr pflanzen

Für frühjahrsblühende Zwiebeln gibt es jetzt ein breites Angebot; wann genau Sie diese setzen können, hängt in erster Linie davon ab, wann Sie Ihre Sommerpflanzen aus dem Boden nehmen. Sommerblumen in Beeten sollten Sie möglichst lange stehen lassen; vielleicht wollen Sie sich auch an den letzten Sommerfarben im Kräuterbeet erfreuen. Aber auf freiem Boden ist es ratsam, die Zwiebeln zum frühestmöglichen Zeitpunkt zu setzen. In der Erde sind sie allemal besser aufgehoben als in Tüten und Kästen, wo sie vielleicht nicht unter optimalen Bedingungen gelagert werden können. Setzen Sie die Blumenzwiebeln, sobald sie erhältlich sind, am besten vor Sträucher, wo sie gut zur Geltung kommen. Auch für Innenräume vorgesehene Zwiebeln sollten Sie pflanzen, sobald Sie sie erhalten können.

1 Lockern Sie den Boden vor dem Anpflanzen mit einer Grabgabel; wenn die Pflanzen für mehrere Jahre ungestört bleiben sollen, müssen Sie viel organisches Material einarbeiten, zum Beispiel Gartenkompost oder Stallmist. Viele dieser Pflanzen bevorzugen durchlässige Böden, profitieren aber auch von reichlich organischem Material, das die Feuchtigkeit und die Nährstoffe speichert.

2 Im Herbst dürfen Sie keinen schnellwirkenden Dünger beigeben. Und Dünger, die ihre Nährstoffe erst bei einer bestimmten Bodentemperatur abgeben, sollten am besten auch erst im Frühjahr eingesetzt werden. Harken Sie darum vorzugsweise einen sehr langsam wirkenden Dünger unter, der hauptsächlich Phosphat enthält (oder geben Sie ihn in die Pflanzlöcher).

3 Wenn genug Platz vorhanden ist und die Pflanzen im lockeren Ensemble oder in Büscheln zusammenstehen sollen, heben Sie ein Loch in ausreichender Größe für die gewünschte Anzahl aus. Die Tiefe des Loches muß etwa der dreifachen Größe der Zwiebeln entsprechen.

4 Dann legen Sie die Zwiebeln aus. Halten Sie sich dabei an den auf der Verpackung angegebenen Abstand. Ein größerer Abstand schafft Raum für Vermehrung; wenn Sie die Zwiebeln aber nach der Blüte aus der Erde nehmen, setzen Sie mit einem geringeren Abstand einen deutlichen Akzent.

5 Füllen Sie das Loch dann wieder mit Erde; achten Sie dabei aber darauf, daß die Zwiebeln an ihrem Platz bleiben.

6 Drücken Sie den Boden mit der Harke fest, nicht mit den Füßen; das könnte die Zwiebeln beschädigen.

7 Wenn Sie vorhaben, den Boden zu bearbeiten, bevor die jungen Triebe sichtbar werden, sollten Sie Ihr Pflanzloch genau markieren. In jedem Fall aber müssen Sie ein Etikett setzen; es dauert Monate, bis die Pflanzen wachsen und blühen, und in dieser Zeit ist es oftmals schwer, sich genau zu erinnern.

OBER- UND UNTERSEITE DER ZWIEBELN

Bei den meisten Zwiebeln sind die Ober- und die Unterseite deutlich zu unterscheiden. Bei anderen kann es aber Probleme geben, weil ein sichtbarer Vegetationspunkt fehlt. Im Zweifelsfall sollten Sie solche Zwiebeln seitlich setzen – so kann der Trieb nach oben wachsen und die Wurzeln weisen nach unten.

Manche Zwiebeln, die eine erkennbare Oberseite haben, werden seitlich eingepflanzt, weil ihre Basis zur Fäule neigt; das ist aber selten. Die Kaiserkrone (*Fritillaria imperialis*) wird gelegentlich auf diese Art gesetzt; um solcher Fäulnis vorzubeugen, schaffen Sie sich eine kleine Unterlage aus Kies oder grobkörnigem Sand. Das dient der besseren Entwässerung.

DAS KLEINE PFLANZLOCH FÜR EINE ZWIEBEL

Blumenzwiebeln werden keineswegs immer als Gruppe gesetzt. Auf einer großen Anbaufläche mag es auch angebracht sein, viele kleine Pflanzlöcher für je eine Zwiebel zu graben.

Es gibt spezielle Pflanzwerkzeuge mit langen Griffen, ein langstieliger Spaten tut es aber auch, sogar ein Spaten mit kürzerem Stiel, nur dürfte die Arbeit auf einer großen Fläche dann mit der Zeit recht anstrengend werden. Überprüfen Sie von Zeit zu Zeit die Tiefe der Löcher. Wenn Sie einige ausgemessen haben, fällt es Ihnen leichter, die weiteren nach Augenmaß zu prüfen.

Machen Sie die Löcher groß genug für die Zwiebeln (es könnten sonst Lufteinschlüsse entstehen, die die Wurzelfasern austrocknen lassen).

Zuletzt füllen Sie die Löcher wieder. Wenn Sie eine große Fläche bearbeiten, können Sie die Erde mit Ihren Füßen hineinschieben und den Boden dann glatt harken.

OBEN: *Ideal für das Frühjahrsbeet sind Tulpen, Goldlack und Vergißmeinnicht.*

FRÜHJAHRSBLÜHENDE TOPFPFLANZEN AUSSÄEN

Wenn Sie Ihr Gewächshaus im Winter frostfrei halten können – am besten bei einer Mindesttemperatur von 7° C – lohnt es sich, einige Blumen für das nächste Frühjahr auszusäen. Unten auf dieser Seite finden Sie einige Vorschläge; winterharte Pflanzen (z.B. Ringelblumen und Sumpfblumen) dürften sogar im ungeheizten Gewächshaus überleben, wenn Sie nicht in einer extrem kalten Gegend wohnen.

1 Benötigen Sie nur relativ wenig Pflanzen, sind Töpfe praktischer als Aussaatschalen. Drücken Sie die Erde mit dem Boden eines Marmeladenglases fest.

2 Dann verteilen Sie die Samen möglichst dünn und gleichmäßig auf der Oberfläche. Große Samen, zum Beispiel die von Alpenveilchen, können einzeln eingesetzt werden. Bedecken Sie die Samen ggf. mit einer dünnen Schicht Erde (nach den Angaben auf der Verpackung).

3 Stellen Sie den Topf am besten in einen Behälter mit Wasser. Wenn das Wasser von der Erde so aufgenommen wird, kann es nicht passieren, daß die Samen ausgewaschen oder zu Klumpen zusammengespült werden. Diese Gefahr besteht, wenn Sie von oben wässern.

4 Da die Lufttemperatur noch hoch genug ist, werden die meisten Samen auch ohne einen Anzuchtkasten keimen; Sie sollten sie aber mit einer Glasscheibe abdecken oder in eine Plastiktüte stellen, um so den Feuchtigkeitsverlust zu reduzieren. Doch Samen, die langsam und unregelmäßig keimen, zum Beispiel die von Alpenveilchen, gedeihen besser in einem beheizten Anzuchtkasten.

PFLANZEN ZUR AUSSAAT

Alpenveilchen (*Cyclamen*, Zimmer- und Gewächshauspflanzen)**
Aschenblume (*Cineraria*)
Blaues Lieschen (*Exacum affine*)
Brautprimel (*Primula malacoides*)
Browallia
*Linaria maroccana**
Kissenprimel (*Primula acaulis*)*
Ringelblume (*Calendula*, nehmen Sie eine Zwergsorte)*
Spaltblume (*Schizanthus*)
Sumpfblume (*Limnanthes*)*

* Eingeschränkt winterharte Pflanzen, die leichte Fröste vertragen und in gemäßigten Klimaten im ungeheizten Gewächshaus stehen können.

** Alpenveilchen sollten zur Wintermitte des folgenden Jahres blühen (d.h. nach etwa 16 Monaten).

OBEN: *Die schlichte Gartenringelblume* (Calendula officinalis) *ist immer eine Freude.*

Hyazinthen für eine frühe Blüte anpflanzen

Für eine frühe Blüte im Haus oder im Gewächshaus werden Zwiebeln benötigt, die »vorbehandelt« wurden, das heißt, sie wurden unter speziellen Bedingungen gelagert, so daß sie in ihrer Ruheperiode schon weiter fortgeschritten sind. Sie sehen nicht anders aus als gewöhnliche Zwiebeln, und doch sind sie ihrer Zeit voraus. Deshalb wachsen und blühen sie schon früher. Das ist für den Gärtner ihr besonderes »Markenzeichen«.

Aber auch normale, unbehandelte Hyazinthen dürfen jetzt angepflanzt werden; allerdings blühen sie erst später im folgenden Jahr. Es hat einen besonderen Reiz, Zwiebeln beider Arten anzupflanzen und so die Blütezeit der Hyazinthen zu verlängern.

1 Verwenden Sie für eine Schale ohne Entwässerungslöcher ein spezielles Substrat auf Torfbasis. Für einen Topf mit Entwässerungslöchern genügt eine ganz gewöhnliche Topferde.

2 Zuerst geben Sie eine Lage Substrat (bzw. Topferde) in die Schale (oder den Topf). Darauf legen Sie dann die Zwiebeln. Gewöhnlich werden drei oder fünf Zwiebeln gesetzt. Das macht später optisch ein besseres Bild, als wenn Sie sich für zwei oder vier entscheiden.

3 Dann füllen Sie die Schale (oder den Topf) mit Substrat (bzw. Topferde) auf. Doch sollen die Spitzen der Zwiebeln zu sehen sein. Bitte beachten Sie, daß Sie Ihre Hyazinthen nicht zu stark wässern.

4 Schließlich müssen Sie für die eingepflanzten Zwiebeln einen kühlen Ort im Haus finden, vielleicht auch in der Garage oder in einem speziellen Erdeinschlag im Freien. Der Standort muß auch schattig sein. Dann bedecken sie die Zwiebeln mit mehreren Zentimetern Kies, Torf oder grobem Sand. Aber schützen Sie sie vor Regen, sollten Ihre Behälter keine Entwässerungslöcher haben. Um vor Überraschungen sicher zu sein, sollten Sie von Zeit zu Zeit prüfen, ob keine Schäden aufgetreten sind.

HERBST

Seien Sie umsichtig, wenn die Nächte kälter werden. In kalten Zonen sind im frühen Herbst bereits Fröste möglich; woanders wird allerdings auch ein leichter Frost erst (wenn überhaupt) in der Mitte oder zum Ende des Herbstes auftreten. Achten Sie auf die Wettervorhersagen und schützen Sie Ihre empfindlichen Pflanzen, wenn Frost angesagt ist (oder nehmen Sie sie ins Haus). Jetzt ist die Zeit gekommen, da Sie sich über einen Winterschutz für Ihre eingeschränkt winterharten Pflanzen ernsthaft Gedanken machen müssen. Auch werden Ihre neuen immergrünen Pflanzen nun einen Windschutz benötigen. Schon mit wenigen Schutzmaßnahmen könnte so manche Pflanze überleben, statt vor Wind und Wetter kapitulieren zu müssen.

VORSEITE: *Das farbenprächtige Laub des Hirschkolbensumach* (Rhus typhina *'Laciniata'*) *und dahinter die weißen Federbüsche des Pampasgrases* (Cortaderia).

OBEN: *Der Schlangenbart* (Liriope muscari), *eine der Freuden des Herbstes; zum Glück ist er nicht sehr empfindlich und einfach zu ziehen.*

Hauben aufstellen

Mit Hauben haben Sie im Frühjahr Ihre jungen Pflänzchen geschützt, nun können Sie dafür eingesetzt werden, die Vegetationsphase ein wenig zu verlängern. Dabei reservieren Sie Ihre Scheunenhauben für die großen Pflanzen, zum Beispiel die Tomaten (*siehe* Folgeseite), und Ihre Zelte und Plastiktunnel halten Sie für die niedrigwachsenden Pflanzen bereit, zum Beispiel die Salate.

1 Winterrettich ist lediglich eingeschränkt winterhart. Doch wenn Sie diese Pflanzen mit Hauben abdecken, werden sie bis zum Einsetzen des schlechten Wetters weiterwachsen. Auch eine Aussaat unter der Haube ist jetzt noch möglich, solange der Boden noch etwas Wärme hat.

2 Versuchen Sie Feldsalat und Winterportulak als Wintergemüse auszusäen. Sie werden unter der Haube mehr saftige Blätter hervorbringen, als wenn sie ohne Schutz wachsen.

3 Stellen Sie die Hauben auf, bevor das kalte Wetter das Wachstum beeinträchtigen kann. Schon dieser bescheidene Schutz wird für eine bessere Ernte sorgen.

OBEN: *Stellen Sie die Hauben jetzt auf, um den Boden für frühe Gemüse wie diesen Salat warmzuhalten.*

RECHTS: *Sie können Rote Bete früher aussäen, wenn Sie den Boden vorher mit einer Haube schützen.*

FREILANDTOMATEN SCHÜTZEN

Grüne Tomaten können notfalls auch im Haus ausreifen, wenn sie einen gewissen Entwicklungsgrad erreicht haben. Überlassen Sie die Früchte aber, solange irgend es möglich ist, der natürlichen Reifung an der Pflanze. Erst wenn Frost angesagt ist, müssen Sie sie pflücken und ins Haus nehmen.

1 Frost schädigt die Tomaten. Aber durch einfache Schutzmaßnahmen läßt sich ihre Saison um ein paar Wochen verlängern. Niedrigwachsende buschige Pflanzen werden am besten mit einer Haube abgedeckt. Ein bißchen Stroh zwischen den Pflanzen verbessert den Schutz noch zusätzlich.

2 Pflanzen, die als Kordon erzogen worden sind, müssen erst losgebunden werden. Dann entfernen Sie die Stützhilfe und stellen eine schützende Haube darüber.

3 Legen Sie auf dem Boden eine Lage Stroh aus, darauf dann Ihre Pflanzen. Achten Sie darauf, möglichst alle Triebe gleichmäßig auszurichten. So schaffen Sie Ordnung und nutzen den Platz unter der Haube optimal.

4 Bei leichtem Frost bietet eine Gartenfolie ausreichend Schutz, auch wenn dieses Folienmaterial die Luft am Tag nicht so aufwärmen kann wie Glas oder fester Kunststoff es vermögen. Bedecken Sie Ihre niedrigwachsende Arten mit einigen Lagen und befestigen Sie diese anschließend an den Seiten sowie an den Enden.

5 Mit Folie können Sie auch einen Kordon an seiner Stützhilfe schützen. Wickeln Sie die Folie um die Pflanze oder beschaffen Sie sich einen Folienschlauch, von dem Sie sich einfach nach Bedarf die erforderliche Länge abschneiden, diese dann über die Pflanze stülpen und oben sowie unten gut verschließen.

Einen Blumenkasten mit Zwiebeln bepflanzen

Die Frühjahrsblüte bei Blumenzwiebeln ist weniger gut kalkulierbar als die der Sommerblumen; das mag Sie besonders enttäuschen, wenn Sie mehrere Zwiebelsorten in denselben Kasten gesetzt haben und diese Zwiebeln dann zu unterschiedlichen Zeiten zur Blüte kommen. Als Alternative bietet es sich an, nur eine Sorte einzusetzen; so schaffen Sie sich eine kurze, dafür aber intensive Blüte.

1 Stellen Sie sicher, daß Entwässerungslöcher vorhanden sind, und legen Sie eine Lage Tonscherben oder zerkleinerte Rinde (im Handel als Mulch) zur besseren Drainage aus.

2 Dann geben Sie etwas Topferde in den Kasten, so daß der Boden 2-3 cm bedeckt ist. Weil die Zwiebeln im Winter wenig Nährstoffe benötigen, dürfen Sie getrost die Topferde nehmen, die Sie schon im Sommer verwendet hatten.

3 Mit einer versetzten Zweierreihe lassen sich mehr Blumenzwiebeln unterbringen. Auch in Schichten können Sie Ihre Zwiebeln setzen. Dabei sollten die großen (z.B. Narzissen oder Tulpen) in der unteren Schicht liegen.

4 Geben Sie auf die untere Schicht wieder eine Lage Topferde und legen Sie darauf dann die kleineren Zwiebeln. Versuchen Sie sie so anzuordnen, daß sie zwischen den größeren liegen. Seien Sie bei der Auswahl Ihrer Zwiebeln aber vorsichtig – kleine Krokusse können von großen Narzissen überwachsen werden! Deshalb setzen Sie nur Zwergnarzissen ein, um das Gleichgewicht zu erhalten.

5 Schließlich füllen Sie erneut Topferde auf. Lassen Sie aber 2-3 cm der Oberkante frei zum Wässern und ggf. für einen hübschen Mulch. Da der Blumenkasten einige Monate lang kahl aussehen wird, läßt sich der Schauwert mit Winterstiefmütterchen verbessern. Machen Sie sich keine Gedanken über die Zwiebelpflanzen darunter – sie werden ihren Weg durch die Stiefmütterchen schon finden.

ZWIEBEL- UND BEETPFLANZEN

Zu den reizvollsten Kompositionen für das Frühjahr gehört eine Mischung aus Zwiebel- und frühjahrsblühenden Beetpflanzen wie Vergißmeinnicht (*Myosotis*), Maßliebchen (*Bellis*) und Primelhybriden. Das sieht besser aus, als wenn das Gefäß nur mit Blumenzwiebeln bepflanzt worden ist. Einmal wirkt es nach dem Anpflanzen nicht so kahl, auch verlängert sich so die Blütezeit.

Setzen Sie zuerst die Pflanzen ein und dann die Blumenzwiebeln dazwischen. Wenn Sie zuerst die Zwiebeln einsetzen, werden Sie sich schwer tun, sich ihre genaue Position zu merken, und so könnten Sie beim Einsetzen der Pflanzen beschädigt werden.

LINKS: *Auch Allerweltspflanzen wie Tulpen und Stiefmütterchen können in der richtigen Zusammenstellung effektvoll wirken.*

EINEN KÜBEL ETC. MIT ZWIEBELN BEPFLANZEN

Kübel, große Töpfe und Amphoren lassen sich wie Blumenkästen bepflanzen – mit Zwiebeln in mehreren Schichten oder zusammen mit frühjahrsblühenden Pflanzen. Zwiebelpflanzen sind in Kübeln aber auch geeignete Gefährten für Sträucher oder gar kleine Bäume. Sie können den Platz am Rand des Behälters einnehmen. Wenn der Strauch im Winter seine Blätter abgeworfen hat, vollenden die Zwiebelpflanzen den wichtigsten Teil ihres jährlichen Kreislaufs, ohne durch fehlendes Licht behindert zu sein.

1 Pflanzen Sie in die Mitte eines leeren Topfs eine kleine Konifere. So schaffen Sie sich einen Blickfang für den Winter. Dabei vermag etwas Efeu, der über den Rand hinabhängt, die Optik noch zu verbessern.

2 Dann verteilen Sie Ihre Zwiebeln gleichmäßig auf den Boden. Kleine Pflanzen, die sich leicht vermehren, zum Beispiel Perlhyazinthen, Blausterne, Schneeruhm und Balkananemonen, sind ausgesprochen dankbar. Auf sie kann man sich gewöhnlich Jahr für Jahr verlassen.

3 Setzen Sie Ihre Zwiebeln dann mit einem kleinen Handspaten vorsichtig in den Boden, so daß Sie die Wurzeln der schon im Topf befindlichen Pflanzen möglichst nicht beschädigen. Nun haben Sie sich eine reizvolle Komposition geschaffen, an der Sie vielmals im Jahr Ihre Freude haben werden.

BEETE UND RABATTEN FÜR DAS FRÜHJAHR BESTELLEN

Beete, auf denen Sommerpflanzen standen, können jetzt für das Frühjahr bestellt werden, wobei eine Kombination aus Blumenzwiebeln und Beetpflanzen empfehlenswert ist. Lassen Sie zum Beispiel Vergißmeinnicht (*Myosotis*) oder Maßliebchen (*Bellis*) den Boden im Winter bedecken; im Frühjahr stehen diese dann mit hohen Zwiebelpflanzen zusammen, die sonst recht kahl wirken könnten. Es lohnt sich allemal, auf die von den Gartenbauämtern verwendeten Kombinationen auf öffentlichen Flächen zu achten. So holen Sie sich Anregungen; Sie müssen ja nicht gleich für getreue Kopien sorgen. Aber bedenken Sie: Es ist weniger risikobehaftet, wenn Sie ein bewährtes Muster modifizieren, statt ohne Vorlage zu experimentieren. Ein Fehler würde zur Folge haben, daß Sie ein ganzes Jahr verloren hätten.

1 Harken Sie den Boden glatt, nachdem Sie die Sommerpflanzen herausgenommen haben. Die Beigabe eines Düngers ist jetzt nicht erforderlich; aber sollte der Boden ausgelaugt sein, arbeiten Sie mit der Harke langsam wirkendes Knochenmehl ein.

2 Wenn Sie Ihre Pflanzen im eigenen Anzuchtbeet gezogen haben, sollten Sie den Boden eine Stunde, bevor Sie sie herausnehmen, gut wässern. Achten Sie dabei besonders darauf, daß bei der Entnahme möglichst viel Erde an den Wurzeln haften bleibt.

3 Pflanzen für das Frühjahrsbeet, die Sie im Gartencenter kaufen, befinden sich gewöhnlich in Kunststoffschalen. Es handelt sich dabei meist um Einwegprodukte, die Sie getrost zerbrechen können, um so besser an die Wurzelballen heranzukommen.

OBEN: *Tulpen sehen besser aus, wenn Sie mit Goldlack oder Vergißmeinnicht unterpflanzt werden.*

4 Verteilen Sie die Pflanzen auf dem Boden und lassen Sie ausreichend Platz für die Zwiebeln. Dann legen Sie die Zwiebeln dazwischen und beginnen an einer Seite mit der Anpflanzung.

LILIEN FÜR DEN SOMMER ANPFLANZEN

Lilien werden im Frühjahr gepflanzt; außer in sehr kalten Gegenden können Sie die Anpflanzung aber auch jetzt vornehmen. So trocknen die Zwiebeln nicht so leicht aus. Die meisten Lilien bevorzugen leicht saure Böden (pH-Wert: 6-6,5), aber einige gedeihen auch gut in alkalischer Erde.

1 Lilien verlangen einen gut vorbereiteten Boden, deshalb müssen Sie den Pflanzort tief umgraben und viel gut verrotteten Stallmist oder Gartenkompost einarbeiten. Sollte Ihr Boden zur Staunässe neigen, müssen Sie zudem reichlich groben Sand beigeben.

2 Lilien sehen in Gruppen besser aus, als wenn sie einzeln stehen; heben Sie darum ein Loch von etwa 20 cm Tiefe aus, ausreichend für mindestens vier oder fünf Zwiebeln. Dann geben Sie Kies oder groben Sand hinein. Das ist eine Garantie für gute Entwässerung.

3 Da man Lilien gewöhnlich solange ungestört wachsen läßt, bis sie zu dicht werden, ist das Düngen hier wichtiger als bei den lediglich für eine Saison bestimmten Zwiebelpflanzen. Am besten geben Sie Knochenmehl bei oder einen Depotdünger.

4 Setzen Sie die Zwiebeln in einem Abstand von ca. 15 cm und stellen Sie sicher, daß sie tief genug liegen, um später in doppelter Höhe ihres Umfangs mit Erde bedeckt werden zu können. Ggf. mischen Sie gegen Staunässe noch mehr Kies oder groben Sand unter.

5 Bevor Sie das Loch zuschütten, sollten Sie kleine Markierungsstöckchen in den Boden stecken. Das wird Sie bei der späteren Bodenbearbeitung davor bewahren, die sich entwickelnden Pflanzen zu schädigen. Vergessen Sie auch nicht das Etikett!

OBEN: *Lilien sind ein schöner Blickfang; hier ist die kompakte Sorte 'Little Girl' zu sehen.*

Sommerbeete säubern

Wenn ein früher Frost Ihren Sommerpflanzen nicht ohnehin schon ein jähes Ende bereitet hat, werden sie jetzt langsam unschön aussehen. So ist die Zeit gekommen, diese alten Pflanzen aus dem Boden zu nehmen, ihn umzugraben und dem Garten ein sauberes Aussehen zu geben.

1 Jetzt können diese Pflanzen auf dem Komposthaufen mehr nützen als im Beet. Der Boden sieht ordentlich aus, wenn Sie auch das Unkraut entfernen.

2 Beetpflanzen haben kurze Wurzeln und lassen sich mit der Hand ausziehen. Sollten einige tiefer wurzeln, lockern Sie diese mit der Grabgabel.

3 Alte Beetpflanzen sind geradezu ideal für den Komposthaufen. Da sie nicht verholzt sind, verrotten sie schnell.

4 Graben Sie den Boden um, und entfernen Sie das Unkraut. Wenn der Boden viel Unkraut enthält, behelfen Sie sich mit einem Spaten; gewöhnlich genügt jedoch eine Grabgabel.

5 Ob Sie Pflanzen für das Frühjahr einsetzen oder nicht, Sie sollten den Boden auf jeden Fall glattharken. So sieht er nämlich ordentlich und gepflegt aus.

Rohrstöcke pflegen und lagern

Bambusrohre sehen ziemlich mitgenommen aus, wenn sie ein oder zwei Jahre in der Erde waren. Sie können ihren Dienst länger tun, wenn Sie sie bei Gelegenheit reinigen und konservieren. Sie sollten anschließend an einem trockenen Platz lagern und möglichst nicht im Freien verbleiben.

1 Klopfen Sie die Erde ab, dann können Sie die Rohre mit der Bürste reinigen und mit einem Desinfektionsmittel behandeln. Achten Sie dabei auf die Enden, wo Schmutzreste besonders hartnäckig haften.

2 Dann wischen Sie die Rohre mit einem Tuch trocken und tauchen sie mit dem Ende, das in der Erde steckte, in ein Holzschutzmittel. Die Rohre sollten dabei über Nacht in der Flüssigkeit bleiben, damit das Mittel gut einziehen kann.

3 Schließlich binden Sie die Rohre zusammen und lagern sie dann bis zum nächsten Jahr an einem trockenen Platz.

Gladiolen herausnehmen und lagern

Gladiolen dürfen nur in Klimaten mit lediglich leichten, nicht tief in den Boden eindringenden Frösten in der Erde bleiben. Kälteres Wetter überleben diese Pflanzen nicht; also nehmen Sie sie heraus, bevor es starken Frost gibt.

Gladiolen blühen zuverlässig Jahr für Jahr. Es lohnt sich deshalb immer, sie aufzuheben. Die Brutknollen, die sich an ihrer Basis bilden, werden bei entsprechender Pflege nach einigen Jahren ebenfalls zur Blüte reifen.

1 Lockern Sie die Erde mit der Grabgabel, bevor Sie die Pflanzen herausheben.

2 Schneiden Sie den größten Teil des Laubs ab, so daß nur ein kurzer Strunk, der austrocknen kann, stehenbleibt. Dabei sollte soviel Erde wie möglich entfernt werden.

3 Legen Sie die ausgehobenen Pflanzen für einige Tage an einen trockenen Platz. Sobald das Laub verwelkt ist, schneiden Sie die Reste und auch die Brutknollen ab, die sich an der Basis entwickelt haben. Sie können sie anschließend entsorgen oder zur weiteren Verwendung einlagern. Entfernen Sie auch die alten Teile der Knolle, so daß nur der gesunde, frische Wuchs verbleibt. Die Knollen werden jetzt in Schalen für ein oder zwei Tage an einem frostfreien Ort gelagert, um weiter zu trocknen.

4 Bestäuben Sie die Knollen mit einem Fungizid und lagern Sie sie frostfrei.

Kakteen und Sukkulenten umtopfen

Kakteen und Sukkulenten lassen sich zu jeder Jahreszeit umtopfen; die beste Zeit aber ist das Frühjahr und das Ende der Vegetationsperiode. Das Umtopfen der Sukkulenten stellt gewöhnlich kein Problem dar, die stachligen Kakteen sind aber mit besonderer Vorsicht zu behandeln.

Wenn möglich, sollten Sie für Kakteen eine spezielle Topferde verwenden; sie muß gut durchlässig sein und die richtige Menge an Nährstoffen enthalten; auch ein sandiger Boden ist möglich. Einige Züchter verwenden Substrate auf Torfbasis. Doch abgesehen von der Schwierigkeit, diese richtig zu wässern, sind Substrate auf Torfbasis für große Kakteen und Sukkulenten eigentlich auch zu leicht.

Große Exemplare werden nur selten umgetopft. Entfernen Sie einfach die oberen 3 cm Erde und füllen Sie den Topf anschließend mit frischer Kaktuserde auf.

1 Der Umgang mit einem stachligen Kaktus muß gelernt sein: Falten Sie ein Stück Papier (oder dünnen Karton) zusammen und legen es als Manschette um die Pflanze.

2 Dann lösen Sie die Wurzeln, indem Sie den Topf gegen eine harte Auflage klopfen. So können Sie die Pflanze mit der Manschette herausheben. Ggf. helfen Sie mit einem Bleistift nach, den Sie durch das Entwässerungsloch drücken.

3 Wenn die Pflanze lange im selben Topf stand, schütteln Sie etwas von der alten Erde ab. Seien Sie aber vorsichtig, damit die Wurzeln so wenig wie möglich beschädigt werden.

4 Die meisten Kakteen und Sukkulenten gedeihen am besten in kleinen Töpfen, die sich im Verhältnis zum oberirdischen Wuchs bescheiden ausnehmen. Gewöhnlich sollte der neue Topf nur eine Nummer größer sein. Legen Sie über das Entwässerungsloch Tonscherben oder ähnliches.

5 Während Sie die Pflanze mit dem improvisierten Griff festhalten, füllen Sie um den alten Wurzelballen etwas Erde auf. Bei manchen Kakteen ist es wegen ihrer Form dabei recht schwer, ihren Stacheln zu entkommen; nehmen Sie ggf. einen Löffel zu Hilfe.

6 Schließlich klopfen Sie den Topfboden gegen eine harte Unterlage, damit sich die Erde gut setzen kann. Bei Kakteen ist dieser Arbeitsschritt besonders wichtig, weil sich die Erde wegen der Stacheln schwer mit den Fingern festdrücken läßt. Warten Sie einige Tage, bevor Sie die Pflanze dann wässern.

Topfpflanzen aus dem Garten holen

Viele der im Winter oder im Frühjahr blühenden Zimmerpflanzen, zum Beispiel *Schlumbergera*, *Zygocactus* und Nachtschatten (*Solanum*), können den Sommer über ins Freie gestellt werden, weil sie in dieser Zeit weniger ansprechend aussehen. Bringen Sie sie aber vor dem ersten Frost ins Haus.

1 Entfernen Sie den Mulch, wenn die Töpfe versenkt und abgedeckt waren (um das regelmäßige Wässern zu reduzieren).

2 Bisweilen sind die Töpfe gar nicht leicht herauszuheben. Dann hebeln Sie sie vorsichtig mit der Grabgabel heraus, allerdings ohne die Töpfe zu beschädigen.

3 Entfernen Sie von der Topfoberfläche alle Blätter und sonstigen Rückstände, die mit großer Wahrscheinlichkeit von schädlichen Mikroorganismen befallen sind. Dann wischen Sie den Topf mit einem feuchten Lappen sauber. Achten Sie besonders auf den Topfboden. Dort halten sich gern Erdreste, die Sie nach Möglichkeit nicht ins Haus tragen sollten.

4 Bevor Sie Ihre Pflanzen ins Zimmer bzw. ins Gewächshaus stellen, sollten Sie sie immer auf Schädlinge und Krankheiten hin überprüfen. Werfen Sie dabei auch einen Blick auf die Unterseiten der Blätter, an denen gern kleine Schnecken haften. Schon eine einzige Schnecke, die Sie übersehen, kann großen Schaden anrichten. Pflanzen, die durch ihre Blätter gefallen sollen, lassen sich mit einem entsprechenden Mittel polieren, um ihr hübsches Aussehen wiederherzustellen.

LICHT SCHAFFEN

- Jetzt benötigen Ihre Pflanzen alles Licht, das sie bekommen können; deshalb muß umgehend jede Schattierung entfernt werden. Das gilt auch für die evtl. früher im Jahr aufgetragene, der Schattierung dienenden Spezialfarbe; das meiste kann mit einem Staubtuch abgewischt werden, wenn das Glas trocken ist. Auch innen oder außen angebrachte Blenden müssen jetzt weichen. Vielleicht lassen sich deren Halterungen nun für die Winter-Abdichtung nutzen.

Kartoffeln ernten und lagern

Die frühe und die zweite frühe Ernte dienen dem sofortigen Verzehr; aber die Haupternte ist zum Einlagern für den Winter gedacht. Bei geringer Menge können die Kartoffeln in Papiersäcken im Haus aufbewahrt werden, bei größerer Ernte (oder bei wenig Platz) lassen sich die Kartoffeln auch in Mieten lagern. Das sieht primitiv aus, ist aber besonders in kalten Wintern sehr sinnvoll.

1 Holen Sie die Knollen aus dem Boden, wenn das Laub abgestorben ist. Sie können sie auch länger in der Erde lassen, müssen Sie aber bei Nachtfrösten, die sie erreichen (oder wenn Schädlinge auftreten), sofort herausnehmen.

2 Lassen Sie die Kartoffeln einige Stunden auf dem Boden liegen, damit die Schale trocknen und sich verhärten kann.

3 Vor dem Einlagern sortieren Sie Ihre Kartoffeln. Dazu teilen Sie sie in vier Größen ein: sehr klein, klein, mittel und groß. Sehr kleine sollten Sie direkt verzehren (oder wegwerfen), kleine bald verbrauchen und nur die mittleren und die großen lagern.

RECHTS: *Kartoffeln müssen einige Stunden trocknen können, bevor sie sortiert und eingelagert werden.*

4 Legen Sie die größten Kartoffeln in Säcke und stellen Sie diese an einen kühlen, aber frostfreien Ort. Am besten eignen sich Säcke aus Papier; Sie können aber auch Plastiksäcke nehmen, in die Sie dann kleine Schlitze schneiden müssen, um für etwas Luft zu sorgen.

5 Legen Sie eine Miete an, wenn Sie zu viele Kartoffeln haben, um sie in Säcken zu lagern. Dazu graben Sie eine kleine Mulde und legen dieses Bett mit einer dicken Schicht Stroh aus.

6 Anschließend häufen Sie die Kartoffeln auf das Stroh.

7 Darüber geben Sie eine Schicht Stroh; sie muß dick genug sein, um die Kartoffeln gut isolieren zu können.

8 Dann schaufeln Sie Erde über das Stroh; aber lassen Sie die Mitte für die Luftzufuhr frei.

KRÄUTER SCHÜTZEN

Petersilie gehört zu den Kräutern, die Ihrer Küche auch im Winter zur Verfügung stehen. Doch müssen Sie sie in diesem Fall mit einer Haube abdecken. Dabei sollten die Endstücke Ihrer Haube gut verschlossen sein.

SCHUTZ DURCH STROH

In kalten Gegenden sollten Sie die Triebe von Gemüsen wie Sellerie (*siehe* Abb.) und Rote Bete mit Stroh schützen. Packen Sie es unter und zwischen die Grünteile der Pflanzen. Es schadet nichts, wenn die obersten Blätter frei bleiben; Ziel ist es nur, den eßbaren Teil der Pflanze zu schützen.

Sellerie kann leichte Fröste überdauern; wenn es aber schon sehr kalt wird, bevor Sie ihn aus der Erde nehmen, ist ein Schutz unabdingbar. Auch Rote Bete vertragen das kühle Wetter gemäßigter Klimate. In kälteren Regionen trägt das Stroh aber dazu bei, die Pflanzen in gutem Zustand zu halten.

Blumenzwiebeln im Rasen ansiedeln

Blumenzwiebeln im Rasen anzusiedeln ist eine gute Empfehlung. Dann haben Sie alljährlich im Frühjahr eine Blütenpracht, die im Laufe der Jahre noch üppiger ausfällt. Dazu brauchen Sie nur ein Stück Rasen, das bis zum Frühsommer ungemäht bleibt. So kann das Laub der Pflanzen langsam absterben.

1 Wenn Sie viele kleine Zwiebeln, zum Beispiel Krokusse (*Crocus*) und Winterlinge (*Eranthis*), ansiedeln wollen, heben Sie nach H-förmigem Einschnitt der Grasnarbe ein Stück Rasen ab.

2 Dabei wird die Grasnarbe vorsichtig mit dem Spaten angehoben, bis Sie diese umschlagen können und so den Boden freilegen.

3 Dann lockern Sie den Boden auf. Wenn Sie ihm einen Langzeitdünger gönnen möchten, tun Sie dies jetzt.

4 Setzen Sie Ihre Zwiebeln nicht in Reihen oder in regelmäßigen Mustern. Ihre Pflanzen sollen später im natürlichen Ensemble stehen, wofür Sie jetzt die Grundlage schaffen müssen.

5 Bei größeren Zwiebeln ist ein Handspaten unabdingbar, denn nun gilt es, Löcher zu graben. Setzen Sie Ihre Zwiebeln so, daß sie in doppelter Zwiebelhöhe mit Erde bedeckt werden können.

6 Schließlich drücken Sie den Boden fest an und legen die Grasnarbe wieder auf. Drücken Sie auch diese fest und wässern Sie bei trockenem Wetter, damit sich der Rasen schnell wieder erholt.

7 Bei sehr großen Zwiebeln (z.B. Narzissen) behilft man sich am besten mit einem Zwiebelpflanzer. Damit können Sie mühelos einen Pfropfen Erde ausstechen und entnehmen.

8 Erst stechen Sie den Zwiebelpflanzer in den Boden und ziehen den ausgestochenen Pfropfen Erde heraus. Dann drücken Sie den Aushub aus dem Gerät und setzen eine Zwiebel in das Loch.

9 Dann streifen Sie am unteren Ende des Pfropfens eine Lage Erde ab (um Platz für die Zwiebel zu schaffen) und setzen ihn anschließend wieder in das Loch; drücken Sie den Pfropfen fest.

RECHTS: *Wo Ihre Rasenfläche ausläuft und das Gras bis in den Frühsommer ungehindert wachsen darf, ist ein idealer Ort für Zwiebelpflanzen, wie zum Beispiel Anemonen (siehe Abb.).*

DAHLIEN HERAUSNEHMEN UND LAGERN

Nehmen Sie die Knollen Ihrer Dahlien aus dem Boden und lagern Sie sie ein. Zum Wegwerfen sind sie zu schade. Sogar die aus Samen gezogenen Pflanzen haben Knollen gebildet, die Sie aufheben können.

1 Wenn der erste Frost das Laub Ihrer Dahlien geschwärzt hat, ist es Zeit, sie herauszunehmen. Am besten arbeiten Sie mit einer Handgabel. Die Stengel werden auf ca. 5 cm zurückgeschnitten.

2 Dann stellen Sie die Knollen mit dem Wurzelwerk nach oben auf (*siehe* Abb.). So kann die Feuchtigkeit aus den hohlen Stengeln ablaufen. Dieser Platz zum Trocknen muß frostfrei sein.

3 Nach einigen Tagen sind Ihre Knollen getrocknet. Sie sollten überflüssige Erde sowie lockere Wurzelstücke entfernen und den Stengel bis auf einen Stummel kürzen; etikettieren Sie jede Pflanze.

4 Schließlich legen Sie die Knollen in eine gut isolierte Kiste zwischen Torf, Sägespäne oder aufgelockertes Zeitungspapier. Ihre Knollen müssen an einem frostfreien Ort überwintern können.

DAS WINTERQUARTIER

Ein Gästezimmer, ein kühles Souterrain oder eine frostfreie Garage sind für Zwiebeln und Knollen, die überwintern sollen, wie geschaffen.

Schädlich sind zu warme Plätze; dann würden nämlich die Wurzeln zu schnell wachsen, wenn die Pflanzen neuerlich in den Boden kommen. Auch können Zwiebeln und Knollen leicht austrocknen. Überprüfen Sie ungefähr einmal im Monat, ob Ihr Lagergut noch gesund ist. So gehen Sie kein Risiko ein.

Einen Teich für den Winter vorbereiten

Teiche erfordern nur wenig regelmäßige Pflege, doch zum Ende der Saison ist einiges an Vorsorge vonnöten, um sicherzugehen, daß Ihre Pflanzen und Fische gut durch den Winter kommen.

1 Spannen Sie über Ihren Teich jetzt ein Netz, damit das abfallende Laub nicht das Wasser verschmutzt. Bei einem großen Teich ist das nicht möglich, bei einem kleinen aber sehr hilfreich. Sie müssen das Laub regelmäßig einsammeln und am Ende das Netz wieder entfernen.

2 Ohne ein Netz über dem Teich müssen Sie das Laub aber regelmäßig mit einem Kescher herausholen – jedoch nicht nur von der Oberfläche, sondern auch von weiter unten. Laub ist bekanntlich abgestorbenes Pflanzengut und kann Fauna und Flora des Teichs schädigen.

3 Unterwasserpflanzen wie die Wasserpest (*Elodea*) und Wucherer wie *Myriophyllum* werden Ihren Teich verstopfen, wenn Sie diese Pflanzen nicht gelegentlich ausdünnen. Jetzt ist eine gute Zeit dazu; der Überschuß läßt sich einfach mit der Harke herausheben.

4 Entfernen Sie vom Teichrand aus alles kranke oder abgestorbene Pflanzengut, besonders dort, wo es ins Wasser zu fallen droht.

5 Um Wasserpflanzen zu teilen, heben Sie sie zuerst aus ihrem Behältnis. Wahrscheinlich müssen Sie dabei auch einige Wurzelfasern wegschneiden.

6 Manche Pflanzen lassen sich einfach mit der Hand teilen, andere haben einen massigen Klumpen aus Wurzeln gebildet, der mit dem Spaten geteilt werden muß.

7 Entsorgen Sie alle Stücke, die Sie nicht wieder einpflanzen wollen. Die anderen topfen Sie dann in Pflanzkörbe ein. Zuletzt geben Sie eine Lage Kies auf die Erde, um sie zu schützen.

EMPFINDLICHE WASSERPFLANZEN SCHÜTZEN

Wassersalat (*Pistia stratiotes*), *Salvinia auriculata* und andere Wasserpflanzen vertragen keine Fröste, auch wenn sie sich im Sommer im Freien stark vermehren können. Das Moosfarn (*Azolla caroliniana*) zum Beispiel wird einen milden Winter zwar überstehen können, doch sollten einige dieser Pflanzen zur Sicherheit an einem frostfreien Platz überwintern.

LINKS: *Ein Teich mag im Sommer noch so problemlos sein, seine empfindlichen Wasserpflanzen sollten Sie jetzt herausnehmen.*

1 Nehmen Sie jetzt einige gesunde Pflanzen aus dem Teich. Sie könnten bereits unter dem Wetter leiden; aber diejenigen, die Beschädigungen aufweisen, taugen nicht für das Überwintern.

2 Legen Sie Ihre Pflanzen in ein Kunststoffgefäß mit Wasser (z.B. eine Brotdose oder eine Eiscremeschale). Es dürfen aber nicht zu viele sein; Sie sollten dann lieber mehrere solche Gefäße nehmen. Manche Gärtner geben wegen der Nährstoffe auch etwas Erde auf den Boden.

3 Schließlich stellen Sie diese Pflanzen an einen warmen, hellen Platz, zum Beispiel in Ihr Gewächshaus; auch ein helles Fensterbrett ist geeignet. Füllen Sie von Zeit zu Zeit Wasser nach oder wechseln Sie es ganz aus, wenn Sie den Eindruck haben, daß es verbraucht ist.

DIE PFLEGE KLEINER SEEROSEN

Mit Ausnahme der Exoten unter den Seerosen, die gewöhnlich nur von Liebhabern mit beheizbaren Teichen gezogen werden, sind diese Pflanzen ziemlich winterhart und werden in der Regel so tief angepflanzt, daß sie keinen Schaden nehmen.

Aber die kleinen Seerosen, die zum Beispiel in einem Halbfaß oder Kübel gern für Miniaturteiche verwendet werden, sind dagegen anfällig. Weil diese Behältnisse frei stehen (und nicht im Boden versenkt werden), kann der Frost den gesamten Pflanzenkörper erfassen. Umgeben Sie Ihren Miniaturteich darum mit mehreren Lagen Luftpolsterfolie oder stellen Sie ihn in das Gewächshaus.

Herbstliche Rasenpflege

Im Herbst ist die Zeit gekommen, um Ihren Rasen für das nächste Jahr vorzubereiten. Jetzt werden auch langfristige Verbesserungen vorgenommen. Rasenabfälle ausrechen, Moos entfernen, Düngen und Durchlüften des Bodens sind Arbeiten, die jetzt anfallen und die Qualität Ihres Rasens erhalten.

1 Im Laufe der Zeit bilden die verdörrten Grashalme und liegengebliebenes Schnittgut eine Art »Strohdecke« auf Ihrem Rasen, die das Wachstum des Rasens beeinträchtigt; Sie sollten sie nun mit einem Fächerbesen beseitigen. So entfernen Sie auch das Moos.

2 Wenn das Gras nicht zu Ihrer Zufriedenheit wächst, sollten Sie den Rasen gut durchlüften. Stechen Sie deshalb mit der Grabgabel etwa 15 cm tief in den Boden. Das ist je nach Größe der Rasenfläche einigermaßen arbeitsam, dafür aber sehr effektiv.

3 Dann geben Sie einen Bodenverbesserer bei und verteilen ihn gut – Sand (oder eine Mischung aus Sand und Erde) ist angebracht, wenn der Boden schlecht entwässert wird, Torf oder gut verrotteter Kompost, wenn der Boden ausgesprochen sandig ist.

4 Düngen ist das beste Mittel, um einen Rasen »wiederzubeleben«, der sich in sehr schlechtem Zustand befindet. Wichtig ist, daß Sie jetzt einen für den Herbst vorgesehenen Dünger verwenden, der nicht zuviel Stickstoff enthält.

5 Bei starkem Moosbewuchs sollten Sie sich ein Mittel gegen Moosbildung besorgen, und zwar ein eigens für den Herbst empfohlenes. Dieses Mittel darf nicht zuviel Stickstoff enthalten.

6 Rasenkanten lassen sich natürlich zu jeder Jahreszeit pflegen; im Herbst haben Sie gewöhnlich aber die meiste Zeit dazu. Gehen Sie dabei mit einem Kantenstecher vor. Hier erfolgt der Abstich entlang einer ausgelegten Latte.

Blätter sammeln und kompostieren

Laub, das verrotten kann, ergibt einen guten Kompost; lassen Sie es aber auf dem Boden einfach liegen, kann es Ihren Rasen beschädigen, Ihre kleinen Pflanzen ersticken und weiteren Schaden anrichten.

1 Lassen Sie das Laub auf Ihrem Rasen nicht zu lange liegen. Andernfalls würde das Gras darunter welk und von Krankheiten befallen. Auf einem kleinen Rasen können Sie die Blätter mit einem Fächerbesen zusammenrechen.

2 Auf Wegen oder Zufahrten werden die Blätter am besten mit einem Besen zusammengefegt.

3 Es gibt Geräte, mit denen Sie das Laub entfernen können, ohne sich Bücken zu müssen. Aber manchmal können auch zwei Bretter gute Dienste leisten (*siehe* Abb.).

4 Schütten Sie Ihre Laubabfälle auf den Komposthaufen. Es gibt Blätter, die nur sehr langsam verrotten. Es ist deshalb anzuraten, für eine große Menge diesen Laubs einen eigenen Abfallhaufen anzulegen.

MECHANISCHE HILFEN

Die Blätter, das Moos und die Schnittabfälle auf Ihrem Rasen per Hand zusammenzurechen, mag mühsam sein. Wenn Sie einen großen Rasen haben, sollten Sie in einen motorgetriebenen Rasenrechen investieren, der diese Arbeit schnell erledigen wird. Für die anstrengende Arbeit des Durchlüftens Ihres Rasens bietet der Fachhandel Vertikutierer an, die tief in die Grasnarbe eindringen. Ferner gibt es Laubkehrer, Laubfeger etc.

KLEINE PFLANZEN VOM LAUB BEFREIEN

Wenn das Laub längere Zeit auf Ihren kleinen Pflanzen liegen bleibt, werden sie aus Mangel an Licht und frischer Luft anfangen zu verrotten. Auch sind Laubabfälle dort ein Tummelplatz für Schnecken und andere Schädlinge, die sich an Ihren Pflanzen gütlich tun. Solcher Schaden stellt sich nicht »über Nacht« ein, aber doch nach einigen Wochen.

Sträuchern Winterschutz geben

Es gibt einige nahezu winterharter Sträucher, die sich schon mit einfachen Vorkehrungen gut durch den Winter bringen lassen. Es wäre töricht, von solchen Vorkehrungen keinen Gebrauch zu machen.

1 Viele nahezu winterharte Sträucher begnügen sich schon damit, wenn ihnen ein wenig Schutz vor kaltem Wind und Schnee gegeben wird. Stecken Sie beispielsweise einige Zweige (z.B. Koniferen) um die Pflanze herum in den Boden. Das genügt vollkommen.

2 Bei größeren Sträuchern mag es geboten sein, diese immergrünen Zweige mit Schnüren festzubinden.

3 Auch diverse Gartenfolien oder engmaschige Netze eignen sich als Winterschutz. Am besten legen Sie diese in mehreren Lagen aus. Das ist eine praktische Alternative, sollten Ihnen keine immergrünen Zweige (oder solche von Moosfarnen) zur Verfügung stehen.

4 Manchen Sträuchern schadet ein kalter Wind ebenso wie es niedrige Temperaturen tun. Stecken Sie für einen entsprechenden Schutz deshalb um die Pflanze herum einige Rohrstöcke in den Boden. Daran befestigen Sie dann mehrere Lagen Netze oder Plastikfolie.

RECHTS: *Entfernen Sie die größeren Schneemassen von Ihren Nadelgehölzen, bevor deren Gewicht die Zweige beschädigen und so die Form des Baums beeinträchtigen kann.*

Neue immergrüne Pflanzen schützen

Ein immergrünes Gehölz, das Sie erst spät gepflanzt haben, hat vielleicht noch keine Wurzeln gebildet; vielleicht ist es auch nicht regelmäßig gewässert worden und kann die Feuchtigkeit nicht ausreichend speichern. Dann mag ein Windschutz für den ersten Winter den Flüssigkeitsverlust reduzieren.

1 Stecken Sie um die Pflanze herum drei Rohrstöcke in den Boden. Anschließend wickeln Sie darum mehrere Lagen Plastikfolie oder Gartenvlies und befestigen sie.

2 Vielleicht finden Sie einen Windschutz unpassend. Dann ist eine andere Vorsorge vonnöten: Wässern Sie Ihre Pflanze in den niederschlagsarmen Phasen, damit die Wurzeln feucht bleiben. Bei kaltem Wetter müssen Sie die Pflanze unbedingt mit einer Plastiktüte abdecken.

Steingartenpflanzen schützen

Steingartenpflanzen mit behaarten Blättern neigen zur Fäulnisbildung, wenn sie in den kalten Monaten zuviel Feuchtigkeit abbekommen.

1 Zur Vorbeugung gegen Fäulnisbildung bestimmter Steingartenpflanzen installieren Sie beispielsweise einen »Tisch« mit einer Glas- oder Kunststoffscheibe und eigens in den Boden geschlagenen Stützfüßen. Das schützt vor zuviel Feuchtigkeit.

2 Sie können sich auch mit Backsteinen behelfen, die Scheibe mit Steinen beschweren und darüber als zusätzlichen Schutz noch eine Haube aufstellen. Lassen Sie die Seiten offen, aber befestigen Sie die Haube gut, damit sie vom Wind nicht fortgetragen werden kann.

SCHUTZ VOR SCHNEE

Starker Schneefall kann die Zweige Ihrer Konifere herunterbiegen oder abbrechen und so Schaden anrichten. Steht das zu erwarten, sollten Sie die Zweige Ihrer Koniferen zusammenbinden (*siehe* Abb.). Lassen Sie sich dabei von Ihrem Fachhändler beraten, welches Gartenband sich am besten eignet.

EINE HECKE ANPFLANZEN

Sträucher, die Sie in Containern kaufen, können fast das ganze Jahr über ausgepflanzt werden. Doch eine Hecke mit Containerware anzulegen, ist auf Grund der vielen Sträucher sehr teuer. Die meisten Gartencenter bieten jetzt neben Ballenware auch wurzelnackte Heckenpflanzen im Bündel an.

1 Bereiten Sie den Boden gründlich vor – immerhin soll eine Hecke eine lange Lebenszeit haben. Zur Bodenvorbereitung gehört, alles Unkraut zu entfernen und tief umzugraben, besonders wenn die Erde sehr fest ist.

2 Dann heben Sie einen Graben von etwa 25 cm Tiefe aus und spannen zur Vorbereitung dieser Arbeit eine Gartenschnur aus. So gewährleisten Sie, daß der Graben ordentlich ausgerichtet sein wird.

3 Anschließend geben Sie möglichst viel Gartenkompost oder verrotteten Stallmist in den Graben, um so die Bodenqualität zu verbessern und eine tiefe Wurzelbildung zu ermöglichen.

4 Nach dieser Bodenverbesserung füllen Sie den Graben wieder mit Erde, wobei Sie nochmals organisches Material und Knochenmehl einarbeiten. Zu dieser Jahreszeit sollten Sie aber keinen schnell wirkenden Dünger einsetzen.

5 Wurzelnackte Heckenpflanzen gibt es oft im Bündel zu kaufen, und zwar mit den Wurzeln in etwas Torf oder Gartenerde. Andernfalls müssen Ihre Pflanzen sofort ausgepflanzt werden; wählen Sie ggf. auch einen provisorischen Ort.

6 Nun graben Sie Ihre Pflanzlöcher in geeigneter Größe und in geeignetem Abstand. Üblicherweise beträgt dieser 40-45 cm, er kann aber auch sehr unterschiedlich sein. Beachten Sie die Hinweise des Lieferanten.

7 Später treten Sie die Pflanzen an allen Seiten gut fest. So vermeiden Sie größere Lufteinschlüsse, wodurch die Wurzeln austrocknen könnten.

8 Abschließend müssen Sie Ihre Pflanzen gut wässern. Sie benötigen noch während des gesamten ersten Jahres bei trockenem Wetter viel Wasser.

Rosen anpflanzen

Heutzutage werden Rosen meist in Containern angeboten; deshalb können sie fast das ganze Jahr über angepflanzt werden. Gelegentlich sind sie aber auch wurzelnackt zu haben, wobei die Wurzeln oftmals von etwas Moos und einer schützenden Folie umgeben sind. Solche Pflanzen wurden vorher gewöhnlich in Zuchtbeeten kultiviert; sie sind oftmals preiswerter als die Containerpflanzen, können aber ebenso wertvoll sein; nur sollte man sie sofort einpflanzen.

EINE KLETTERROSE ANPFLANZEN

Sie dürfen Ihre Kletterrosen nie zu dicht an die Wand oder an den Zaun etc. setzen. Die Wurzelballen sollten davon jeweils ca. 35 cm entfernt sein. So liegen sie nicht im Regenschatten. Wenn Sie die Triebe dann zur Kletterhilfe hinführen, lassen sie sich im weiteren Verlaufe ihres Wachstums gut erziehen.

LINKS: *Rosen geben dem Garten eine besondere Note; jetzt ist die Zeit, sie auszupflanzen.*

1 Heben Sie ein Loch aus, das den Wurzeln ausreichend Platz läßt, sich auszubreiten; dabei harken Sie möglichst viel Gartenkompost oder verrotteten Stallmist unter. Schwere Böden müssen Sie vorher aufbrechen und lockern.

2 Schneiden Sie alle angebrochenen oder anders beschädigten Wurzeln weg und stellen Sie den Wurzelballen, wenn er zu trocken ist, für eine oder zwei Stunden ins Wasser.

3 Nachdem Sie Ihre Rose in das Pflanzloch gesetzt haben, bedecken Sie die Wurzeln mit Erde, wobei Sie die Pflanze etwas bewegen sollten, damit sich die Erde gut setzen kann.

4 Später treten Sie den Boden gut fest, damit sich keine Lufteinschlüsse bilden und die Pflanze einen festen Halt hat. Dann harken Sie die Oberfläche glatt und wässern gründlich.

5 War die Pflanze beim Kauf nicht zurückgeschnitten, sollten Sie alle Triebe auf 15-20 cm einkürzen. So beugen Sie auch der Gefahr vor, daß der Wind die junge Pflanze lockert.

Das Gewächshaus abdichten

Eine gute Isolierung senkt bekanntlich die Heizkosten. Auch wenn Sie Ihr Gewächshaus im Winter nicht beheizen, bietet eine zusätzliche Abdichtung Ihren Pflanzen doch einen gewissen Schutz.

1 Im Fachhandel gibt es spezielle Halter, mit denen Sie Kunststoffolie an den Aluminiumrahmen des Gewächshauses befestigen können. Diese Halter sind so ausgelegt, daß sie in die Aluminiumrahmen eingepaßt und durch eine Drehbewegung des Griffs gesichert werden können.

2 Bringen Sie die Halter so an, daß die ausgespannte Kunststoffolie sicher befestigt ist. Ggf. benötigen Sie für eine starke Luftpolsterfolie andere Halter, die sich für dieses dickere Folienmaterial eignen.

3 Vielleicht ist es für Sie einfacher, die Wände und das Dach einzeln zu bedecken. Dann müssen Sie ggf. zwischen Dachkante und Wand noch eigens Sicherungsstreifen anbringen, um so die Zugluft fernzuhalten.

4 In Gewächshäusern mit Holzrahmen läßt sich das Isoliermaterial auch mit Reißnägeln befestigen. Informieren Sie sich im Fachhandel, was Ihren Vorstellungen am besten entspricht.

5 Wenn Sie Ihre Folie nicht am Rahmen sichern wollen (oder können), setzen Sie spezielle Haftscheiben aus Kunststoff ein. Bevor Sie diese Scheiben auf das Glas drücken, sollten Sie deren jeweilige Haftfläche etwas anfeuchten.

7 Decken Sie Ihre Fenster grundsätzlich gesondert ab. Natürlich sollte es im Inneren des Gewächshauses möglichst warm bleiben. Doch muß es auch eine Belüftungsmöglichkeit geben. Mindestens ein Fenster sollten Sie darum auch öffnen können.

6 Dann legen Sie die Folie aus und sichern sie mit Reißnägeln, die Sie in der Mitte der Haftscheiben eindrücken.

8 Um zwischen den Bahnen einen zu starken Wärmeverlust zu vermeiden, sollten Sie diese mit einem Klarsichtband verschließen.

RECHTS: *Luftpolsterfolie hält die Temperatur hoch und Ihre Rechnungen niedrig.*

SCHIRME UND RAUMTEILER

In kommerziell betriebenen Gewächshäusern werden oft durchsichtige Schirme aus Plastik oder anderen Materialien eingesetzt, um so die Wärme zu halten. Waagerecht über den Pflanzen angebracht, trennen sie den oberen Teil des Gewächshauses ab. Gewöhnlich kommen sie nachts zum Einsatz und werden tagsüber wieder zusammengefaltet. In Ihrem eigenen Gewächshaus können Sie von der einen zur anderen Wandseite Drähte ausspannen und einen Schirm ausbreiten (*siehe* unten links).

Bei einem großen Gewächshaus mag es aus Kostengründen auch sinnvoll sein, nur einen Teil zu beheizen. Dann stellen Sie einen senkrechten Raumteiler auf (*siehe* unten rechts). So verkleinern Sie den zu beheizenden Teil.

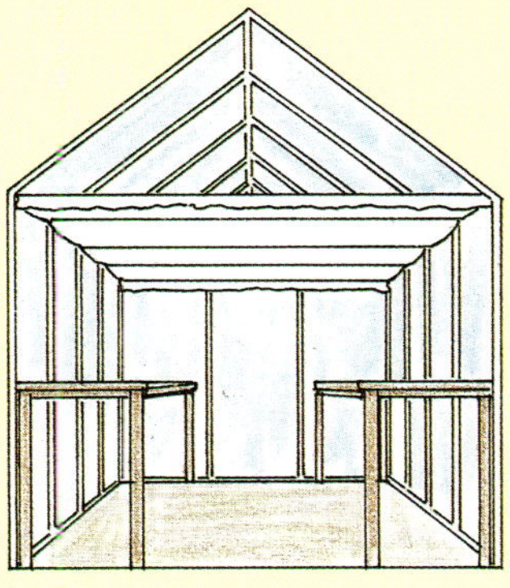

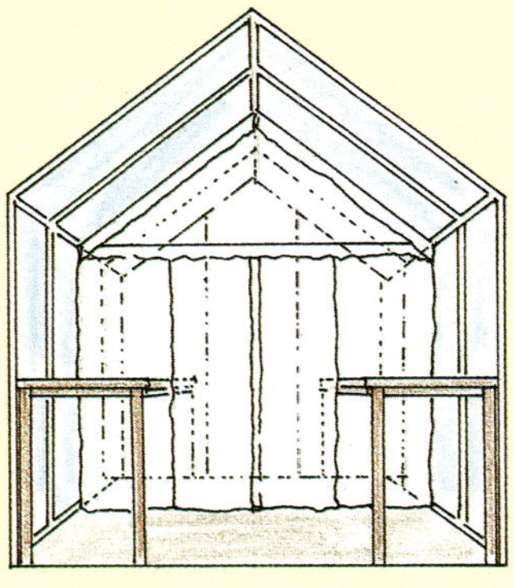

ISOLIERMATERIALIEN

Eine Doppelverglasung ist für die meisten privaten Gewächshäuser zu teuer und auch nicht erforderlich, weil sie gewöhnlich nicht so stark beheizt werden müssen. Ggf. behelfen Sie sich mit Kunststoffolien. Diese lassen sich am Ende der Heizperiode abnehmen und können bei entsprechender Lagerung wiederverwendet werden.

Eine einfache, strapazierfähige Kunststoffolie ist gut lichtdurchlässig und auch preiswert, allerdings nicht das beste Material zum Speichern der Wärme.

Bessere Dienste tut eine Luftpolsterfolie. Die Luftbläschen reduzieren den Wärmeverlust nahezu optimal. Wenn möglich, sollten Sie sich eine dicke Luftpolsterfolie (mit großen Luftbläschen) besorgen. Sie läßt weniger Licht hindurch, kann aber den Wärmeverlust noch deutlicher reduzieren.

Empfindliche Fuchsien schützen

Die meisten Fuchsien vertragen keine Fröste; wenn Sie nicht genau wissen, ob Ihre Sorte im Freien bleiben kann, sollten Sie sie zur Sicherheit an einem frostfreien Platz überwintern lassen.

1 Fuchsien, die Sie in Töpfen kultiviert haben, stellen Sie jetzt ins Gewächshaus. Bei Freilandkulturen sollten Sie Ihre Pflanzen aber aus dem Beet nehmen und die überschüssige Erde entfernen.

2 Topfen Sie Ihre Fuchsien einzeln ein oder setzen Sie sie in Kästen. Dann stellen Sie die Pflanzen an einen frostfreien Ort, zum Beispiel ins Gewächshaus oder auf eine helle Fensterbank.

3 Entfernen Sie die alten Blätter und alle weichen, grünen Triebspitzen. Der frostfreie Ort zum Überwintern sollte aber einigermaßen kühl sein. Halten Sie die Erde ziemlich trocken.

FUCHSIEN IM FREIEN

Wenn Sie nicht genug Platz im Haus haben, müssen Ihre Fuchsien im Freien bleiben. Heben Sie dazu einen Graben von 30 cm Tiefe aus. Dann legen Sie diesen mit Stroh aus und setzen Ihre Pflanzen hinein. Darüber legen Sie eine weitere Lage Stroh und füllen anschließend wieder Erde auf.

Im Frühjahr können Sie Ihre Pflanzen wieder eintopfen und an einen warmen, hellen Ort stellen. Wenn der Winter nicht zu streng war, dürften bei dieser Methode viele Pflanzen überlebt haben.

WINTERHARTE FUCHSIEN

»Winterhart« ist ein dehnbarer Begriff; auch wenn die Wurzeln bei manchen Fuchsien einen nicht zu strengen Winter überleben können, ist es besser, Vorsorge gegen die Unwägbarkeiten der kalten Jahreszeit zu treffen.

Lassen Sie die Triebe Ihrer Fuchsien stehen, auch wenn diese absterben. Sie verleihen der Pflanze einen zusätzlichen Schutz. Damit der Frost nicht allzu tief in den Boden eindringen kann, legen Sie um den Wurzelhals Farn, Stroh oder Torf aus. Sobald Ihre Pflanzen im Frühjahr neu austreiben, sollten Sie diesen Mulch wieder entfernen.

Einige Arten benötigen in gemäßigten Klimaten keinen besonderen Schutz. Dazu gehört zum Beispiel die Scharlachfuchsie (*Fuchsia magellanica*)

Pelargonien schützen

Pelargonien, fälschlicherweise oft als Geranien bezeichnet, sollten in einer hellen, frostfreien Umgebung überwintern. Wenn Sie viele dieser Pflanzen haben, ist das Gewächshaus der geeignetste Ort. Wenn Sie keines haben, sollten Sie aber wenigstens für einige Pflanzen Platz im Haus schaffen.

1 Nehmen Sie Ihre Pelargonien vor dem ersten Frost aus der Erde; sie überstehen auch leichten Frost, wenn sie direkt danach herausgenommen werden.

2 Schütteln Sie dabei soviel Erde wie möglich von den Wurzeln ab. So reduzieren Sie die Ballengröße.

3 Damit die Pflanze leichter einzutopfen ist, sollten Sie die längeren Wurzeln auf etwa 5-8 cm einkürzen.

4 Schneiden Sie die Triebe auf etwa 10 cm zurück und entfernen Sie ggf. alle verbliebenen Blätter. Auch wenn Ihnen das sehr drastisch erscheint – im Frühjahr werden neue Triebe erscheinen. Davon lassen sich dann Stecklinge nehmen, wenn Sie Ihre Pflanzen vermehren wollen.

5 Lassen Sie Ihre Pelargonien am besten in mindestens 15 cm tiefen Schalen überwintern. Dazu füllen Sie diese zur Hälfte mit Topf- oder Anzuchterde auf. Dann stellen Sie die Pflanzen hinein und geben weitere Erde bei, um die Wurzeln zu bedecken. Anfangs müssen Sie Ihre Pflanzen gut wässern, später aber nur noch, wenn der Boden fast trocken ist.

6 Wenn Sie Ihre Pelargonien auf ein Fensterbrett stellen möchten, ist es aus Platzgründen ratsam, große Töpfe anstelle von Schalen zu verwenden.

Die Zeit für Stecklinge

Fuchsien und Pelargonien lassen sich im Frühjahr oder Herbst gut durch Stecklinge vermehren. Für den Fall, daß Sie mehrere ältere Pflanzen überwintern, können Sie im Frühjahr (nach dem Ende der kalten Jahreszeit) viele Stecklinge nehmen.

Auch Stecklinge, die Sie im späten Sommer oder im Herbst gewinnen, werden mit Sicherheit noch gut anwachsen. Geben Sie ihnen viel Licht und Wärme; so gedeihen sie am besten. Bei sehr günstigen Bedingungen können Pelargonien sogar in den Wintermonaten blühen.

Schwarze Johannisbeeren zurückschneiden

Schwarze Johannisbeeren fruchten am besten am vorjährigen Holz. Der Rückschnitt in der Vegetationspause zielt darauf, die ältesten Triebe zu entfernen und so den neuen Wuchs anzuregen.

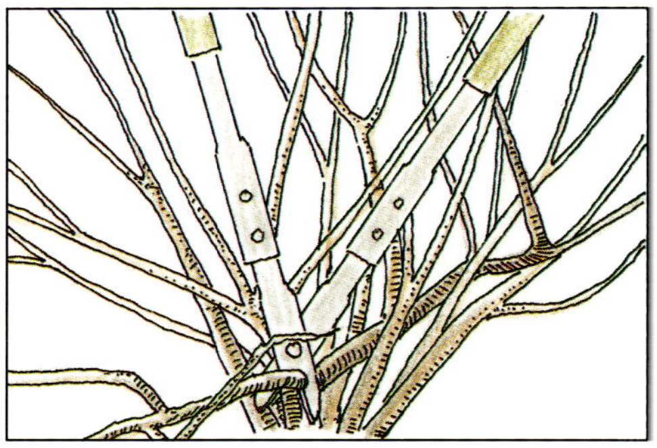

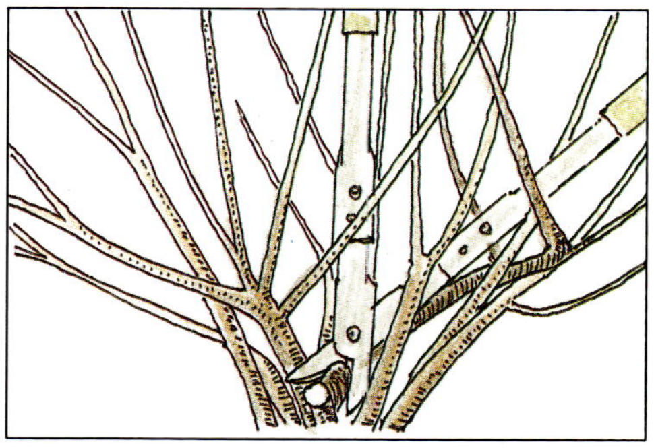

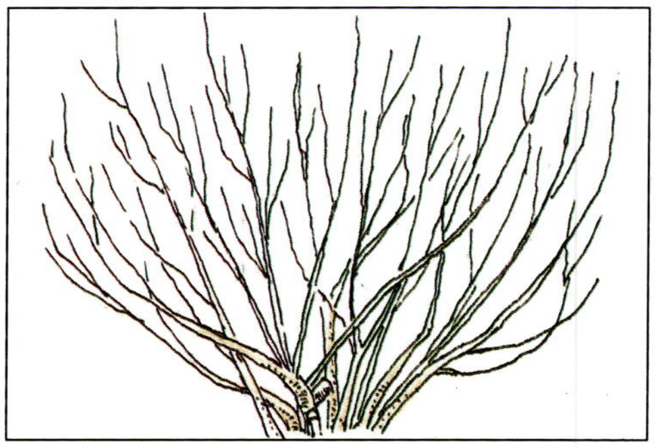

1 Sie sollten mit dem Rückschnitt erst beginnen, wenn die Pflanzen das Alter erreicht haben, um zuverlässig zu fruchten.

2 Dabei schneiden Sie ein Drittel der älteren Triebe und alle kranken, beschädigten oder schlecht plazierten Triebe auf ihre Basis zurück.

3 Nachdem der Rückschnitt erfolgt ist, sollte die Pflanze viele gut verteilte junge Triebe aufweisen, wie es hier zu sehen ist.

Rote und Weisse Johannisbeeren zurückschneiden

Rote und Weiße Johannisbeeren fruchten am mindestens zweijährigen Holz. Meist wachsen die Fruchttriebe auf kurzem Stamm. Die Pflanzen können auch als Busch oder Kordon kultiviert werden.

1 Entfernen Sie alle sich kreuzenden oder zu dicht wachsenden Triebe, um eine offene Mitte zu bekommen. Diese Schnittpflege können Sie auch schon im Sommer vornehmen.

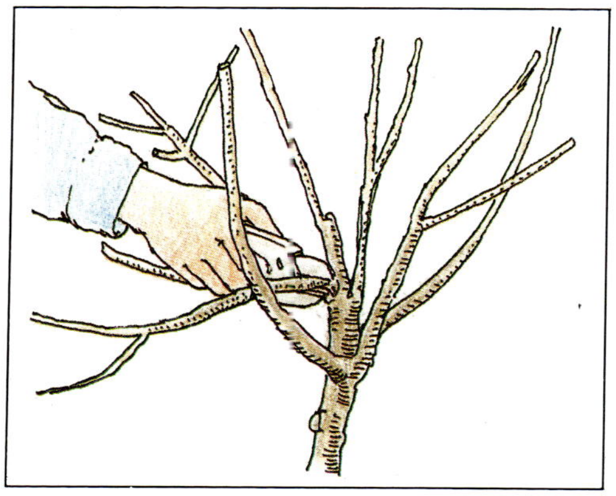

2 Nachdem Sie alle schlecht plazierten Triebe entfernt haben, kürzen Sie an den Haupttrieben den Wuchs des vergangenen Sommers jeweils um die Hälfte.

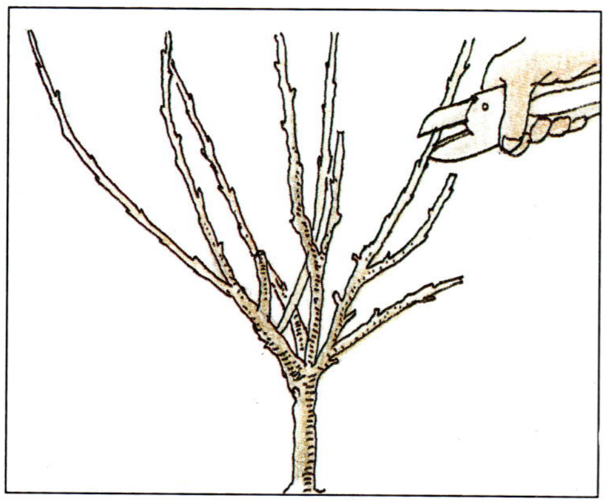

3 Schließlich sollten Sie die Seitentriebe auf ein oder zwei Augen über ihrer Basis zurückschneiden. So regen Sie die Fruchtbildung an.

4 Bei älteren Pflanzen kann es erforderlich sein, die sehr alten Triebe, die nicht mehr ausreichend fruchten, herauszuschneiden. Achten Sie aber stets darauf, daß kräftige Ersatztriebe nachwachsen können.

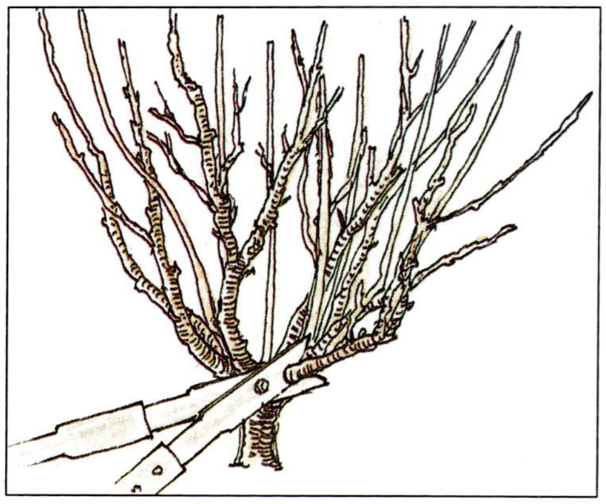

Himbeeren zurückschneiden

Im Herbst fruchtende Himbeeren tragen ihre Früchte am diesjährigen Holz. Bei im Sommer fruchtenden Sorten müssen die vorjährigen Triebe erhalten bleiben, weil sie an einjährigem Holz fruchten.

1 Wenn Sie eine herbstfruchtende Sorte haben, schneiden Sie in der Ruheperiode einfach alle Ruten bis zum Boden zurück.

2 Bei sommerfruchtenden Himbeeren schneiden Sie die alten Ruten, die im Sommer Früchte getragen haben, bis zum Boden zurück. Binden Sie die verbleibenden Triebe an eine Stützhilfe.

3 Nach mehreren Jahren kann der Wuchs der Himbeere zu dicht stehen. In diesem Fall schneiden Sie die überzähligen Ruten auf etwa 10 cm zurück.

Stachelbeeren zurückschneiden

Stachelbeeren fruchten am ein- oder am mehrjährigen Wuchs, selbst wenn der Rückschnitt vernachlässigt wurde. Doch wegen der stachligen Triebe ist die Ernte ohne jährlichen Rückschnitt sehr schwierig.

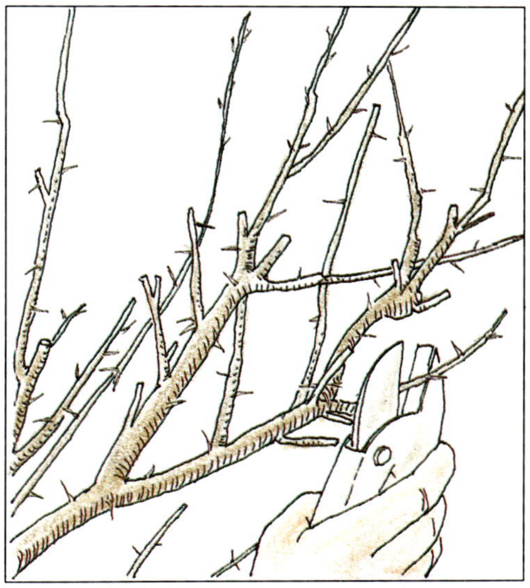

1 Sie sollten jetzt alle niedrigen Triebe nahe am Boden auf ein nach oben weisendes Auge zurückschneiden, auch alle schlecht plazierten oder sich kreuzenden Zweige entfernen. Stellen Sie sicher, daß die Mitte des Busches offen bleibt.

2 Kürzen Sie den neuen Wuchs der Haupttriebe in der Ruheperiode um die Hälfte. Die Seitentriebe schneiden Sie auf ein oder zwei Augen über dem alten Holz zurück.

3 Bei alten Pflanzen sollten Sie ein bis zwei der ältesten Triebe herausschneiden, und zwar bis auf einen jüngeren Ersatztrieb.

BEERENOBST ANPFLANZEN

Heute wird das Beerenobst (außer bei Rutenpflanzen) meist in Containern verkauft. Sie können dieses Obst fast immer anpflanzen; aber die beste Jahreszeit ist der Herbst; jetzt gibt es eine reiche Auswahl. Wurzelnackte Pflanzen müssen in der Vegetationspause gepflanzt werden.

1 Heben Sie den Boden in mindestens doppelter Breite der Wurzelballen bzw. Container aus. So können Sie den Boden weiträumig verbessern und den Wurzeln auch bessere Voraussetzungen mitgeben.

2 Auch wenn es nicht unbedingt erforderlich ist – Ihre Pflanze wird es Ihnen später aber lohnen, wenn Sie dem Boden viel humoses Material beigeben. Arbeiten Sie soviel Gartenkompost oder Stallmist ein, wie es möglich ist.

3 Stellen Sie wurzelnackte Pflanzen eine Stunde vor dem Anpflanzen ins Wasser; Pflanzen in Containern sollten Sie mindestens eine halbe Stunde vorher wässern. Dann setzen Sie sie in den Boden. Überprüfen Sie dabei, ob sie sich in der ursprünglichen Pflanztiefe befinden.

4 Anschließend füllen Sie das Loch auf und treten die Pflanzen gut fest, damit an den Wurzeln keine größeren Lufteinschlüsse zurückbleiben.

5 Danach harken Sie den Boden gut glatt und wässern Ihre neuen Pflanzen gründlich.

6 Die meisten Pflanzen, deren Triebe ohne Mittelstamm direkt aus dem Boden wachsen, zum Beispiel Himbeeren oder Schwarze Johannisbeeren, werden nach dem Anpflanzen auf etwa 20-30 cm zurückgeschnitten. Das regt den Wuchs neuer Triebe von der Basis aus an.

Kräuter für den Winter anpflanzen

Sie müssen auch im Winter nicht auf frische Kräuter verzichten. Minze, Schnittlauch, Petersilie, Majoran (u.a.m.) lassen sich gut in Töpfen kultivieren und werden Sie mit frischem Grün versorgen. Der Ertrag ist zwar geringer als im Frühjahr und Sommer, aber gewiß trotzdem willkommen.

1 Minze eignet sich besonders für das Haus, den Frühbeetkasten oder das Gewächshaus. Heben Sie eine gut entwickelte Pflanze aus der Erde, um ausreichend Wurzeln zum Eintopfen zu bekommen.

2 Nehmen Sie nur Pflanzenteile mit gesunden Blättern (zum Jahresende findet man häufig von Krankheiten befallenes Laub). Sie können die Stücke auseinanderziehen oder mit einem Messer trennen.

3 Setzen Sie die Pflanze in einen Topf, wenn Sie sie ins Haus nehmen möchten. Füllen Sie dazu einen 20-25 cm großen Topf zu drei Vierteln mit Erde; dann geben Sie die Pflanze hinein und bedecken die Wurzeln anschließend mit Erde.

4 Wenn Sie im zeitigen Frühjahr mit frischen Blättern versorgt sein möchten, sollten Sie den oberirdischen Wuchs wegschneiden und die Wurzeln in eine Saatschale geben sowie mit Erde bedekken. Bei einer Kultur im Gewächshaus oder im geschützten Frühbeet können Sie die frische Minze schon früh ernten.

5 Auch für Ihren Schnittlauch läßt sich die Saison gut verlängern. Nehmen Sie zum Eintopfen ein kleines Büschel aus dem Boden. Wenn es zu groß geraten ist, nehmen Sie einige Wurzeln mitsamt der Triebe aus dem Büschel heraus.

6 Dann setzen Sie das Büschel in einen Topf mit Gartenerde, drücken diese gut fest und wässern Ihren Schnittlauchtopf. So werden diese Pflanzen noch austreiben, wenn Ihre Freilandbüschel schon zurückgestorben sind. Auch im neuen Jahr zeigt sich der Wuchs deutlich früher.

PETERSILIE UND MAJORAN

Wenn Sie Majoran zurückschneiden und eintopfen, dürfte er bei ausreichend Wärme und Licht Ihren Erwartungen entsprechen.

Petersilie ist immer ein zuverlässiges Winterkraut, wenn es sich um eine Aussaat des späten Sommers oder des Herbstes handelt und Sie dieses Kraut auf ein Fensterbrett stellen.

CHRYSANTHEMEN HERAUSNEHMEN UND SCHÜTZEN

Viele herbstblühende Chrysanthemen müssen jetzt an einen frostsicheren Ort gebracht werden. Lassen Sie die Wurzeln in Kästen überwintern. Im wärmeren Frühjahr werden sie wieder ausgepflanzt.

1 Wenn die Herbstblüte Ihrer Chrysanthemen vorüber ist, heben Sie sie noch vor den ersten Frösten heraus.

2 Nach dem Herausheben der Pflanzen aus dem Boden entfernen Sie zuerst die lockere Erde von den Wurzeln.

3 Dann kürzen Sie die Spitzen und schneiden alle Wurzeln zurück, um für eine kompakte Form zu sorgen.

4 Schließlich geben Sie in einen Kasten eine Lage Erde. Die Höhe des Kastens sollte etwa 10 cm betragen. Dort setzen Sie die Pflanzen hinein und bedecken das Wurzelwerk mit 3 cm Erde, die Sie leicht andrücken. Vergessen Sie nicht, Ihre Pflanzen mit Etiketten zu versehen. Zum Überwintern stellen Sie den Kasten dann an einen kühlen, hellen Ort, zum Beispiel in ein kühles Gewächshaus oder auf ein helles Fensterbrett in der Garage. Die meisten Chrysanthemenarten vertragen auch leichte Fröste. Halten Sie die Erde etwas feucht. Aber zuviel Nässe schadet.

UNTEN: Chrysanthemum *'Countryman' ist eine früh blühende Freilandsorte.*

CHRYSANTHEMEN SCHÜTZEN

Es gibt viele Arten von Chrysanthemen, aber nur bei den im Herbst blühenden kommt es gern zu Unsicherheiten, was die Winterhärte anbelangt.

In milden, frostfreien Klimaten können alle Chrysanthemen im Boden bleiben; viele Arten, zum Beispiel *Chrysanthemum rubellum*, sind auch in kalten Gegenden frostresistent. Aber in gemäßigten Klimaten nimmt man die im frühen Herbst blühenden Sorten am besten aus dem Boden und lagert sie dann an einem geschützten Ort. Selbst mit später blühenden Sorten sollten Sie so verfahren. Aber auch Chrysanthemen, denen leichte Fröste nichts anhaben können, müssen im Winter trocken gehalten werden. Kälte und Nässe in Kombination wirken sich auf diese Pflanzen nicht gut aus.

Teichpumpen schützen

Teichpumpen können im Winter durch Eisbildung beschädigt werden. Wenn Sie Ihre Pumpe jetzt aus dem Teich nehmen, sollte sie den Winter über an einem trockenen Platz gelagert werden.

1 Unterwasserpumpen müssen unbedingt aus dem Teich gehoben werden, bevor die starken Fröste einsetzen.

2 Bevor Sie Ihre Pumpe lagern, entfernen Sie mit einer Bürste alle Pflanzenrückstände.

3 Nehmen Sie den Filter heraus und reinigen oder ersetzen Sie ihn. Folgen Sie dabei den Angaben des Herstellers.

4 Lassen Sie alles Wasser aus der Pumpe ablaufen. Bei einer externe Pumpe sollten Sie sicherstellen, daß sich in dem System kein Wasser mehr befindet.

5 Studieren Sie die Bedienungsanleitung und führen Sie ggf. alle weiteren Wartungsarbeiten durch, bevor Sie die Pumpe an einem trockenen Platz lagern. Wenn es erforderlich ist, die Pumpe zur Reparatur zu geben, so sollten Sie das jetzt tun (und nicht bis zum Frühjahr warten).

UMWELTFREUNDLICH ENTSORGEN

Besonders im Herbst fällt im Garten viel Abfall an, der sich nicht von selbst beseitigt. Verhalten Sie sich umweltfreundlich und recyceln Sie möglichst viel davon als Kompost.

Für eine gute Kompostierung sollten Sie auf jeweils 15 cm Küchen- oder Gartenabfall eine Schicht Stallmist (oder einen geeigneten Kompoststarter) geben. Verholzte Pflanzenteile, zum Beispiel Abfälle von Hecken, verrotten zu langsam und gehören deshalb nicht auf den Komposthaufen. Sie werden vorher geschreddert und erst dann kompostiert oder als Mulch verwendet. Manches wird auch besser verbrannt – kranke Pflanzen bzw. Pflanzenteile und schädliche Unkräuter zum Beispiel, aber auch alle Äste, wenn Sie keinen Schredder zur Verfügung haben. Geben Sie diese Abfälle in Ihren Ofen. Das ist allemal besser als ein offenes Feuer zu entfachen.

Eine große Menge Blätter sollte man getrennt kompostieren. Manche Blätter verrotten zwar nur langsam, aber das Endprodukt ist speziell als Zusatz für Topferden besonders gut geeignet.

Steckhölzer abnehmen

Steckhölzer bewurzeln sich langsamer als die meisten Stecklinge, die Sie im Frühjahr oder im Sommer abnehmen können. Sie erfordern aber weniger Aufmerksamkeit als Stecklinge. Sie benötigen keine Wärme, und da sie im Freien (oder im Frühbeet) ausgepflanzt werden, bereitet auch das Wässern gewöhnlich weniger Schwierigkeiten.

Viele Sträucher und Bäume lassen sich aus Steckhölzern ziehen; einige werden in dem weiter unten auf dieser Seite stehenden Katalog vorgeschlagen.

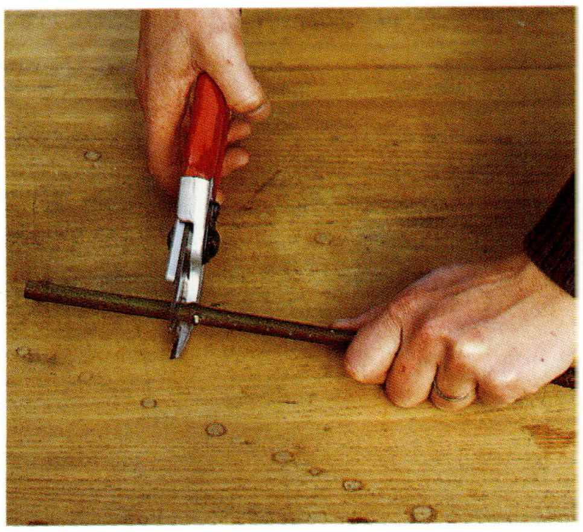

1 Entscheiden Sie sich für Stämmchen, die fest und hart, aber nicht alt oder zu dick sind. Bei Hartriegel (und anderen Sträuchern) lassen sich aus einem Trieb gleich mehrere Pflänzchen gewinnen. Die Länge der Steckhölzer ist verschieden, meist sind aber 20 cm ausreichend. Führen Sie einen geraden Schnitt direkt unterhalb eines Knotens aus.

2 Um ein zweites etwa 20 cm langes Steckholz zu erhalten, setzen Sie den nächsten Schnitt direkt über einem weiteren Auge an, und zwar diesmal schräg. So wissen Sie später, wo sich das obere und das untere Ende des Steckholzes befindet.

3 Die Behandlung mit einem Bewurzelungshormon ist nicht unbedingt erforderlich, kann aber die Erfolgsquote erhöhen, besonders bei Pflanzen, die sich nur schwer bewurzeln. Tauchen Sie dazu die Basis der Steckhölzer ins Wasser.

4 Dann geben Sie die angefeuchtete Basis in ein Bewurzelungspulver. Sie können auch ein flüssiges Bewurzelungshormon oder ein Gel nehmen, sollten das Steckholz dann aber nicht anfeuchten. Behandeln Sie nur das untere Ende.

VERMEHRUNG DURCH STECKHÖLZER

Nachfolgender Katalog enthält nur eine Auswahl der Sträucher, die sich durch Steckhölzer vermehren lassen. Zu weitergehenden Informationen über die Vermehrung durch Steckhölzer ziehen Sie ein Fachbuch zu Rate.

Aucuba japonica
Blutjohannisbeere (*Ribes sanguineum*)
Forsythie (*Forsythia*)
Gelber Hartriegel (*Cornus stolonifera*) – *siehe* Abbildung
Heckenliguster (*Ligustrum ovalifolium*)
Sommerjasmin (*Philadelphus*)
Rosen (Arten und Hybriden)
Schmetterlingsstrauch (*Buddleja*)
Schneeball (*Viburnum*, sommergrün)
Spierstrauch (*Spiraea*)
Weide (*Salix*)
Weißer Hartriegel (*Cornus alba*)

5 Ziehen Sie mit dem Spaten eine Furche in die Erde, und zwar etwas flacher, als die Steckhölzer lang sind. Wählen Sie dazu einen Ort aus, wo sich diese Hölzer ein Jahr ungestört entwickeln können.

6 Wenn der Boden nicht gut durchlässig ist, sollten Sie etwas Kies oder groben Sand in die Furche geben. So können Sie einer später evtl. auftretenden Staunässe vorbeugen.

7 Dann stecken Sie die Hölzer im Abstand von 8-10 cm in die Furche. Sie sollten dabei etwa 3-5 cm aus der Erde herausragen.

8 Drücken Sie die Erde um die Steckhölzer herum fest an. So vermeiden Sie Lufteinschlüsse, was zum Austrocknen der Steckhölzer führen kann.

9 Zuletzt werden die Steckhölzer etikettiert und gewässert (später bei trockenem Wetter).

BÄUME AUS STECKHÖLZERN

Auch manche Bäume lassen sich gut aus Steckhölzern vermehren; bei den unten genannten ist das besonders einfach.

Wenn Sie Bäume vermehren, müssen Sie entscheiden, ob Sie ein- oder mehrstämmige Bäume haben wollen. Im ersten Fall sollte sich das obere Auge der Steckhölzer direkt unterhalb der Bodenlinie befinden.

Platane (*Platanus*)
Pappel (*Populus*) – *siehe* Abb.
Weide (*Salix*)

HERBSTPUTZ IM GEWÄCHSHAUS

Der Herbst eignet sich gut zur Reinigung des Gewächshauses. Jetzt ist es nicht so vollgestellt wie im Frühjahr. Im übrigen gilt es, mit sauberen Scheiben in die kalte Jahreszeit zu gehen, damit viel Licht einfallen kann. Außerdem muß es nun von Schädlingen und Krankheitserregern befreit werden.

1 Sollten Sie die Sommerschattierung noch nicht entfernt haben, so tun Sie dies jetzt. Spezialfarbe wie diese läßt sich leicht mit einem trockenen Tuch entfernen.

2 Doch ganz gleich, ob die Scheiben im Sommer schattiert waren oder nicht, jetzt müssen sie geputzt werden. Von außen geht das am besten mit einer Bürste oder einem Reinigungskopf an langem Griff.

LINKS: *Das üppige Grün und die vielfarbige Blütenpracht sollten Sie aber nicht davon abhalten, nun die Gestelle, Bänke usw. zu reinigen.*

3 Ein spezieller Glasreiniger entfernt den Schmutz auf Ihren Scheiben optimal, läßt sich aber nur in Gewächshäusern einsetzen, wo das Glas leicht erreichbar ist. Reinigen Sie die Scheiben von innen so gründlich wie von außen.

4 Wo sich die Glasscheiben überlappen, setzen sich oftmals Pflanzenreste und Schmutz fest. Spritzen Sie etwas Wasser zwischen die Scheiben und entfernen Sie den Schmutz mit einem festen Plastikstreifen.

5 Anschließend sollten Sie noch einmal Wasser zwischen die Glasscheiben spritzen, um den verbliebenen Schmutz und andere Rückstände wegzuspülen.

6 Auch an den Bodenleisten sammelt sich häufig Schmutz an, der zur Brutstätte für Schädlinge und Krankheiten werden kann. Entfernen Sie den Schmutz und behandeln Sie die Leisten dann mit einem Desinfektionsmittel (halten Sie Abstand zu den Pflanzen).

7 Schädlinge und Krankheitserreger halten sich gern in den Spalten und Ecken des Gewächshauses auf. Rücken Sie Ihren Plagegeistern durch Ausräuchern zu Leibe. Lesen Sie in der Bedienungsanleitung Ihres Bekämpfungsmittels nach, ob Sie Ihre Pflanzen dabei entfernen müssen.

8 Es ist ferner ratsam, die Gestelle und Rahmen des Gewächshauses zu desinfizieren. Verwenden Sie dazu ein spezielles Desinfektionsmittel für den Garten.

9 Alte Töpfe, Aussaatschalen etc. sind die klassischen Übertragungsteile für Krankheiten. Erübrigen Sie deshalb jetzt etwas Zeit, all diese Behältnisse mit einem Desinfektionsmittel zu reinigen.

WINTER

Ein gut aufgebauter Garten bleibt auch in den Wintermonaten nicht ohne Reiz. Und es gibt immer Arbeit, die getan werden muß; wenn Sie diese jetzt erledigen, entlasten Sie sich für das Frühjahr. Die Arbeit im Freien kann bei klarer Winterluft sogar eine wahre Freude sein.

Freilich haben Sie nun auch Zeit, sich einfach nur in Ihren Sessel zurückzulehnen und in solch besinnlichen Minuten in Ihren Gartenbüchern zu blättern. So entstehen neue Anregungen, und vielleicht reift der Plan, diese oder jene Verbesserung oder gar eine komplette Umgestaltung Ihres Gartens vorzunehmen. Jetzt können Sie natürlich auch Ihre Saatgutbestellungen aufgeben – manchen Gartenfreund erfüllt diese Tätigkeit mit größter Genugtuung.

VORSEITE: *Der rotstämmige Weiße Hartriegel* (Cornus alba) *bietet im Winter einen interessanten, leuchtenden Anblick.*

OBEN: *Ein Blickfang wie diese Statue mag in den kalten Monaten den Mangel an Farbe kompensieren.*

Das Gemüsebeet umgraben

Im Winter können Sie Ihr Gemüsebeet umgraben. Bei einem schweren Lehmboden reicht ein grober Spatenstich völlig aus; der Frost und die unweigerlichen Temperaturschwankungen werden die großen Brocken schon aufbrechen. So haben Sie es im Frühjahr wesentlich einfacher, den Boden einzuebnen und sich ein Saatbeet mit feinkrumiger Erde zu schaffen. Einen leichten Boden sollten Sie aber erst im Frühjahr umgraben; sonst besteht die Gefahr, daß der Winterregen ihn verschlämmt und verdichtet. Es bietet sich an, bei dieser Bodenbearbeitung auch gleich das Unkraut zu entfernen.

1 Teilen Sie die umzugrabende Fläche in Längsrichtung in zwei Hälften und markieren Sie die Segmente mit einer Schnur. So läßt sich der Aushub geordnet ablegen und die Furche ebenso wieder schließen.

2 Heben Sie als erstes eine Furche von der Tiefe und Breite des Spatenblattes aus, wobei Sie den Aushub, wie gezeigt, am Ende der anderen Beethälfte sodann ablegen.

3 Wenn Sie die nächste Furche ausheben, läßt sich mit der Erde die vorherige auffüllen. Das Graben ist übrigens einfacher, wenn Sie mit dem Spaten bei jeder Furche zunächst quer einen Einstich vornehmen.

4 Setzen Sie den Spaten jeweils parallel zur Furche an, wobei der Abstich etwa 15-20 cm stark sein soll. Größere Erdstücke verlangen einen zu hohen Kraftaufwand und lassen Sie vorzeitig ermüden.

5 Lockern Sie das jeweilige Erdstück, indem Sie den Spaten nach dem Abstich etwas nach hinten drükken und dabei gleichzeitig versuchen, die Erde auf das Spatenblatt zu heben.

6 Dann schütten Sie den Aushub in die vorherige Furche, wobei Sie das Spatenblatt aus dem Handgelenk zur Seite kippen. Heben Sie den mit der Erde beladenen Spaten stets aus den Knien, und niemals aus dem Kreuz.

7 Wenn Sie das Ende des Beetes erreichen, füllen Sie diese Furche mit dem Aushub der folgenden aus der zweiten Reihe auf.

8 Zuletzt füllen Sie die Schlußfurche mit dem Aushub, den Sie zuallererst abgelegt hatten.

Holländern

Das einfache Umgraben ist für die meisten Pflanzen völlig ausreichend; wenn Sie dann in den Oberboden noch Stallmist oder Kompost einarbeiten, erreichen Sie für Pflanzen mit kurzen Wurzeln mehr, als würden Sie den Boden noch tiefer umgraben. Doch kann das Holländern (zwei Spaten tief umgraben) für bestimmte tiefer wurzelnde Pflanzen wie Stangenbohnen sehr nützlich sein.

1 Teilen Sie den Boden auf, wie für das einfache Umgraben beschrieben. Nur müssen die Furchen diesmal etwa 40 cm breit und 25 cm tief sein.

2 Dann tragen Sie auf dem Boden der Furche eine reichliche Schicht gut verrotteten Stallmist oder Gartenkompost auf – oder ein anderes mit Humus versehenes organisches Material, das die Feuchtigkeit speichern kann.

3 Arbeiten Sie diese Schicht mit der Grabgabel in den Boden der Furche ein. Bei dieser Arbeit ist eine Grabgabel geeigneter als der Spaten, weil sie in den festen Unterboden leichter eindringen kann und sich das Material so besser mit der Erde vermischt.

4 Schließlich versetzen Sie die Gartenschnur 40 cm entfernt zur nächsten Markierungslinie. Wieder heben Sie die Erde aus und füllen die vorherige Furche; stechen Sie nicht zuviel Erde auf einmal ab, sie könnte Ihnen zu schwer werden.

Den Boden testen

Viele Gärtner arbeiten erfolgreich, ohne je ihren Boden getestet zu haben. Wahrscheinlich haben sie einen Boden, der von Natur aus nährstoffreich ist und bei einer normalen Bewirtschaftung ausreichend Nährstoffe zugeführt bekommt, auch nicht zu sauer oder zu alkalisch ist. Aber wenn Ihre Pflanzen nicht so recht wachsen wollen, sollten Sie unbedingt einen Bodentest vornehmen. Erfahrene Gärtner testen ihren Boden regelmäßig einmal im Jahr.

Exakte Nährstoffwerte erbringt nur ein professioneller Test. Aber was die wichtigsten Nährstoffe anbelangt, so können Sie auch mit einfachen Testverfahren ausreichende Informationen erhalten. Der pH-Wert Ihres Bodens läßt sich relativ schnell und genau bestimmen. Die Testsätze unterscheiden sich von Hersteller zu Hersteller. Nachfolgend beschreibe ich den Test vom Grundsatz her. Darum folgen Sie unbedingt auch der Anleitung Ihres Herstellers.

1 Nehmen Sie Ihre Probe in etwa 5-10 cm Bodentiefe; so erhalten Sie genauere Angaben über den Nährstoffgehalt im Wurzelbereich. Sie sollten an verschiedenen Stellen des Gartens Proben entnehmen (diese aber einzeln testen).

2 Mischen Sie in einem sauberen Glas einen Teil Erde mit fünf Teilen Wasser und schütteln Sie kräftig. Dann muß sich die Mischung setzen. Je nach Boden dauert dieses Verfahren zwischen einer halben Stunde und einem Tag.

3 Sobald sich die Mischung gesetzt hat, entnehmen Sie für Ihre Probe in 2-3 cm Tiefe etwas dieser Testflüssigkeit.

4 Dann geben Sie Ihre Probe mit einer Pipette in das Testgefäß.

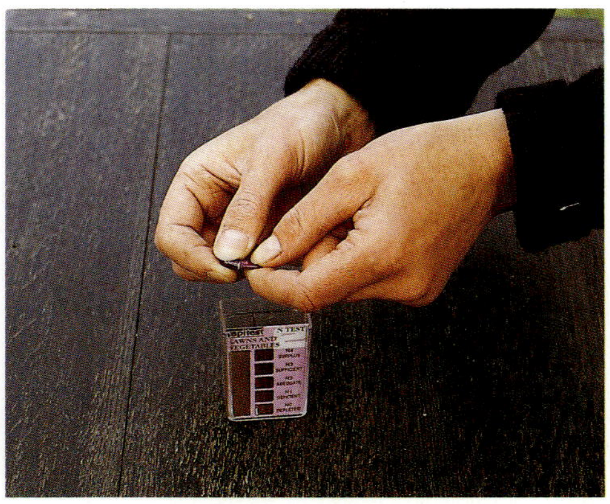

5 Nun nehmen Sie die gewünschte, farblich gekennzeichnete Kapsel (unterschiedlich für die verschiedenen Nährstoffe) und füllen das darin enthaltene Pulver ins Testgefäß. Dann verschließen Sie dieses und schütteln kräftig.

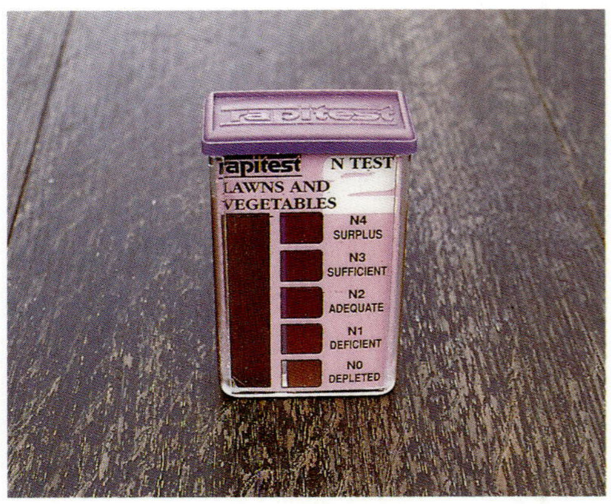

6 Nach wenigen Minuten können Sie die Farbe des Wassers mit der Farbtafel auf dem Gefäß vergleichen. In der Bedienungsanleitung für dieses Testgerät sollten zur genaueren Analyse des Ergebnisses weitere Hinweise gegeben sein.

ÜBER DEN pH-WERT

Der pH-Wert bezeichnet den sauren bzw. alkalischen Zustand des Bodens. Die Skala reicht von 0 (sehr stark sauer) bis 14 (stark alkalisch), wobei ein Wert um 7 als neutral gilt. Die Extremwerte werden im Boden niemals erreicht; bei einem Wert von etwa 6,5 können nahezu alle Pflanzen im Garten gut gedeihen. Säureliebende Pflanzen, zum Beispiel Alpenrosen, Kamelien, Päonien (*siehe* oben) oder Heidekraut, benötigen einen niedrigeren pH-Wert und können vom Vergilben der Blätter (Chlorose) befallen werden, wenn sie auf kalkhaltigen Böden wachsen. Kalkliebende Pflanzen, zum Beispiel Nelken oder Flieder, bevorzugen einen pH-Wert von 7 (oder höher).

DEN pH-WERT TESTEN

Entnehmen Sie Proben und mischen Sie diese mit klarem Leitungswasser, wie für den Nährstofftest beschrieben. Sie müssen

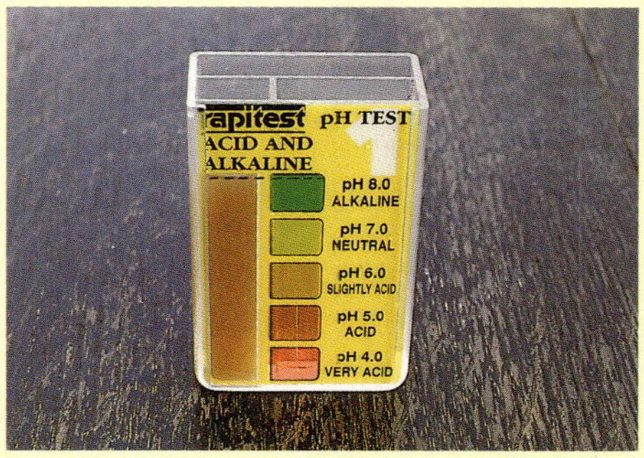

beim pH-Test aber nicht warten, bis sich die Mischung setzt, sondern dürfen sie sofort in das Testgefäß füllen. Anschließend geben Sie die zu dem Test gehörende Chemikalie in das Gefäß, verschließen es und schütteln dann kräftig. Jetzt können Sie die Farbe des Wassers mit der Farbtafel vergleichen und so den pH-Wert ermitteln.

MESSGERÄTE

Meßgeräte, bei denen Sie den pH-Wert an einer Skala ablesen können, arbeiten schnell und sind einfach zu bedienen. Manche Gärtner halten dieses Verfahren allerdings für weniger zuverlässig als den Farbtest. Um ein möglichst genaues Ergebnis zu bekommen, sollten Sie strikt nach der Bedienungsanleitung vorgehen und die Meßspitze sauber halten.

Stecken Sie den Fühler in den Boden und lesen Sie den Wert ab, wenn die Anzeige zum Stillstand gekommen ist. Sie sollten am gleichen Platz mehrere Messungen vornehmen und das Verfahren anschließend an einer anderen Stelle im Garten wiederholen.

DEM BODEN KALK ZUGEBEN

Geben Sie Ihrem Boden niemals Kalk zu, solange ihnen noch kein Testergebnis vorliegt. Zuviel Kalk kann schädlich für Ihre Pflanzen sein. Prüfen Sie stets gewissenhaft, daß Sie auch den richtigen Kalk nehmen, und zwar in angemessener Dosierung. In der Anleitung zu Ihrem Testsatz sollte stehen, wieviel Kalk Sie dem Boden zugeben müssen, um den pH-Wert auszugleichen.

1 Mit Branntkalk, der oft zum Einsatz kommt, sollte man umsichtig hantieren. Tragen Sie dabei stets Handschuhe und auch eine Schutzbrille; kohlensaurer Kalk ist in der Anwendung viel sicherer.

2 Kalk, den Sie auf den Boden gestreut haben, muß in jedem Fall eingeharkt werden.

Winterblühende Nieswurz schützen

Winterblühende Nieswurzarten, zum Beispiel die Christrose (*Helleborus niger*), sind nur eingeschränkt winterhart; ihre Blüten befinden sich oft nur dicht über dem Boden. Wenn Sie diese Art als Schnittblume verwenden wollen, ist es ratsam, sie abzudecken. So halten Sie Ihre Pflanzen in gutem Zustand.

1 Niedrigwachsende winterblühende Pflanzen wie die Christrose sollten Sie mit einer Haube schützen, wenn Sie sie als Schnittblumen nutzen möchten. Sie sind eingeschränkt winterhart, verschmutzen aber leicht und leiden auch ansonsten durch das rauhe Winterwetter.

2 Wenn Sie keine Haube haben, behelfen Sie sich mit einer Glasplatte auf Backsteinen (o.ä.). Das hilft gegen manche Widrigkeiten des Winterwetters.

OBEN RECHTS: Helleborus argutifolius *ist eine hohe Art, die keinen Schutz benötigt.*

RECHTS: Helleborus orientalis *kann für frühe Schnittblumen von einer Abdeckung profitieren.*

Zwiebeln und Knollen überprüfen

Überprüfen Sie Ihre Knollen nicht erst dann, wenn die Zeit zum Auspflanzen gekommen ist. Winterlagernde Knollen sind anfällig gegen Fäulnisbildung und können überdies auch die gesunden anstecken.

1 Überwinternde Zwiebeln und Knollen sollten einmal im Monat überprüft werden. Wenn Sie die kranken bzw. faulen Zwiebeln und Knollen entfernen, verhindern Sie so auch die Ausbreitung der Fäulnisbildung.

2 Schadhafte Knollen sollten Sie veranlassen, alle anderen mit einem Fungizid zu bestäuben. Dieses Fungizid muß als für diese Pflanzen geeignet ausgewiesen sein. Achten Sie darauf, das Pulver nicht einzuatmen.

Den Rasenmäher warten

Im Winter finden Sie auch die Muße, Ihren Rasenmäher zu warten. Im Sommer ist er regelmäßig in Gebrauch, und Sie werden meinen, anderes gehe vor. Vielleicht möchten Sie auch eine gründliche Überholung von einem Fachmann durchführen lassen; die einfachen Pflegearbeiten können Sie aber selbst erledigen. Ziehen Sie aber auch dazu grundsätzlich Ihr Handbuch zu Rate.

1 Reinigen Sie das Schergehäuse von Schmutz und Grasresten; vergewissern Sie sich vorher auch, daß die Stromversorgung unterbrochen ist. Das Scherblatt läßt sich gut mit Schmirgelpapier reinigen.

2 Anschließend wischen Sie das Scherblatt mit einem Öltuch ab oder besprühen es mit einem Rostschutzmittel. Wenn es stark gelitten hat, sollten Sie es austauschen. Bei manchen Geräten läßt sich auch ein Kunststoffmesser einsetzen.

3 Bei einem benzingetriebenen Rasenmäher ist anzuraten, Benzin und Öl abzulassen, bevor Sie das Gerät für den Winter einlagern.

4 Nehmen Sie die Zündkerze heraus und reinigen Sie sie. Sollte sie in einem schlechten Zustand sein, lohnt sich die Anschaffung einer neuen.

5 Bevor Sie die Zündkerze wieder einsetzen, füllen Sie einen Eßlöffel Öl in den Zylinder und betätigen Sie mehrmals den Zünder.

6 Entfernen Sie bei einem Spindelmäher alle Grasreste. Vergewissern Sie sich dabei vorher, daß die Stromversorgung unterbrochen ist.

7 Dann wischen Sie den Rasenmäher mit einem öligen Lappen ab oder besprühen ihn mit einem Rostschutzmittel. Erst danach lagern Sie das Gerät ein.

8 Sollte Ihr Rasenmäher einen Kettenantrieb haben, ölen Sie die Kette. Gewöhnlich müssen Sie dazu eine Abdeckung entfernen.

VORGETRIEBENE BLUMENZWIEBELN

Frühzeitig blühende Zwiebelpflanzen (zu Weihnachten oder zu einem anderen vorherbestimmten Datum) entstehen aus vorbehandelten Zwiebeln. Aber auch, wie die Zwiebeln gelagert werden und wann sie von ihrem Lagerplatz ins Licht und in die Wärme kommen, nimmt Einfluß auf den Zeitpunkt der Blüte.

1 Überprüfen Sie regelmäßig den Stand der Wurzelbildung bei Ihren Blumenzwiebeln, die im Freien überwintern und mit Sand, Torf oder Kies bedeckt sind. Wenn die Triebe etwa 3 cm groß sind, ist es Zeit, sie ins Haus zu nehmen.

2 Auch bei einer Lagerung an einem kühlen, dunklen Ort im Haus (z.B. in einem Schrank) sollten Sie die Zwiebeln regelmäßig überprüfen. Stellen Sie sie ins Licht, sobald die Triebe 3-5 cm groß sind.

OBEN: *Mit etwas Moos läßt sich das Aussehen einer Schale oder eines Korbs mit Zwiebelpflanzen allemal hübsch verbessern. Bedecken Sie die Oberfläche mit Moosstückchen (einschließlich der Wurzeln), die Sie aus Ihrem Garten geholt haben.*

3 Ein Topf, der bisher im Freien stand, sollte zuerst gesäubert werden. Dann bringen Sie ihn an einen hellen, aber kühlen Platz im Haus oder im Gewächshaus. Stellen Sie ihn erst dann an einen wärmeren Ort, wenn sich die Triebe entwickeln und Farbe bekommen.

4 Sobald Sie Ihre Zwiebeln ins Licht stellen, können Sie zur optischen Verbesserung Ihres Zwiebelpflanzentopfes Grassamen einsäen. Diese Maßnahme wird Ihnen zur Zeit der Blüte ein hübsches Grasdekor bescheren.

5 Kurz bevor die Pflanzen in Blüte stehen, sollten Sie das Gras auf etwa 3-5 cm einkürzen. So wird es gleichmäßig wachsen und ordentlich aussehen.

NACH DER BLÜTE

Es lohnt sich nicht, dieselben Zwiebelpflanzen ein zweites Jahr im Haus wachsen zu lassen. Eine Ausnahme bilden Zimmerpflanzen wie der Ritterstern (*Hippeastrum*). Denn winterharte Zwiebelpflanzen verbrauchen schon im ersten Jahr all ihre Reserven; das Ergebnis würde im zweiten Jahr überaus enttäuschend sein. Doch wegwerfen müssen Sie sie nach dieser Winterkultur keineswegs. Pflanzen Sie sie vielmehr ins Freie aus, wo sie sich im Laufe weniger Jahre wieder erholen werden.

1 Wenn Sie Ihre Pflanzen im Frühjahr ins Freie setzen möchten, entfernen Sie sofort die welken Blüten. So leitet der Pflanzenkörper keine Energien in die Samenproduktion.

2 Stellen Sie die Pflanze nicht sofort in den Garten, sondern zunächst an einen anderen kühlen, aber geschützten Platz. Bei regelmäßigem Wässern und der Beigabe eines Flüssigdüngers erholt sie sich gut.

3 Im Frühjahr können Sie Ihre Zwiebelpflanzen in ein Beet oder an einen anderen Platz setzen, wo sie im Ensemble ungestört wachsen können. Manche Blumenzwiebeln werden im nächsten Jahr nicht blühen, aber dann wahrscheinlich später.

RITTERSTERN WIEDER BLÜHEN LASSEN

Der Ritterstern, häufig auch Amaryllis genannt, wird im Winter gern in der Blüte verkauft oder als Zwiebel, die enorm schnell wächst. Wenn Sie nachfolgenden Empfehlungen folgen, sollten Sie in der Lage sein, die Pflanze auch noch im zweiten Jahr zum Blühen zu bringen.

- Schneiden Sie die Blütenstiele unmittelbar nach der Blüte auf ihre Basis zurück.
- Halten Sie die Pflanze feucht und düngen Sie gelegentlich.
- Stellen Sie sie vom späten Frühjahr an möglichst in das Gewächshaus.
- Wenn Sie kein Gewächshaus haben, sollten Sie die Pflanze im Sommer ins Freie stellen.
- Lassen Sie im Spätsommer oder Herbst alle Blätter absterben.
- Im späten Herbst oder zu Beginn des Winters sollte die Pflanze wieder zu wachsen beginnen.

OBEN: *Der Ritterstern kann im folgenden Jahr blühen* (siehe *nebenstehende Empfehlungen*).

RHABARBER VORTREIBEN

Rhabarber (*Rheum rhaponticum*) ist eine Gemüseart, die fast von alleine gedeiht. Ist eine Pflanze erst einmal etabliert, läßt sie sich sehr einfach vortreiben. Es gibt dazu verschiedene Methoden, die alle gut zu funktionieren scheinen. Entscheiden Sie am Ende selbst, wie Sie Ihren Rhabarber vortreiben wollen.

OBEN: *Rhabarber ist ein nützliches Frühgemüse, das Sie jetzt vortreiben können. Im Hintergrund ist ein dafür geeigneter Tontopf zu sehen.*

1 Wichtig ist zunächst, das Licht fernzuhalten. Früher benutzte man dazu spezielle Töpfe; heute aber wird häufig improvisiert: Alte Kisten, Eimer oder Fässer bieten eine ebenso einfache wie wirkungsvolle Alternative. Sie können sich auch eine Einfassung aus Rohrstöken mit einem Maschendraht schaffen.

2 Füllen Sie diese Einfassung mit Stroh, das Sie gut festdrücken müssen, um so für Schutz und Wärme zu sorgen.

3 Ein anderes simples Hilfsmittel zum Vortreiben kann ein Plastikeimer sein, den Sie über die Pflanze stülpen können. Diese Lösung erspart Ihnen die Arbeit, die Sie zum Beispiel bei einer Einfassung aus Maschendraht haben.

4 Für eine sehr frühe Ernte nehmen viele Gärtner eine gut entwickelte Pflanze aus dem Boden und lassen sie einige Wochen im Freien liegen. Durch die Kälte scheint für die Pflanze der Winter schon weiter fortgeschritten zu sein.

5 Danach setzen Sie die abgehärtete Pflanze im Freien oder im Gewächshaus wieder in den Boden. In einem warmen Gewächshaus sollte sie auf dem Boden unter schwarzem Kunststoff stehen. Sie können sie auch eintopfen und in einem Kunststoffsack ins Haus stellen. Der Sack sollte aber luftdurchlässig sein; binden Sie ihn deshalb nur locker zu und schneiden Sie zusätzlich einige Luftlöcher hinein. Dann können Sie ihn an einen warmen Platz stellen – unter die Treppe oder in einen Schrank.

Chicorée-Treiberei

Im Winter, wenn frische Ware selten ist, sind die getriebenen und gebleichten Schosse des Chicorée zu haben. Es handelt sich dabei um ein wohlschmeckendes Wintergemüse. Am besten schaffen Sie sich Ihre eigene Kultur (bei der die Aussaat im späten Frühjahr oder im Frühsommer liegt).

1 Wählen Sie eine für die Treiberei geeignete Sorte, zum Beispiel die beliebte alte 'Brüsseler Witloof'. Dabei nehmen Sie die Pflanzen zur Mitte des Herbstes heraus und lassen diese dann einige Tage auf dem Boden liegen.

2 So verzögern Sie das Wachstum ein wenig. Danach sollten Sie die grünen Blätter etwa 2,5 cm über der Bodenmarke abschneiden. Jetzt können Sie die Pflanzen eintopfen oder aber in einer Kiste mit trockenem Sand oder Torf für die spätere Verwendung einlagern.

3 Zum Treiben sollten Sie drei Pflanzen in einen ca. 25 cm großen Topf setzen, der mit feuchter Topf- oder gewöhnlicher Gartenerde gefüllt ist. Dabei können Sie die Wurzeln etwas kürzen, damit sie in den Topf passen; die Wurzelhälse müssen über der Erde sein.

Bedecken Sie den Topf mit einem zweiten, dessen Entwässerungslöcher Sie vorher verschlossen haben; die Temperatur sollte 18-20 °C betragen. Halten Sie die Erde feucht, dann wird der Chicorée nach etwa drei Wochen erntereif sein.

ETIKETTEN AUF VORRAT BESCHRIFTEN

Im Winter möglichst viele Arbeiten zu erledigen ist ratsam, damit Sie später beim Säen und Auspflanzen nicht in Zeitnot kommen. So beschriften Sie Ihre Etiketten an einem Tag, an dem Sie nicht in den Garten gehen können. Da Sie jetzt mehr Muße haben, werden Sie vielleicht umsichtiger vorgehen und sich somit Spielraum für die Arbeiten späterer Wochen schaffen.

Wurzelschnittlinge nehmen

Nahezu jeder Gärtner nimmt gelegentlich Stecklinge, aber erstaunlicherweise arbeiten die wenigsten mit Wurzelschnittlingen. Dabei gibt es eine ganze Reihe von Pflanzen, die sich auf diese Art vermehren lassen (Beispiele *siehe* Folgeseite). Wurzelschnittlinge müssen in der Ruhephase genommen werden. Bei dieser Vermehrung handelt es sich um eine ziemlich einfache Winterarbeit.

1 Nehmen Sie für Ihre Schnittlinge eine junge, gut entwickelte Pflanze aus dem Boden. Dazu reicht es, die Wurzeln nur an einer Seite freizulegen, wenn Sie nicht die ganze Pflanze verwenden wollen und die Elternpflanze weitgehend ungestört weiterwachsen soll.

2 Weist die Pflanze lange, fleischige Wurzeln auf, schneiden Sie sich einige davon möglichst weit oben ab. Aus einer Wurzel lassen sich jeweils mehrere Schnittlinge gewinnen, wenn Sie sie später teilen.

3 Schneiden Sie Ihre Wurzeln dazu in jeweils etwa 6 cm lange Stücke. Damit später keine Unklarheit über die ursprüngliche Vegetationsrichtung dieser Stücke aufkommt, können Sie sie oben gerade und unten schräg abschneiden.

4 Füllen Sie einen Topf mit grobkörniger Topferde und setzen Sie dann die Schnittlinge in den Boden. Dabei sollte das obere Ende des Schnittlings mit der Bodenlinie abschließen.

5 Dann decken Sie die Erde mit einer dünnen Lage Kiessand ab. Vergessen Sie nicht, Ihren Topf zu beschriften. Anschließend stellen Sie ihn in einen Frühbeetkasten oder ins Gewächshaus. Halten Sie die Erde dabei feucht!

6 Phlox oder Steingartenpflanzen wie die Kugelprimel (*Primula denticulata*) weisen dünne Wurzeln auf. Sie lassen sich in die Erde legen (weshalb Sie die Enden nicht markieren müssen). Die einzelnen Stücke sollten 3-5 cm lang sein.

7 Nun füllen Sie eine Aussaatschale mit grobkörniger Gartenerde, und drücken Sie diese gut fest.

8 Zuletzt verteilen Sie die Schnittlinge auf der Schale und bedecken sie dann mit Erde. Stellen Sie Ihre Schale in einen Frühbeetkasten oder ins Gewächshaus, und halten Sie die Erde dabei feucht.

PFLANZEN FÜR WURZELSCHNITTLINGE

Baummohn (*Romneya coulteri*)
Kokardenblume (*Gaillardia*)
Küchenschelle (*Pulsatilla vulgaris*)
Kugeldistel (*Echinops*)
Kugelprimel (*Primula denticulata*)
Phlox (nicht panaschierte Sorten)
Stachelähre (*Acanthus*)

LINKS: *Phlox kann durch Wurzelschnittlinge vermehrt werden; hier ist der Hohe Staudenphlox (*Phlox paniculata *'Flamingo') abgebildet.*

FRÜHBEETKÄSTEN ABDICHTEN

Die früheren Frühbeetkästen mit Seitenteilen aus Steinen oder aus Holz waren nicht so hell wie die modernen aus Aluminium und Glas es sind. Aber sie waren wärmer. Zwar ist Glas gut lichtdurchlässig, gibt die Wärme aber schneller wieder ab. Am besten gehen Sie variabel vor, indem Sie das Glas an kalten Tagen isolieren, aber im Frühjahr und Sommer die Vorteile von Glas ausnutzen.

1 Gelegentlich bleiben zwischen dem Glas und dem Aluminiumrahmen schmale Spalten, die bei warmem Wetter nicht stören, im Winter aber mit Isolierband (wie man es für Fenster und Türen verwendet) abgedichtet werden sollten.

2 Isolieren Sie die Glaswände mit Styropor, das sich mit dem Messer oder mit einer feinen Säge zuschneiden läßt. Bei diesem Zuschneiden des Materials sollten Sie genau arbeiten, damit die Platten gut eingepaßt werden können und anschließend auch fest sitzen.

DIE ABDECKUNG

In sehr kalten Nächten sollten Sie über alle Frühbeetkästen eine Decke legen. Auch ein Stück Teppichboden leistet gute Dienste. Decken Sie den Kasten ab, bevor die Temperatur fällt, und denken Sie am nächsten Morgen daran, die Abdeckung wieder zu entfernen (außer bei extremer Kälte); Ihre Pflanzen benötigen Licht und Wärme.

CHRYSANTHEMENSTECKLINGE NEHMEN

Chrysanthemen, die im Gewächshaus oder im Frühbeetkasten überwintert haben, werden gewöhnlich durch Stecklinge vermehrt, sobald der alte Stock neue Triebe hervorgebracht hat. Vorteilhafter, als alte Pflanzen weiter zu kultivieren, ist es allemal, aus Stecklingen kräftige junge Pflanzen zu ziehen. Chrysanthemen, die im Herbst eingetopft wurden und frostfrei sowie etwas feucht überwintert haben, werden bald neue Triebe hervorbringen. Unterstützen Sie diesen Wuchs mit viel Licht und Wärme.

1 Chrysanthemenstecklinge werden genommen, sobald Ihre Stöcke ca. 5 cm lange Triebe hervorgebracht haben.

2 Wenn möglich, sollten Sie dafür grundständige Triebe auswählen. Schneiden Sie diese dicht über der Basis ab.

3 Entfernen Sie die untersten Blätter und kürzen Sie die Stecklinge mit einem scharfen Messer auf etwa 4 cm.

4 Tauchen Sie die Enden in ein Bewurzelungshormon. Wenn Sie ein Pulver nehmen, sollten Sie die Enden vorher anfeuchten. Die Hormonbehandlung beschleunigt und verbessert die Bewurzelung.

5 Setzen Sie die Stecklinge jetzt in einen Topf, der mit einem geeigneten Substrat gefüllt ist.

6 Wenn Sie keinen Anzuchtkasten haben, bedecken Sie den Topf mit einer Plastiktüte (die aber nicht die Blätter berühren darf). Dabei sollten Sie die Tüte regelmäßig wenden, damit möglichst kein Kondenswasser auf die Pflänzchen tropfen kann. Sobald Ihre Stecklinge Wurzeln gebildet haben, können Sie die Tüte wieder entfernen.

RECHTS: *Viele Sorten sind farbenfrohe Gartenpflanzen für den Herbst. Zu dieser Jahreszeit lassen sie sich leicht durch Stecklinge vermehren.*

SOMMERBLUMEN AUSSÄEN

Noch ist es zu früh für eine Aussaat im Freien. Das gilt selbst für die meisten empfindlichen Beetpflanzen, die sie im Gewächshaus säen möchten. Doch nicht zu früh ist der Zeitpunkt für einige Sommerblumen gewählt. Diese Pflanzen, zum Beispiel die Eisbegonie (*Begonia semperflorens*), müssen lange wachsen, bevor sie blühen können. Im Zweifel schauen Sie auf der Samenpackung nach, ob Ihre Sommerblumen früh ausgesät werden müssen.

Vielleicht erbringt Ihr Gewächshaus zu dieser Jahreszeit nicht die zur Aussaat erforderliche Wärme. Geben Sie die Samen darum am besten in einen Anzuchtkasten. Später nehmen Sie die Sämlinge heraus. Wenn Sie für die Aussaat Töpfe nehmen, lassen sich im Anzuchtkasten natürlich mehrere Samenarten gleichzeitig unterbringen. Generell eignen sich Töpfe auch gut für Pflanzen, von denen nur wenige Individuen benötigt werden.

1 Füllen Sie den Topf mit einem geeigneten Substrat und drücken Sie es anschließend vorsichtig fest; beispielsweise kann ein Marmeladeglas dabei gute Dienste leisten.

2 Säen Sie dünn und gleichmäßig aus. Sie sollten daran denken, daß Sie später mit den Sämlingen arbeiten müssen; das ist schwer, wenn diese zu dicht stehen. Die meisten Samen lassen sich wie Salz zwischen den Fingern ausstreuen.

3 Große Samenkörner setzt man am besten einzeln ein. Sollten sie sehr groß sein, schaffen Sie sich mit einem Pflanzholz kleine Löcher und geben dort die Körner hinein.

4 Gewöhnlich sollte man alle Samen mit einer feinen Schicht desselben Substrats bedecken; mit einem Sieb können Sie es gleichmäßig verteilen. Manche Samen gedeihen am besten im Licht – folgen Sie den Angaben auf der Tüte.

5 Damit Ihre Samen ungestört keimen können, sollten Sie den Topf vor der Aussaat wässern – stellen Sie ihn in eine Wasserschale. Ist die Erde dann feucht genug, nehmen Sie den Topf heraus und lassen Sie das Wasser ablaufen.

6 Falls Sie keinen Anzuchtkasten haben, bedecken Sie den Topf mit einer Glas- oder Kunststoffplatte, bis die Samen keimen. Bei starker Kondensation sollten Sie die Scheibe gelegentlich wenden; vergessen Sie nicht das Etikett!

FRÜHES GEMÜSE IM FRÜHBEETKASTEN AUSSÄEN

Sie können Ihren Frühbeetkasten jetzt für die Aussaat früher Gemüsesorten nutzen. Rettiche und Weiße Rüben sind solche Gemüse. Im Frühbeetkasten wachsen sie schnell und reifen früh. Versuchen Sie Ihr Glück auch mit Karotten, einige Salatsorten gedeihen ebenfalls sehr gut.

1 Graben Sie den Boden im Frühbeetkasten um, wobei Sie möglichst viel organisches Material einarbeiten sollten. Gut läßt sich der Boden für diese frühen Gemüse mit Stallmist anreichern. Aber setzen Sie zu dieser Jahreszeit keinen Mineraldünger ein.

2 Sie sollten den Boden glattharken und mit einer Hacke (oder einer Harke) dann flache Furchen ziehen. Der Samen kann auch breitwürfig ausgebracht werden. Doch bedenken Sie, daß dies das Vereinzeln und Unkrautjäten erschwert.

3 Nach der Aussaat füllen Sie die Furchen wieder mit Erde. Anschließend sollten Sie wässern und den Kasten dann schließen, bis das Saatgut keimt. Danach können Sie ihn an milden Tagen belüften; für die Nacht muß er aber wieder geschlossen werden.

DEN BODEN AUFWÄRMEN

Im Küchengarten dürfen Sie vom späten Winter an den Boden aufwärmen, damit Sie schon früh Ihr Gemüse ziehen können. Auch wenn die meisten frühen Gemüse nicht vor dem zeitigen Frühjahr ausgesät werden, sollten Sie Ihre Hauben schon mehrere Wochen vorher aufstellen.

1 Hauben gibt es in den verschiedensten Formen; die meisten lassen sich aber problemlos zu langen Reihen zusammenstellen. Sie müssen dicht an dicht stehen. Die leichten Kunststoffhauben sollten Sie im Boden verankern.

2 Vergessen Sie nicht, die Endstücke zu setzen. Andernfalls würden Ihre Hauben wie ein Windkanal wirken; diese Endstücke müssen gut befestigt sein.

3 Folientunnel sind nicht teuer; wenn das Gestänge nach wenigen Jahren neu überzogen werden muß – auch die Ersatzfolie ist preiswert! Richten Sie erst das Gestänge auf und ziehen Sie dann die Folie darüber.

4 Mit speziellen Klammern läßt sich die Folie sichern.

5 Ziehen Sie die Folie straff und sichern Sie sie mit Stöcken oder Pflöcken.

6 Zum Schluß häufeln Sie an den Seiten des Tunnels etwas Erde auf.

Den Boden für Bohnen und Sellerie vorbereiten

Bohnen lassen sich kultivieren, ohne daß der Boden einer besonderen Bearbeitung bedürfte. Sie erhalten auf einem solchen Boden auch von selbstbleichendem Sellerie eine zufriedenstellende Ernte; doch sollten Sie Wert auf eine sehr gute Ernte legen, müssen Sie den Boden gründlich vorbereiten.

1 Heben Sie für Ihre Stangenbohnen einen Graben von 25-30 cm Tiefe und 60 cm Breite aus (für Sellerie von 40 cm Breite). Die Erde sollten Sie an den Seiten des Grabens aufhäufen.

2 Dann geben Sie möglichst viel verrotteten Stallmist oder Gartenkompost in den Graben. So werden dem Boden Nährstoffe zugeführt, und er kann die Feuchtigkeit besser halten.

3 Schließlich müssen Sie den Stallmist (bzw. den Gartenkompost) in den Boden des Grabens einarbeiten – lassen Sie ihn nicht als Schicht liegen! Zuletzt füllen Sie die Erde wieder in den Graben.

Langzeitdünger zugeben

Wenn Ihr Gemüsebeet umgegraben und glattgeharkt, somit fertig für die Frühjahrsaussaat ist, empfiehlt sich die Beigabe eines Langzeitdüngers (z.B. Knochenmehl oder ein Depotdünger). Depotdünger geben ihre Nährstoffe nur ab, wenn der Boden warm genug für die Pflanzen ist. Langzeitdünger sollten immer gleichmäßig über das Beet verteilt werden. Halten Sie sich im übrigen an die Mengenangaben des Herstellers.

Spannen Sie Gartenschnüre in 1 m Abstand und teilen Sie mit Rohrstökken Ihre Quadrate ab. Dann verteilen Sie den Dünger und legen das nächste Quadrat usw. Zuletzt harken Sie den Dünger in den Boden.

DAHLIENSTECKLINGE NEHMEN

Wollen Sie Ihre Dahlien vermehren, dann nehmen Sie Stecklinge, sobald Ihre Pflanzen im Gewächshaus zu wachsen beginnen. Natürlich können Sie auch die Knollen teilen, bevor Sie sie im späten Frühjahr setzen. Dabei muß aber jedes Stück Knolle ein Auge aufweisen.

1 Setzen Sie die Knollen in tiefe Kästen mit Gartenerde. Sie werden sie nicht vollständig eingraben können. Das schadet nicht, wenn sie gut in Erde eingebettet sind. Stellen Sie die Kästen an einen hellen, warmen Platz.

2 Nehmen Sie die Stecklinge, sobald sie zwei oder drei Blattpaare haben. Wenn Sie dabei ein Stück der Mutterwurzel mit abschneiden, dürfte die Pflanze auch ohne ein Bewurzelungshormon schnell Wurzeln bilden.

3 Wenn Sie das Frühstadium des Wachstums verpassen, tun es auch größere Stecklinge (die aber nicht größer als 8 cm sein sollten). Schneiden Sie die Stecklinge direkt über der Knolle ab.

4 Entfernen Sie das unterste Blattpaar. Die Blätter lassen sich abreißen oder mit einem scharfen Messer wegschneiden. Sollten die Blätter schon größer geworden sein, schneiden Sie jeweils deren obere Hälfte ab; so machen Sie die Fläche kleiner, durch die Feuchtigkeit verdunsten kann.

5 Um die Erfolgschancen Ihrer Arbeit zu verbessern, sollten Sie die Enden in ein Bewurzelungshormon tauchen. Dann pflanzen Sie Ihre Stecklinge an den Rand eines Topfes ein, etikettieren diesen und stellen ihn anschließend zum Bewurzeln in einen Anzuchtkasten.

6 Sollten Sie keinen Anzuchtkasten haben, können Sie den Topf mit Stecklingen auch in eine Plastiktüte stellen, wobei die Tüte nicht die Blätter berühren sollte. An einem warmen, hellen Platz werden Ihre Stecklinge in einigen Wochen Wurzeln gebildet haben.

Kletterer anpflanzen

In Töpfen gezogene Kletterer lassen sich zu nahezu jeder Zeit des Jahres anpflanzen, solange der Boden nicht gefroren oder staunaß ist. Ihre Pflanzen sollten aber noch nicht zu viele Triebe haben, denn sonst kann es mühsam sein, den Wuchs von der Kletterhilfe des Topfes zu lösen.

1 Heben Sie ein Loch von etwa dem doppelten Durchmesser des Wurzelballens aus. Die Mitte der Pflanze sollte mindestens 30 cm Abstand von der Mauer (oder dem Zaun) haben, sonst könnte der Wurzelbereich im Regenschatten liegen.

2 Graben Sie viel verrotteten Stallmist oder Gartenkompost unter. Das ist besonders wichtig, wenn die Kletterpflanze nahe an der Mauer (oder am Zaun) steht und der Boden folglich um die Wurzeln herum gut die Feuchtigkeit halten können muß.

3 Legen Sie einige der kleinen Wurzeln am Rand des Wurzelballens frei, damit sie schnell in den sie umgebenden Boden hineinwachsen können. Anschließend füllen Sie das Loch wieder auf, drücken die Erde fest und geben einen Langzeit- oder Depotdünger bei.

4 Wenn die Triebe an einen Rohrstock gebunden waren, müssen Sie sie jetzt davon lösen und breit fächerförmig in die Kletterhilfe einbinden. Die neuen Triebe wachsen dann von selbst aufwärts und füllen gut den freien Raum.

5 Nach dem Anpflanzen sollten Sie gründlich wässern, im ersten Jahr bei trockenem Wetter auch weiterhin. Denn die Kletterpflanzen stehen gewöhnlich da, wo Mauern etc. den meisten Regen von ihnen fernhalten.

6 Sobald der Boden gut feucht ist, sollten Sie einen mindestens 5 cm dicken Mulch auftragen. So reduzieren Sie den Feuchtigkeitsverlust und halten auch das Unkraut zurück.

Beetpflanzen aussäen

Für ein geheiztes Gewächshaus ist der späte Winter die richtige Jahreszeit, um frostempfindliche Pflanzen auszusäen, die im Sommer blühen sollen. Bei Pelargonien und Eisbegonien (*Begonia semperflorens*) liegt der Termin noch etwas früher, damit sie so eine lange Wachstumsphase vor dem Auspflanzen im späten Frühjahr oder im frühen Sommer haben. Schnellwachsende Pflanzen, zum Beispiel das Steinkraut (*Alyssum*) oder *Tagetes patula*, werden schnell aufholen, auch wenn sie erst zu Anfang oder Mitte des Frühjahrs gesät werden.

Da Sie meist viele Pflanzen einer Art benötigen, sollten Sie zur Aussaat Schalen und nicht Töpfe nehmen. Töpfe sind dagegen für empfindliche Saaten gut geeignet, die in den Anzuchtkasten kommen. Denn so paßt eine größere Anzahl in den Kasten.

1 Füllen Sie eine Aussaatschale mit einem Substrat, das für Samen und Sämlinge geeignet ist. Topferde könnte die Keimung beeinträchtigen oder die Sämlinge beschädigen. Glätten Sie das Substrat in Höhe des Schalenrands.

2 Dann drücken Sie das Substrat mit einem flachen Holzbrett vorsichtig fest, bis sich die Oberfläche etwa 1 cm unterhalb des Schalenrands befindet.

3 Anschließend wässern Sie die Schale vor der Aussaat. So haben die kleinen Samen fürs erste genug Feuchtigkeit und können durch späteres Wässern nicht weggeschwemmt werden.

4 Sehr große Samen lassen sich einzeln mit der Hand einsetzen; die mittelgroßen Körner werden aber gern mit Hilfe eines gefalteten Stück Papiers verteilt. Klopfen Sie mit einem Finger auf das Blatt, während Sie Ihre Hand über die Aussaatschale führen.

5 Wenn auf der Verpackung nicht eigens angegeben ist, daß die Samen frei bleiben sollen (manche keimen besser im Licht), tragen Sie noch eine dünne Lage Substrat auf. So ist der Samen bedeckt.

6 Stellen Sie die Schale dann in einen Anzuchtkasten oder decken Sie sie mit einer Glasplatte ab; eine Plastiktüte tut es zur Not auch. Wenden Sie das Glas oder die Plastiktüte regelmäßig (ggf. jeden Tag). Andernfalls würde sich zuviel Kondenswasser bilden.

7 Entfernen Sie Ihre Abdeckungen sobald die ersten Samen keimen. Die Sämlinge könnten sonst von Krankheiten befallen werden. Hat die Keimung erst einmal begonnen, müssen die Sämlinge nicht mehr so warm stehen. Doch brauchen sie nun viel Licht.

KLEINE SAMEN AUSSÄEN

Sehr kleine Samen, zum Beispiel die von Lobelien oder Begonien, sind nur schwer zu handhaben bzw. gleichmäßig zu verteilen. Mischen Sie diese Samen am besten mit etwas feinem Sand. So lassen sie sich gleichmäßiger verteilen. Streuen Sie dieses Mischgut mit Daumen und Zeigefinger auf die Schale (wie beim Ausstreuen von Salz).

BEETPFLANZEN PIKIEREN

Die Mitte des Winters ausgesäten Pflanzen können jetzt pikiert werden; auch die später gesäten müssen bald vereinzelt werden. Lassen Sie Ihre Sämlinge nach dem Keimen nie zu dicht wachsen.

1 Füllen Sie Samenschalen mit einem geeigneten Substrat. Dann streichen Sie es glatt und drücken es vorsichtig mit den Händen oder mit einem Brett fest.

2 Zum Pikieren eines Sämlings lockern Sie die Erde und ziehen die Pflanze dann an den Keimblättern heraus (die ersten Blätter; sie unterscheiden sich deutlich von den Laubblättern).

3 Stechen Sie mit Ihrem Pflanzholz ein Loch in das Substrat, das den Sämling aufnehmen kann; dann drücken Sie das Substrat um die Wurzeln etwas fest.

4 Damit Sie die Pflanzen gleichmäßig verteilen können, sollten Sie zuerst eine Reihe längs und eine quer pflanzen. Wenn die Abstände stimmen, können Sie den Rest der Schale füllen.

5 Der genaue Abstand hängt von den Pflanzen ab, die Sie pikieren; größere benötigen mehr Platz als kleine. Sie sollten aber nicht mehr als 40 Sämlinge in eine Schale setzen.

6 Sie können auch einen Multitopf verwenden. Mit ihm lassen sich die Abstände besser einhalten und die Wurzeln bleiben Pflanze für Pflanze für sich.

INDEX

Absinth siehe Wermut
Acaena microphylla siehe Braungrünes Stachelnüßchen
Acanthus siehe Stachelähre
Acanthus spinosus 116
Acer japonicum siehe Japanischer Ahorn
Acer platanoides siehe Spitzahorn
Achillea filipendulina siehe Goldene Tellergarbe
Achillea filipendulina 'Gold Plate' 97
Achillea tomentosa siehe Polstergoldgarbe
Actinidia kolomikta siehe Buntblättriger Strahlengriffel
Agapanthus siehe Schmucklilie
Agave americana siehe Hundertjährige Aloe
Ageratum siehe Leberbalsam
Ajuga siehe Günsel
Ajuga reptans siehe Kriechender Günsel
Aloysia citriodora siehe Zitronenstrauch
Alpenaster 84
Alpenbalsam 84
Alpenrose 120, 176
Alpenrose 'Loder's White' 121
Alpenveilchen 190
Alyssum siehe Steinkraut
Alyssum montanum siehe Bergsteinkraut
Alyssum saxatile siehe Schwefelsteinrich
Amelanchier laevis siehe Kahle Felsenbirne
Amelanchier lamarckii siehe Kupferfelsenbirne
Anemone 129, 207
Angelica archangelica siehe Erzengelwurz
Antennaria dioica 'Rosea' 84
Anthemis tinctoria siehe Färberkamille
Arabis caucasia siehe Gänsekresse
Arabis ferdinandi-coburgi 'Variegata' 84
Aralia elata siehe Japanische Aralie
Arctotis siehe Bährenohr
Arenaria balearica 84
Armeria maritima siehe Strandgrasnelke
Artemisia absinthium siehe Wermut
Artemisia lactiflora siehe Edelraute
Artemisia ludoviciana 96
Arundinaria viridistriata siehe Gelbbunter Büschelbambus
Arundo donax siehe Riesenschilf
Aschenblume 76, 190
Asperula odorata siehe Waldmeister
Asplenium scolopendrium 79
Aster alpinus siehe Alpenaster
Aster novi-belgii siehe Glattblattaster
Astilbe siehe Prachtspiere
Astrantia major siehe Große Sterndolde
Aubergine 183
Aubrieta siehe Blaukissen
Aucuba siehe Aukube
Aucuba japonica 98, 104, 226
Aucuba japonica 'Variegata' 126
Aukube 126
Azolla caroliniana siehe Moosfarn
Bährenohr 115
Balkananemone 197
Bartblume 154
Bartiris 181
Baumlupine 107
Baummohn 113, 243
Begonia siehe Begonie
Begonia semperflorens siehe Eisbegonie
Begonie 142, 144, 170
Begonie 'Pin Up' 142
Bellis siehe Maßliebchen
Berberis siehe Sauerdorn
Berberis × *stenophylla siehe* Schmalblättrige Berberitze
Berberis thunbergii siehe Heckenberberitze
Berberis thunbergii 'Atropurpurea' Nana' *siehe* Rotblättrige Heckenberberitze
Berberis wilsoniae 102
Bergenia siehe Bergenie
Bergenia-Hybriden 98
Bergenie 49, 77
Bergsteinkraut 84
Bergwaldrebe 122
Besenginster 112
Betula jacquemontii 101
Betula pendula siehe Sandbirke
Blaues Lieschen 190
Blauglockenbaum 117
Blaukissen 57, 84
Blauraute 126
Blauschwingel 96
Blaustern 197
Bleiwurz 102
Blutjohannisbeere 109, 126, 226

Bougainvillea 17
Braungrünes Stachelnüßchen 84
Brautprimel 190
Brombeere 141
Browallia 190
Brugmansia siehe Stechapfel
Brunnera macrophylla siehe Kaukasusvergißmeinnicht
Buche 54
Buchsbaum 55, 74, 119
Gewöhnlicher Buchsbaum 54
Gewöhnlicher Buchsbaum 'Aureovariegata' 104
Gewöhnlicher Buchsbaum 'Elegantissima' 104
Gewöhnlicher Buchsbaum 'Suffruticosa' 54
Buddleja siehe Schmetterlingsstrauch
Buddleja davidii 106, 141
Buntblättriger Strahlengriffel 122
Buntdachblume 107, 126
Buntlaubige Ölweide 'Maculata' 98f.
Buntnessel 115
Buxus sempervirens siehe Gewöhnlicher Buchsbaum
Calathea siehe Korbmarante
Calendula siehe Ringelblume
Calendula officinalis siehe Gartenringelblume
Callicarpa siehe Schönfrucht
Camellia siehe Kamelie
Camellia japonica 77
Camellia × *williamsii* 77
Campanula garganica 84
Campanula siehe Glockenblume
Campanula carpatica siehe Karpatenglockenblume
Campanula cochleariifolia siehe Zwergglockenblume
Carex morrowii siehe Immergrüne Japansegge
Caryopteris siehe Bartblume
Caryopteris × *clandonensis* 106
Catalpa bignonioides siehe Goldtrompetenbaum
Ceanothus siehe Säckelblume
Ceanothus × *burkwoodii* siehe Säckelblume-Hybriden
Celosia 115
Centaurea cyanus siehe Kornblume
Cerastium tomentosum siehe Hornkraut
Ceratostigma plumbaginoides siehe Bleiwurz
Chamomilla siehe Kamille
Cheiranthus siehe Goldlack
Chimonanthus praecox siehe Winterblüte
Chinaschilf 120
Chinawisterie 123
Choisya ternata siehe Orangenblume
Christrose 101, 236
Chrysantheme 100, 115, 187, 224
Chrysantheme 'Countryman' 224
Chrysanthemum siehe Chrysantheme
Chrysanthemum rubellum 224
Cineraria siehe Aschenblume
Cistus siehe Zistrose
Cistus × *corbariensis* 106
Clematis siehe Waldrebe
Clematis montana siehe Bergwaldrebe
Cleome 115
Clerodendrum trichotomum 102
Clianthus puniceus siehe Neuseeländische Ruhmesblume
Codiaeum siehe Wunderstrauch
Colchicum speciosum siehe Herbstzeitlose
Coleus siehe Buntnessel
Colutea arborescens 112
Convolvulus cneorum siehe Silberwinde
Cordyline australis 114, 171
Cordyline australis 'Alberti' 114
Cornus siehe Hartriegel
Cornus alba siehe Weißer Hartriegel
Cornus controversa siehe Pagodenhartriegel
Cornus mas siehe Kornelkirsche
Cornus stolonifera siehe Gelber Hartriegel
Cortaderia siehe Pampasgras
Corydalis lutea siehe Gelber Lerchensporn
Cotinus coggygria siehe Perückenstrauch
Cotoneaster siehe Zwergmispel
Cotoneaster dammeri 49, 99
Cotoneaster horizontalis siehe Fächerfelsenmispel
Crambe cordifolia siehe Meerkohl
Crocus siehe Krokus
Crocus speciosus siehe Persischer Prachtkrokus
Crocus tommasinianus 100
× *Cupressocyparis leylandii siehe* Leylandzypresse
Cyclamen siehe Alpenveilchen
Cyclamen coum siehe Spätwinter-Alpenveilchen
Cyclamen hederifolium siehe Neapolitanisches Alpenveilchen
Cytisus siehe Geißklee
Cytisus battandieri 124
Cytisus × *kewensis siehe* Zwergelfenbeinginster
Cytisus scoparius siehe Besenginster
Dahlie 144, 187, 207, 248
Dalmatinische Iris 'Variegata' 105
Daphne siehe Seidelbast
Daphne mezereum siehe Seidelbast
Datura siehe Stechapfel
Delphinium siehe Rittersporn
Delphinium-Hybride siehe Gartenrittersporn
Dianthus siehe Nelke
Dianthus deltoides siehe Heidenelke
Dicentra 77
Dicentra spectabilis siehe Tränendes Herz
Dimorphotheca siehe Osteospermum
Dipsacus siehe Karde
Dracaena 176
Drehfrucht 157
Dryas octopetala siehe Silberwurz
Duftpelargonie 125
Eberesche 103
Eberesche 'Embley' 103
Eberesche 'Joseph Rock' 103
Echinops siehe Kugeldistel
Echinops ritro 112
Edelraute 112
Efeu 73, 123, 126, 197
Eibe 54
Eisbegonie 245, 250
Elaeagnus × *ebbingei* 'Limelight' 104
Elaeagnus pungens siehe Buntlaubige Ölweide
Elodea siehe Wasserpest
Encarsia formosa 175
Epimedium perralderianum 110
Eranthis siehe Winterling
Erdbeere 149
Erica siehe Glockenheide
Erica carnea siehe Schneeheide
Erica × *darleyensis* 99
Erinus alpinus siehe Alpenbalsam
Eryngium variifolium 113
Erzengelwurz 116
Escallonia siehe Escallonie
Escallonia macrantha 99
Escallonie 126 180
Eucalyptus siehe Fieberbaum
Euonymus fortunei siehe Spindelstrauch
Exacum affine siehe Blaues Lieschen
Fächerfelsenmispel 102
Fackellilie 68, 109
Fagus siehe Buche
Fallopia baldschuanicum siehe Polygonum baldschuanicum
Färberginster 'Royal Gold' 106f.
Färberkamille 97
Fatsia japonica siehe Zimmeraralie

Faulbaum 126
Feldthymian 47, 85
Felsenbirne 102
Festuca glauca siehe Blauschwingel
Fetthenne 84
  Fetthenne 'Autumn Joy' 127
Feuerdorn 123, 126, 180
  Feuerdorn 'Orange Glow' 103
Ficus elastica siehe Gummibaum
Fieberbaum 125
Fingerkraut 55, 126, 180
Fleißiges Lieschen 33, 68
Flieder 74, 126, 173
Forsythia × intermedia 97
Forsythie 154, 180, 226
Fothergilla major siehe Großer Federbuschstrauch
Fritillaria imperialis siehe Kaiserkrone
Frühlingsfingerkraut 84
Frühlingsspiere 173
Fuchsia siehe Fuchsie
  Fuchsia magellanica siehe Scharlachfuchsie
Fuchsie 143, 154, 180, 218
Fuchsiensteckling 186
Fünffingerstrauch 97
Funkie 38, 105
Gaillardia siehe Kokardenblume
Galium odoratum siehe Waldmeister
Gänsekresse 84
Garrya elliptica 123
Gartenflieder 125, 173
Gartenjasmin 'Aureus' 97
  Gartenjasmin 'Sunshine' 54
Gartenlevkoje 124
Gartenringelblume 190
Gartenrittersporn 96
Gartensalbei 125
  Gartensalbei 'Icterina' 105
Geißklee 126, 173
Gelbbunter Büschelbambus 104
Gelbe Vorfrühlingsiris 74
Gelber Hartriegel 226
  Gelber Hartriegel 'Flaviramea' 101, 108
Gelber Lerchensporn 84
Gemeine Schneebeere 111
Gemeiner Hopfen 'Aureus' 123
Genista siehe Ginster
  Genista tinctoria siehe Färberginster
Gentiana acaulis siehe Stengelloser Enzian
  Gentiana septemfida siehe Sommerenzian
  Gentiana sinoornata siehe Herbstenzian
Geranium siehe Storchschnabel
  Geranium subcaulescens siehe Zwergstorchschnabel
Gerbera 115
Gewitterblume siehe Goldkrokus
Gewöhnliche Eibe 121
Gewöhnliche Mahonie 111
Ginster 173
Gladiole 135, 201
Gladiolus siehe Gladiole
Glattblattaster 127
Glockenblume 79
Glockenheide 99, 101
Gloxinie 142
Goldene Tellergarbe 97, 127
Goldkrokus 101
Goldlack 172, 189, 198
Goldregen 76, 120
Goldrute 97, 127
Goldtrompetenbaum 'Aurea' 116
Greiskraut 'Sunshine' 54, 97
Griselinia 180
  Griselinia littoralis 109, 118
  Griselinia littoralis 'Dixon's Cream' 118
Große Japanfetthenne 113, 127
Große Sterndolde 110
Großer Federbuschstrauch 103
Guernseylilie 101
Gummibaum 176
Gunnera manicata siehe Riesenrhabarber
Günsel 49, 77
Gypsophila repens siehe Teppichschleierkraut
Hamamelis mollis siehe Lichtmeßzaubernuß
Hängekätzchenweide 121
Hartheu 49, 106f.
  Hartheu 'Hidcote' 97
Hartriegel 140
Hauswurz 84f.
Hebe siehe Strauchveronika
  Hebe × franciscana 'Variegata' 98, 104
  Hebe pinguifolia 'Pagei' 98
Heckenberberitze 102, 108
Heckenkirsche 74, 118
Heckenliguster 54, 226
  Heckenliguster 'Aureum' 97, 118f.
Hedera siehe Efeu
Heidekraut 55
Heidenelke 84
  Heidenelke 'Electra' 84
Helianthemum siehe Sonnenröschen
  Helianthemum-Hybriden 112f.
Helianthus tuberosus siehe Jerusalemartischocke
Helichrysum siehe Strohblume
  Helichrysum angustifolium 140
Helleborus argutifolius 236
  Helleborus niger siehe Christrose
  Helleborus orientalis 101, 236
Hemerocallis siehe Taglilie
Herbstenzian 84
Herbstzeitlose 100
Hesperis matronalis siehe Nachtviole
Hibiscus syriacus siehe Roseneibisch
Himbeere 221f.
Hippeastrum siehe Ritterstern
Hirschkolbensumach 103, 193
Hoher Staudenphlox 'Flamingo' 243
Hornkraut 84
Hortensie 180
Hosta siehe Funkie
  Hosta fortunei 'Albopicta' 104
Houttuynia cordata 'Chameleon' 105
Humulus lupulus siehe Gemeiner Hopfen
Hundertjährige Aloe 17
Hyazinthe 74, 191
Hydrangea petiolaris siehe Kletterhortensie
Hypericum siehe Johanniskraut
  Hypericum calycinum siehe Hartheu
  Hypericum × moserianum 'Tricolor' *siehe* Johanniskraut 'Moser'
  Hypericum olympicum siehe Olymphartheu
Iberis sempervirens siehe Immergrüne Schleifenblume
Ilex siehe Stechpalme
  Ilex aquifolium 'Aurea Marginata' 99
Immergrüne Heckenkirsche 54, 111
  Immergrüne Heckenkirsche 'Baggesen's Gold' 97, 118
Immergrüne Japansegge 77
  Immergrüne Japansegge 'Evergold' 104
Immergrüne Schleifenblume 'Snowflake' 85
Immergrüner Zwergschneeball 109
Impatiens siehe Fleißiges Lieschen
Ipomoea tricolor siehe Trichterwinde
  Ipomoea tricolor 'Heavenly Blue' 114
Iris danfordiae siehe Gelbe Vorfrühlingsiris

  Iris germanica siehe Bartiris
  Iris pallida siehe Dalmatinische Iris
  Iris unguicularis 101
Japanische Aralie 'Variegata' 104
  Japanische Aralie 'Aureovariegata' 104
Japanische Zierkirsche 101
Japanischer Ahorn 76
Japanwisterie 123
Jasminum nudiflorum siehe Winterjasmin
  Jasminum officinale siehe Zimmerkletterjasmin
Jerusalemartischocke 118
Johannisbeere 220
Johanniskraut 126
  Johanniskraut 'Moser' 105
Judassilberling 127
Juniperus virginia 'Skyrocket' *siehe* Raketenwacholder
Kahle Felsenbirne 102
Kaiserkrone 189
Kamelie 77, 98, 180
Kamille 47
Karpatenglockenblume 84
Kartoffel 148, 168, 204f.
Katzenminze 127
  Katzenminze-Hybriden 96
Kaukasisches Herbstleimkraut 85
Kaukasussedum 85
  Kaukasussedum 'Atropurpureum' 79
Kaukasusskabiose 127
Kaukasusvergißmeinnicht 110f.
Kissenprimel 190
Kleines Immergrün 'Variegata' 105
Kletterhortensie 123
Kniphofia siehe Fackellilie
Kokardenblume 243
Kolkwitzia siehe Scheinweigelie
Korbmarante 177
Kordilleren-Sauerklee 85
Korkenzieherweide 117
Kornblume 127
Kornelkirsche 100
Kräuter 159, 223, 205
Krebapfelbaum 76
Kriechender Günsel 47, 110
Krokus 196, 206
Küchenschelle 243
Kugeldistel 243
Kugelprimel 242f.
Kupferfelsenbirne 102
Laburnum siehe Goldregen
Lathyrus odoratus siehe Wohlriechende Wicke
Laurus nobilis siehe Lorbeerbaum
Lavandula siehe Lavendel
Lavendel 55, 107, 126, 154
Leberbalsam 144
Leycesteria formosa siehe Buntdachblume
Leylandzypresse 54
Lichtmeßzaubernuß 100
Liguster 126
Ligustrum siehe Liguster
  Ligustrum ovalifolium siehe Heckenliguster
Lilie 199
  Hybriden 114
  Lilie 'Little Girl' 199
Lilium siehe Lilie
Limnanthes siehe Sumpfblume
Linaria maroccana 190
Liriope muscari siehe Schlangenbart
Lonicera siehe Heckenkirsche
  Lonicera japonica 118, 123
  Lonicera nitida siehe Immergrüne Heckenkirsche
  Lonicera periclymenum siehe Waldgeißblatt
Lorbeerbaum 120, 125, 158
Lunaria annua siehe Judassilberling
Lungenkraut 129
Lupinus arboreus siehe Baumlupine
Lychnis coronaria siehe Vexiernelke
Magnolie 176
Mahonia siehe Mahonie
  Mahonia aquifolium siehe Gewöhnliche Mahonie
  Mahonia 'Charity' 99
  Mahonia japonica 109
Mahonie 126
Maiteppich 85
Malus floribunda 90
  Malus 'John Downie' 103
  Malus tschonoskii 103
Maßliebchen 197f.
Matthiola bicornis 124
  Matthiola incana siehe Gartenlevkoje
Mäusedorn 111
Meerkohl 117
Melissa officinalis siehe Zitronenmelisse
Melone 183
Mentha siehe Minze
Minze 159, 223
Miscanthus sacchariflorus 119
  Miscanthus sinensis siehe Chinaschilf
Mohn 171
Moosfarn 209, 212
Moosphlox 85
Moossteinbrech 85
Myosotis siehe Vergißmeinnicht
Myriophyllum 150, 208
Nachtschatten 203
Nachtviole 127
Narcissus siehe Narzisse
Narzisse 35, 129, 196, 206
Neapolitanisches Alpenveilchen 100
Nelke 79, 181
Nepeta siehe Katzenminze
  Nepeta × faassenii siehe Katzenminze-Hybriden
Nerine bowdenii siehe Guernseylilie
Neuseeländer Flachs 99
Neuseeländische Ruhmesblume 114
Nicotiana siehe Tabak
Nieswurz 236
Nymphaea siehe Seerose
Oleander 17

Olympphartheu 84f.
Orangenblume 108, 124f., 180
Orangenblume 'Sundance' 77, 97, 120
Osteospermum 113, 171
Osteospermum jacundum 112
Oxalis adenophylla siehe Kordilleren-Sauerklee
Pachysandra terminalis siehe Ysander
Pagodenhartriegel 'Variegata' 116
Palmlilie 16, 68, 109, 115
Papaver siehe Mohn
Paulownia tomentosa siehe Blauglockenbaum
Pelargonie 17, 125, 143, 154, 219, 250
Perlhyazinthe 197
Pernettya siehe Torfmyrte
Pernettya mucronata 103
Pernettya mucronata 'Mulberry Wine' 103
Perovskia siehe Blauraute
Perovskia atriplicifolia 96
Persischer Prachtkrokus 100
Perückenstrauch 108
Philadelphus siehe Sommerjasmin
Philadelphus coronarius siehe Gartenjasmin
Phlomis fruticosa 112f.
Phlox 242f.
Phlox douglasii siehe Polsterphlox

Phlox paniculata siehe Hoher Staudenphlox
Phlox subulata siehe Moosphlox
Phormium siehe Neuseeländer Flachs
Pistia stratiotes siehe Wassersalat
Platane 227
Platanus siehe Platane
Polstergoldgarbe 84
Polsterphlox 84f.
Polygonum baldschuanicum 119
Porzellanblümchen 111
Potentilla siehe Fingerkraut
Potentilla fruticosa siehe Fünffingerstrauch
Potentilla tabernaemontani siehe Frühlingsfingerkraut
Prachtspiere 110
Primel 197
Primula acaulis siehe Kissenprimel
Primula denticulata siehe Kugelprimel
Primula malacoides siehe Brautprimel
Prunus 'Amanogawa' 76
Prunus subhirtella siehe Japanische Zierkirsche
Pulmonaria siehe Lungenkraut
Pulsatilla vulgaris siehe Küchenschelle
Pyracantha siehe Feuerdorn
Rainfarn 159
Raketenwacholder 117
Rankenschaumblüte 111
Raoulia australis 84
Rhamnus frangula siehe Faulbaum
Rheum palmatum siehe Medizinalrhabarber
Rheum rhaponticum siehe Rhabarber
Rhododendron siehe Alpenrose
Rhodohypoxis baurii 84
Rhus typhina siehe Hirschkolbensumach
Ribes sanguineum siehe Blutjohannisbeere
Ringelblume 14, 190
Rittersporn 153
Ritterstern 239
Romneya coulteri siehe Baummohn
Rose 123f., 141, 167, 215, 226
Roseneibisch 109
Roseneibisch 'Blue Bird' 96
Rosmarin 99, 125, 180
Rosmarinus officinalis siehe Rosmarin
Rostrote Weinrebe 123
Rotblättrige Heckenberberitze 54, 126
Rote Johannisbeere 220
Rudbeckia siehe Sonnenhut
Ruscus aculeatus siehe Mäusedorn
Säckelblume 96, 122, 126, 180
Saintpaulia siehe Usambaraveilchen
Salix siehe Weide
Salix alba siehe Silberweide
Salix caprea siehe Salweide
Salix caprea 'Pendula' *siehe* Hängekätzchenweide
Salix matsudana 'Tortuosa' *siehe* Korkenzieherweide
Salpiglossis 115
Salvia siehe Salbei
Salvia officinalis siehe Gartensalbei
Salvinia caroliniana 209
Salweide 'Pendula' 77
Sandbirke 'Youngii' 101
Santolina chamaecyparissus 97, 140
Sarcococca hookeriana 111
Sarcococca humilis 111
Sauerdorn 54, 126
Saxifraga siehe Steinbrech
Saxifraga umbrosa siehe Porzellanblümchen
Scabiosa annua siehe Skabiose
Scabiosa caucasica siehe Kaukasusskabiose
Scharlachfuchsie 218
Scharlachfuchsie 'Versicolor' 104
Scheinweigelie 154
Schizanthus siehe Spaltblume
Schlangenbart 109, 193
Schlumbergera 203
Schmalblättrige Berberitze 55
Schmetterlingsstrauch 180, 226
Schmucklilie 77, 96
Schmucklilie 'Delft' 120
Schneeball 126, 226
Schneebeere 126
Schneeheide 99
Schneeheide 'Myretoun Ruby' 98
Schneeruhm 197
Schneespierstrauch 173
Schönfrucht 126
Schwarze Johannisbeere 220, 222
Schwefelsteinrich 57, 84, 97, 127
Schwertlilie 79
Sedum siehe Fetthenne
Sedum lydium 84
Sedum spathulifolium 'Cape Blanco' 85
Sedum spectabile siehe Große Japanfetthenne
Sedum spurium siehe Kaukasussedum
Seerose 79, 150f., 209
Seidelbast 74, 124, 126
Seidelbast 'Rubra' 124
Sempervivum siehe Hauswurz
Sempervivum ballsii 85
Senecio siehe Greiskraut
Silberweide 'Chermesina' 101
Silberwinde 112
Silberwurz 84
Silberzwiebel 146
Silene schafta siehe Kaukasisches Herbstleimkraut
Skabiose 127
Skimmia japonica 103, 111
Skimmia japonica 'Nymans' 103
Skimmie 126
Solanum siehe Nachtschatten
Solidago siehe Goldrute
Sommerenzian 84
Sommerjasmin 125, 173, 180, 226
Sonnenhut 144
Sonnenröschen 85
Sonnenröschen 'Fire Dragon' 84
Sorbus siehe Eberesche
Sorbus aucuparia 103
Spaltblume 190
Spanischer Ginster 125
Spartium junceum siehe Spanischer Ginster
Spätwinter-Alpenveilchen 100
Spierstrauch 226
Spindelstrauch 49, 99
Spiraea siehe Spierstrauch
Spiraea × arguta siehe Schneespierstrauch
Spiraea × bumalda 107
Spiraea japonica siehe Spiraea × bumalda
Spiraea thunbergii siehe Frühlingsspiere
Spitzahorn 'Drummondii' 76
Stachelähre 116, 243
Stachys lanata siehe Wollziest
Stechapfel 17, 33, 35, 117
Stechginster 109, 126
Stechpalme 99, 126
Stechpalme 'Golden King' 99
Stechpalme 'Golden Queen' 99
Steinbrech 85
Steinkraut 144, 250
Stengelloser Enzian 84
Sternbergia lutea siehe Goldkrokus
Stiefmütterchen 73, 75, 196f.
Storchschnabel 91
Strandgrasnelke 47, 49, 84
Strauchveronika 77, 98f., 107, 126, 180
Streptocarpus siehe Drehfrucht
Strohblume 154
Sumpfblume 14, 190
Symphoricarpos siehe Schneebeere
Symphoricarpos albus siehe Gemeine Schneebeere
Syringa siehe Flieder
Syringa vulgaris siehe Gartenflieder
Tabak 33, 35, 74, 124
Tagetes patula 250
Taglilie 97
Tanacetum vulgare siehe Rainfarn
Taxus siehe Eibe
Taxus baccata siehe Gewöhnliche Eibe
Teppichschleierkraut 84
Thymus siehe Thymian
Thymus serpyllum siehe Feldthymian
Tiarella cordifolia siehe Rankenschaumblüte
Tomate 160f., 164f., 182, 184, 195
Torfmyrte 126
Trachycarpus fortunei siehe Hanfpalme
Tränendes Herz 110
Trichterwinde 115
Tulpe 73, 129, 189, 196ff.
Ulex europaeus siehe Stechginster
Usambaraveilchen 157
Vergißmeinnicht 129, 172, 189, 197f.
Veronica prostrata siehe Maiteppich
Vexiernelke 76
Viburnum siehe Schneeball
Viburnum × bodnantense 'Dawn' 101
Viburnum davidii siehe Immergrüner Zwergschneeball
Viburnum tinus siehe Zwergschneeball
Vinca minor siehe Kleines Immergrün
Vitis coignetiae siehe Rostrote Weinrebe
Waldgeißblatt 123, 126
Waldmeister 159
Waldrebe 73f., 120ff., 154
Waldrebe 'Nelly Moser' 120
Waldrebe 'Lasurstern' 120
Waldrebe 'The President' 122
Weide 226f.
Weigela siehe Weigelie
Weigela florida 'Variegata' 105
Weigelie 107, 126, 180
Weißer Hartriegel 102, 226, 231
Weißer Hartriegel 'Elegantissima' 104
Weißer Hartriegel 'Sibirica' 101
Weißer Hartriegel 'Spaethii' 104
Wermut 96
Winterblüte 100
Winterjasmin 101, 123
Winterling 206
Winterrettich 194
Winterstiefmütterchen 196
Wisteria siehe Wisterie
Wisteria sinensis siehe Chinawisterie
Wisteria floribunda siehe Japanwisterie
Wisterie 123, 125
Wohlriechende Wicke 152
Wollziest 97
Wunderstrauch 115
Ysander 49
Ysander 'Variegata' 105
Yucca siehe Palmlilie
Yucca filamentosa 'Variegata' 77, 99
Yucca gloriosa 'Variegata' 77
Zantedeschia aethiopica siehe Zimmerkalla
Zea mays siehe Zuckermais
Zimmeraralie 109
Zimmerkalla 115
Zimmerkletterjasmin 123
Zistrose 126, 180
Zitronenmelisse 125
Zitronenstrauch 125
Zuckermais 156, 160
Zwergelfenbeinginster 106
Zwergglockenblume 84
Zwergmispel 108, 126, 180
Zwergmispel 'Hybridus pendulus' 77, 120
Zwergnarzisse 196
Zwergschneeball 54, 99
Zwergstorchschnabel 'Splendens' 84
Zygocactus 203

DANKSAGUNGEN
Alle Fotografien stammen von Peter Anderson und John Freeman; mit Ausnahme der unten eigens genannten © Anness Publishing Limited.

Es bedeuten: o = oben; u = unten; l = links; r = rechts; M = Mitte.

Derek Fell: Seiten 15u; 27o; 35o, u; 63or; 87. Paul Forrester: Seiten 1; 140or; 176or, ur; 237ul, uM, ur. Michelle Garrett: Seite 239or. Robert Harding: Seite 24. Jaqui Hurst: Seiten 14; 65o; 78o; 79o, ul; 89o, u; 91o; 94ol; 194Mr; 240ol.

Weitere Bildnachweise

Die Herausgeber möchten den folgenden Personen und Institutionen für die Erlaubnis danken, ihre Aufnahmen in diesem Buch zu veröffentlichen:

The Garden Picture Library: Seiten 12o (Marijke Heuff); 34 (Ron Sutherland); 48 (John Duane); 68 (Jane Legate).
The Harpur Garden Library: Seiten 2 (Count und Countess Labia, Kapstadt); 6 (gestaltet von Maggie Geiger, NYC); 7o (Exbury Gardens, Hants); M, u; 11o (ein Garten in Canterbury), u (gestaltet von Michael Balston); 13u (gestaltet von Arabella Lennox-Boyd); 15o (Nooroo Mt. Wilson, NSW); 17u (gestaltet von Trevor Frankland), o (gestaltet von John Patrick, Vic); 20u (gestaltet von Antony Noel, London); 24o (gestaltet von Berry's Garden Co., Golders Green); 25u (gestaltet von Christopher Masson); 26o (gestaltet von Malcolm Hillier, London); 36 (gestaltet von Christopher Masson, London); 38u (gestaltet von Wayne Winterrowd & Joe Eck, London); 39u (gestaltet von Anne Alexander-Sinclair); 40o (gestaltet von Ernie Taylor, Great Barr), u (ein Garten in Tayside); 42o (gestaltet von Berry's Garden Co., Golders Green); 46o, u (gestaltet von Hilary McMahon für Costin's Nursery, RHS Chelsea); 53u (gestaltet von Antony Noel, London), o (Fudler's Hall, Mashbury); 56o (gestaltet von Jan Martinez, Kent); 61u (gestaltet von Bruce Kelly, NYC); 67ur (gestaltet von Arabella Lennox-Boyd); 72u (gestaltet von Anne Alexander-Sinclair); 74ur (gestaltet von Lalitte Scott, NYC); 76ur (gestaltet von Phillip Watson, Fredericksburg, Va); 78u (gestaltet von Simon Fraser, London); 82o (Foe Elliot, Broadwell, Gloucs); 86 (gestaltet von Beth Chatto); 87 (gestaltet von Ernie Taylor, Great Barr); 90 (Bank House, Borwick); 128 (gestaltet von Susan Whittington); 129; 166 (Fudler's Hall, Mashbury); 192 (The Dingle, Welshpool); 193; 197o (Penny Crawshaw); 230 (gestaltet von Beth Chatto); 231 (gestaltet von Brian Daley & Allan Charman).

Peter McHoy: Seiten 4; 12u; 32o; 33o; 42o; 47ul; 51ur; 54o, u; 55ul; 56u; 57o, u; 61o; 69; 76ul; 83u; 84o, ul, ur; 85o; 96o, M, u; 97o, M, u; 98o, u; 99o, M, u; 100o, u; 101o, M, u; 102o, u; 103o, ul, ur; 104o, u; 105ol, or, ul, ur; 106o, u; 107ol, or, u; 108o, u; 109; 110oM, u; 111o, M, u; 112or, ol, u; 113o, u; 114o, u; 115or, ur, l; 116o, u; 117or, ol, u; 118l, r; 119o, u; 120o, M, u; 121; 122o, u; 123o, ul, ur; 124o, u; 125o, u; 126; 127o, M, u; 133or, Mr; 139ul; 142ur; 144ur; 147ur; 149ur; 151ul; 153ur; 154ur; 163or; 165ol; 169Ml, ul, ur; 171ur; 172ul; 173ol, oM, or; ul; uM; 180ul; 183or; 184or; 186ur; 189ur; 190ur; 195ur; 198ul; 199ur; 201Ml, Mr, ul, ur; 204ur; 205ur; 207o, Ml; 209or; 212ol, oM, oR, ur; 213ul; 215o; 217Mr; 224ur; 226ul; 227ur; 228u; 235ol; 236or, M; 238ol, oM, ul, uM, ur; 241ol, or, ul, uM; 243M; 244ur:

Die Herausgeber möchten nachfolgend genannten Personen für ihre freundliche Unterstützung bei der Herstellung dieses Buches danken:

Mr und Mrs Blackadder, Judith Blacklock, Nick und Jenny Brunt, Mr und Mrs Richard Chilton, Mrs Eadie, Brand und Sheila Inglis, Mr und Mrs Norman Moore, Joan Parkinson, Vera Quick, Jean Rankin, Peggy Robinson, Audrey Simons, Mrs Shacklock, Chris Sharp, Derek Waring und Dorothy Tutin, Steven Woodhams, Ginny Worsley und Helen Yemm für die Erlaubnis, ihre Gärten zu fotografieren; Anthony Gardiner von Gardiner's Herbs, 35 Victoria Road, Mortlake, London, für seine Hilfe bei der Suche nach geeigneten Örtlichkeiten; Andy und Neil Sturgeon von The Fitted Garden und Acorn Landscaping, Garson Farm Garden Centre, Winterdown Road, Esher, Surrey, KT10 8LS für die Örtlichkeiten und Gerätschaft für die Schritt-für-Schritt-Fotografien.